# 信息化时代学生德育教育与素养培育

孟庆兵◎著

哈尔滨出版社
HARBIN PUBLISHING HOUSE

**图书在版编目（CIP）数据**

信息化时代学生德育教育与素养培育 / 孟庆兵著. 哈尔滨 : 哈尔滨出版社, 2025. 6. -- ISBN 978-7-5484-8601-5

Ⅰ. G641

中国国家版本馆 CIP 数据核字第 2025AB1668 号

**书　　名：** 信息化时代学生德育教育与素养培育

XINXI HUA SHIDAI XUESHENG DEYU JIAOYU YU SUYANG PEIYU

---

**作　　者：** 孟庆兵　著

**责任编辑：** 孙　迪

**封面设计：** 周　婷

---

**出版发行：** 哈尔滨出版社（Harbin Publishing House）

**社　　址：** 哈尔滨市香坊区泰山路82-9号　**邮编：** 150090

**经　　销：** 全国新华书店

**印　　刷：** 北京鑫益晖印刷有限公司

**网　　址：** www.hrbcbs.com

**E-mail：** hrbcbs@yeah.net

**编辑版权热线：**（0451）87900271　87900272

**销售热线：**（0451）87900202　87900203

---

**开　　本：** 787mm × 1092mm　1/16　**印张：** 12.5　**字数：** 250千字

**版　　次：** 2025年6月第1版

**印　　次：** 2025年6月第1次印刷

**书　　号：** ISBN 978-7-5484-8601-5

**定　　价：** 58.00元

---

# 前　言 PREFACE

高校德育工作的开展贯穿于教师教书育人、为人师表，学生探索求知、生活实践的全过程。“育人为本，德育为先”，改革开放以来，我国高等教育事业不断壮大，德育工作也在实践中不断积累经验，形成富有规律性、创造性与实效性的德育工作体系。德育工作是一项系统工程，对德育内涵、德育价值、德育目标、德育实践等的系统认识是高校德育工作者的基本素质要求。坚持正确的方向是高校德育发展的基础，是确保德育工作在正确的方向指引下有效开展的根本。高校德育工作的开展，应当明晰德育价值，归根结底，则是思考客体如何满足主体的问题。大学生是高校德育工作的主体，新时代的大学生，其成长环境、身心特点都带有时代特征，这使高校德育工作面临着新的挑战。

20世纪下半叶兴起的新科技革命浪潮，将人类社会推向信息时代。随着新媒体向社会的渗透，网络社会以其虚拟性、开放性、高效性、广泛性、集群性、操控性、自治性与民主性等特征，形成了比较完善的社会结构和功能，与以往的大学生德育的形态相比，信息化时代大学生德育的形态不仅是新媒体对大学生德育的解构与重塑，而且是应新媒体需要而生的大学生德育的一种新态。

本书从信息化时代高校德育的理论介绍入手，结合多年工作经验，分析高校德育现存问题，着力研究问题成因，总结心得，提出德育创新思维，分列章节详述大学生德育模式创新、内容创新、方法创新、机制理念创新的具体内容，并以独特视角提出高校德育教育工作者的素质培养路径，另就多媒体融于生活的今天，大学生信息素养的提升与评价给出了可行的方法策略。

本书结构完整，内容丰富，具有较强的理论意义和实践价值。希望本书能够激发更多学者对大学生德育的关注与研究，以进一步推动高校德育的实践进程，服务我国高等教育人才培养目标，落实立德树人的根本任务，培养和造就一大批“担当民族复兴大任的时代新人”。

本书编写过程中，作者参考和借鉴了国内许多同行和专家的有关论著，在此谨向有关单位和作者表示衷心的感谢!由于时间和水平有限，书中难免会有不当或纰漏之处，敬请专家、学者和广大读者在使用、阅读本书的过程中给予指正，以便下次修订完善。

实践无止境，高校德育实践的探索远未完成，我将与各位同人继续前行。谢谢大家!

作　者

2025年2月

# 目　录 CONTENTS

# 第一章　德育概述

## 第一节　德育的历史发展

德育的发展历史非常悠久。自有人生，便有教育；而自有教育，便有广义的德育。

### 一、德育历史发展阶段的划分依据

人的发展是德育历史发展的内在依据。不断满足人类自身的德性发展需要，并最终通过德性发展而实现人类幸福，是德育历史发展阶段划分的核心依据，同时也是德育发展的核心目的与内在动力。

德育自诞生之日起，就是为人类自身的德性发展需要服务的。满足人类自身的德性发展需要既是人类历史发展的内在动力，也是德育历史发展阶段划分的基本依据。就此意义而言，德育的过程乃是人类通过完善自身的德性，满足追求美好生活需要的过程。在这一过程中，人类处理人与自然的关系、人与社会的关系，最终落实为处理人与自身的关系。德育最终是帮助人类自我实现和自我超越的历程。

人类的实践活动可以划分为“向外求的实践活动”和“向内求的实践活动”两种类型。

#### （一）向外求的实践活动

向外求的实践活动处理的是人与自然的关系、人与社会的关系，主要包括改造自然界的物质生产劳动、改进社会关系的社会活动、探索世界奥秘的科学探索活动等。其中，最为基础的是改造自然界的物质生产劳动，这是人类得以存活的根基。人类社会的发展动因很多，但终极动因是社会物质生产力的发展，其主要标志是生产工具的发展。因此，马克思将生产工具作为划分不同社会发展阶段的重要依据。

一是以极其简陋的生产工具为标志的原始社会。这一阶段以对人的依赖关系（起初完全是自然发生的）为基础形成最初的人类社会形态。这一阶段的德育形态是一种以风俗习惯为标志的习俗性德育形态，属于古代德育范畴。

二是以手工工具为标志的古代社会。包括奴隶社会和封建社会，这一社会形态仍然是以对人的依赖关系为基础的。这一阶段，人们产生了道德自觉，道德具有等级性、经验性等特征，这一时期的德育同样属于古代德育这一范畴。

三是以广义的机器为生产工具的现代社会。这一阶段以对物的依赖关系为基础形成现代人类社会形态。进入资本主义社会后，机械化的生产工具取代了古代社会的手工工具，标志着现代社会的形成。发展到今天，即使互联网技术或人工智能技术已经高度发达，它们也属于广义的机器生产。因此，我们正身处其中的当代社会属于现代社会这个大的范畴。这一阶段的德育，属于现代德育（20世纪之后属于当代德育）。

### （二）向内求的实践活动

向内求的实践活动处理的是人与自身的关系。向外求的实践活动是向内求的实践活动的基础及条件，但向内求的实践活动才是人类社会发展（包括德育发展）的最终目的及动力源泉。德育的历史发展最终是以人类的自我发展完善和幸福追求为内在依据的，德育的发展史即一部崇尚人性美善的“人学”发展史。人类的发展经历了从自发到自觉、自为，再到自由审美的历程。借助自我实现、自我完善、自我超越，人类不断创造出更加幸福美好的生活世界。

在原始社会，自发的道德及其教育乃是为了满足人类自身生存的需要，道德及道德教育是为了让族群得以生存延续，具有明显的自发性、习俗性等特征；到了奴隶社会及封建社会，道德及道德教育被奴隶主和封建主垄断，是为统治阶级服务的，具有明显的等级性的特征；到了现代社会，人类从对人的依赖关系中解脱出来，却又被对物的依赖关系所拘囿。道德及道德教育是为了规范人与人、人与社会之间的关系，最终是为个体及社会的物质需求及社会生活交往的需要而服务的。

可以看出，从原始社会至现代社会，道德及道德教育是在处理人与自然、人与社会的关系的过程中不断发展的。依据马斯洛的分类，从原始社会至现代社会，道德及道德教育主要是在满足人类社会对物质、安全、归属与爱、尊重等方面需要的过程中得以发展的。但是，这些需要仍属于“缺失需要”，而对人类发展的“生长需要”关注不够。

因此，有理由推论，未来德育的核心价值追求应该是满足人类发展的“生长需要”，未来德育应着重处理好“人与自身”的关系，满足人类的自我实现需要，与人类向内求的实践活动紧密相连。

我们应该明确以下两方面。第一，尽管道德指向利他品性及行为，但是，利他品性及行为必须具备内在的伦理主体，道德之所以存在是以道德主体的存在为前提条件的。第二，道德是一个“关系范畴”，但关系范畴的核心不是人与他人之间的关系，而是人与自身的关系。社会性道德处理的是人与他人之间的关系，属于工具性的道德类型，是为自我实现性道德服务的，自我实现性道德才是自成目的性的道德类型。李泽厚界定的“宗教性道德”则位于“社会性道德”与“自我实现性道德”的中间地带：在终极关怀及安身立命层面，宗教性道德具有目的属性，但是面对高高在上的绝对信仰或道德律令时，宗教性道德则具有工具属性。

概而言之，在个人全面发展，以及人们共同的社会生产能力成为其社会财富这一基础上的自由个性，是未来社会的重要标志。这一阶段的德育，属于未来德育。未来德育基于人类向内求的实践活动，主要处理的是人与自身的关系。

## 二、德育的历史发展阶段

### （一）古代德育

古代社会是指以人的依赖关系为基础的社会形态，古代社会的德育形态被称为古代德育。古代德育包括两个阶段：一是习俗性德育形态，这个阶段指的是原始社会阶段的德育形态；二是古代学校德育形态，这个阶段指的是奴隶社会、封建社会的德育形态。

#### 1.习俗性德育

在进入文明社会形态之前，人类社会经历了漫长的原始社会时期。在这个时期，人类文明尚未开化，人类的意识处于混沌状态，人类社会处于蒙昧时期。这个阶段的德育主要是一种习俗性德育，指的是学校教育产生之前，在原始社会中存在的，以习俗性道德为教育内容并通过习俗与生活去实施的道德教育形态。习俗性德育具有以下几方面的特征。

（1）自发性。习俗性德育是在原始社会的生产和生活经验的传授与学习过程中展开的，是一种自发性的德育形态，德育与生活本身是一体的。在此过程中，人们并没有注意到自身主观领域的道德要求，没有觉察到道德思维的产生，没有对道德生活的反思，也不可能产生专门的道德教育活动。

（2）全民性。在原始社会，维护氏族、部落的团结或存在是整个社会最重要的任务之一，道德教育成为维护社会存在的重要组成部分。因此，在这个阶段，道德教育就成为教育的核心内容，具有人人参与的全民性特征。

（3）习俗性。由于劳动、生活、教育是一体的，道德教育是在习俗中存在的，并且以习俗的传承为主要内容。儿童通过日常生活以及参加宗教或节庆的仪式、歌舞、竞赛等形式接受道德教育。德育以培养年轻一代对神灵、首领的虔敬，对年长者的尊重、对氏族与部落的责任的理解、对原始宗教仪式的掌握及形成其他的社会习俗所鼓励的道德品质等为主要目标。

### 2.古代学校德育

古代学校德育是指奴隶社会及封建社会的学校德育。人类社会发展到奴隶社会时，由于生产力发展，剩余产品出现，脑力劳动与体力劳动分离，私有制产生和阶级出现，文字产生及科学萌芽等，专门化的学校教育、学校德育的产生和存在有了必要和可能。学校德育的主要标志和特点是其学校化的组织形式，亦即它已从社会生活中逐渐分化出来，成为一种自觉、独立的社会活动形式。古代学校德育为奴隶主、封建主所垄断，德育具有自觉性、等级性、经验性等特征。

（1）自觉性。原始社会后期，原始道德开始分化、瓦解。随着主体性的进一步觉醒，人们逐渐形成了抽象的善恶观念，这标志着人类的道德理性开始觉醒，原始道德由自发懵懂的道德直觉逐渐迈向道德自觉，由外在的风俗习惯迈向内在的关于人自身的道德反思。苏格拉底将哲学的思考对象从天上拉回人间，开始思考人类的道德与幸福，用清晰的逻辑思维追问“什么是正义、美好和善良”，提出其著名的“产婆术”或“精神牵引术”。孔子则以“礼”为道德规范，以“仁”为最高道德原则，提升了道德及道德教育的理论水平，对学生进行专门化的道德教育。

（2）等级性。古代学校德育是为奴隶主或封建主所垄断的，阶级性明显，这种阶级性在古代德育中的表征为森严的等级性。在古代社会，学校德育是为统治阶级服务的，德育活动中的人、德育目的、德育内容等因素都是根据统治阶级的需求来确定的。由于维护等级性的统治秩序的需要，也由于个人德性在提升统治效率方面的作用，统治者高度重视道德教育。其结果是，古代教育几乎等同于道德教育。在中国，德性始终是学校教育的首要主题，还出现过“举孝廉”的例子；在印度，一个儿童能否被古儒接受，取决于孩子的德性——因为只有品德优良的人才有条件学习《吠陀经》。

（3）经验性。古代学校德育的经验性表征体现在三个方面。一是从德育内容层面看，古代德育的内容多是经验性的，或与生活经验相关，或是对宗教或圣贤思想的解释、理解及实践；二是从德育方法层面看，古代德育多以不成规模的师徒授受方式进行，强调记忆背诵等灌输式的德育方法，具有明显的经验性特征；三是从德育理论体系看，尽管古代德育不乏真知灼见，甚至产生了许多深刻影响人类道德文化发展的重要思想，但是这些思想仍然被局囿于哲学母体，尚未分化出来，现代意义上的道德哲学思想体系、德育思想体系尚未出现。

### （二）现代德育

现代德育是存在于现代社会，以培养现代人为目的的德育。现代社会是以对物的依赖性为基础的社会形态，摆脱了古代社会中的对人的依赖性。在摆脱了对人的依赖性的基础之上，德育的现代化历程开始发端。

现代德育的特征主要有如下几个方面。

#### 1.自主性

现代德育的自主性表征有以下两个维度。其一，在现代德育形态中，人的主体性开始彰显。班华认为，“主体—发展性德育”是现代德育的精髓，标志着现代德育的本质属性，是现代德育区别于传统德育的分水岭。因此，现代德育乃是凸显了主体德性发展的德育，就此意义而言，现代德育是一种自主性的德育形态。其二，从德育与社会的关系来看，现代德育已经摆脱了古代德育对古代社会形态的依从性和惰性，开始展现出现代德育对于社会发展的独立性、自主性、先导性。也就是说，对于社会发展而言，德育的地位已经从消极适应的跟随型被动角色，日益转变为先行、主导、引领的主动角色。

#### 2.民主性

随着学校教育的普及，现代教育正式诞生。学校教育的普及，为实现教育的民主性提供了重要基础。现代学校德育的民主性表征体现在宏观与微观两个层面。其一，从宏观层面看，随着学校教育的普及、高等教育入学率的不断提高、终身教育体制的建立等，作为宪法中政治民主的重要内容——平等的受教育权得到落实，现代德育的民主由仅强调受教育向强调参与的积极民主转变，这标志着现代德育的民主化向纵深发展，现代德育越来越强调让更多的人参与到德育及其管理的过程中来。其二，从微观层面看，现代德育的民主性还表现在德育过程中的微观民主的实现，即对于学校德育目标、内容、方法、评价等各个方面的民主化追求，现代德育逐步实现了从注重形式和数量向注重内容和质量发展，实现了从外部民主向内部民主发展。民主化逐步深入现代德育过程的内部，强调平等的师生关系，强调学生进行道德学习的主体性，强调师生共育，强调德育的过程是师生共同体成长的过程。正如杜威所言，民主不仅是一种政府的组织形式，更是一种联合生活的、一种共同交流经验的生活方式。

#### 3.科学性

现代学校德育的科学性表征有四个层面。其一，世俗化是现代德育科学性的重要基础。德育在教育体系中的地位、德育自身的运作过程、德育理论体系的建构等各个方面都避免了古代社会中德育被神学化、神秘化的命运，现代德育关心的是人们在现实的道德生活世界中面临的道德伦理及道德教育问题。其二，科学性对现代德育培育目标，即所培养的现代人的品德规格的影响。在原始社会，生产力水平极其低下，科学尚未萌芽，为了使部族在艰苦的条件下存活，习俗式的原始社会德育首先要培养的是人们英勇、顽强、吃苦、合作等品质。到了古代社会，尤其是封建社会时期，德育被封建社会的统治阶级垄断，培养农民小生产者的品质成为封建社会德育的目标。到了现代社会，随着生产力和科学技术的不断发展，现代德育需要培养的是现代人从事社会化大生产、科技活动、商品经济活动的科学意识和科学精神，以及自由、民主、平等、法治观念等。其三，科学性对现代德育内容的影响。现代科技的飞速发展，促使德育增加了科学伦理及科学规范的内容。而且，随着现代社会职业变革的加剧和人员的快速流动，人们的职业观念及职业道德规范也必然引起德育内容的变动和拓展，如生态伦理、环境保护意识等，都是科学化的社会背景在现代德育内容中的表征。其四，现代德育的组织形式、规模、结构、方式、方法都呈现科学化的特征。现代生产、现代科技、现代商品经济发展水平等因素都对现代德育的科学化、组织化、社会化产生了重要影响。

### （三）当代德育

当代德育一般是指20世纪初以来的德育形态，是现代德育阶段的当代发展。这一时期的德育除具备现代德育的上述特征以外，在新的时代背景和发展条件下，尤其是进入21世纪以来，还发展出以下新的特征。

#### 1.自为性

当代德育的“自为性”包括三层内涵。

首先，“自为”中之“为”是行动、实践、大有作为之意，自为即自我行动、自我实践，强调道德学习的主体性、实践性。德育过程旨在促进道德生活世界中的所有参与者，通过积极的道德实践活动，在相互尊重、相互关爱的过程中，过一种美善的道德生活。这样的道德生活是以美善育美善，以灵魂育灵魂，以心灵育心灵，以幸福育幸福。从这个意义上说，当代德育的过程是引导人们从自觉到自为的道德实践历程。

其次，“自为”之“为”指向“为什么价值而追寻”，自为即自我实现和自我完善，探寻的是生命的价值与意义：什么样的人生是美善的人生？人生究竟是为了什么？什么样的人生最值得过？什么样的人生是最有价值的人生？自为个体探寻的是人生的精神价值使命，自为个体是追求美善生活的，有意识、有目的、有独立自主性的道德主体。从这个意义上说，当代德育的过程是一种不断探寻人生价值、意义的历程。

最后，“自为”之“自”是“道德大我”的概念。除了道德个体的自我实现和自我完善之外，自为性同时强调贡献他人、奉献社会。人生为一大事而来，国事家事天下事事事关心。自为个体具有社会性，无论是从人性到人格的转化还是从人格到人生的转化，自为个体都与他者和社会密切相关，当代德育强调人与社会历史的内在关联。人的本质并不是单个人所固有的抽象物，在其现实性上，它是一切社会关系的总和。

### 2.主体间性

主体间性是20世纪西方哲学中凸现的一个范畴，主要内容是研究或规范一个主体怎样与完整的作为主体运作的另一个主体互相作用。在胡塞尔那里，主体间性只具有认识论的含义，旨在解决认识论上先验的“我们”如何可能的问题，胡塞尔的主体间性概念并不能克服其体系的自我论倾向。从海德格尔开始，主体间性具有了哲学本体论的意义。主体间性的根据在于生存本身，生存不是在主客二分的基础上进行的主体构造和客体征服，而是主体间的“共在”，是主体与主体之间的交往、对话。海德格尔的“共在”是对胡塞尔的“主体间性”的发展，强调“我们”的“共在”对于“我”之存在的重要性。当代德育是一种强调“共在”的德育形态，当代德育的主体间性表征体现在三个方面。

首先，学校内部的主体间性，包括两个层面的内涵：一是指学校内部各主体之间在德育过程中所形成的道德交往、道德参与、价值对话、价值协商，是学校管理者、教师、学生等不同主体之间共在式的道德生活过程。二是指将学校德育实施进程中的诸要素，如德育目的、德育内容、德育方法、德育评价等被视为价值对话的“主体”，使各要素间形成价值协商、配合。这两个层面所涉及的道德交往和价值对话的过程都不是直接的，而是间接的：要借助价值、伦理、情感、文化、语言、社会关系等多种形式的媒介才能完成。就此意义而言，主体间性比主体性更为根本。

其次，学校、家庭、社会之间的主体间性，指的是通过三者之间的协调配合、相互协作来实现的道德教育之“三位一体”。当代德育过程中的“主体”概念，涉及自我与他人、个体与社会的关系。其一，学生作为道德学习的“主体”，不是原子式的个体，而是与其他道德主体之间的价值共在，是联系学校、家庭、社会三者之间的价值枢纽。其二，学校、家庭、社会三者作为育人活动的“主体”，当然也不是孤立的，三者之间的所谓“三位一体”乃是育人共同体，乃是因为育人这一根本的教育目的和教育任务而结成的育人同盟，三者都是作为“育人主体”这一角色而参与对话并进行平等合作的。

最后，全球各国之间德育的主体间性。一是主体间性这一概念，有助于促使全球各国在进行德育合作时明确角色定位，使合作中“主体与客体”的关系转变为“主体与主体”的平等关系。各国都是平等的价值教育主体，各国在相互尊重、相互合作的基础上展开德育合作与交流，而不干涉其他国家作为价值教育主体的权利。二是主体间性这一概念，有助于处理好全球化与民族化之间的关系问题。全球的德育合作需要全球化的视域，更需要不同民族文化自身的血脉根基。

### 3.公正伦理与关怀伦理的互补性

21世纪以后，德育的底层伦理结构愈发趋向合理。公正伦理与关怀伦理的互补融合，其背后既是义务与权利的相互补充，也是当代德育的规约功能与保护功能的相互补充。公正伦理强调公平正义，是德育的重要伦理基础，强调德育的规则规范系统。与此同时，关怀伦理强调心灵关怀和情感呵护，是对公正伦理的重要补充，具有重要的德育价值。在今天，仅仅讲社会公正是不够的，单从公正的视角无法切实解决目前的许多现实问题。有了关怀伦理，就会使公正伦理更加深入人心，真正落实德福一致的原则，更加关注德育的情感价值结构及其温润的道德力量，更加关注真实的道德体验及具体的伦理境遇。公正伦理与关怀伦理都具有重要的德育价值，两者之间相互配合，犹如车之两轮、鸟之双翼，共同构成当代德育的底层伦理结构。

## （四）未来德育

尽管依然需要处理人与自然、人与社会之间的关系，但未来德育主要指向的是人与自身的深层价值关系。作为一种德育形态，“未来德育”不仅是物理时间概念，更是价值发展概念。“未来德育”不能直接等同于物理时间层面的“未来的德育”或“未来社会的德育”，“未来德育”实为“德育的未来”，依据的是德育内在发展的人学逻辑。它是基于自由完美人性及人类自我实现层面的幸福德育形态。未来德育不是工业德育学，而是基于自我实现的人文主义德育关怀美学。

未来德育的基本特征包括如下几个层面。

### 1.自由审美性

美学是未来的德育学，其内在依据是人的全面自由发展，未来德育强调人的自由审美属性。人类的发展经历了从自发到自觉、自主、自为，再到自由审美、自我实现的历程。未来德育培育的是审美大我，基于人性之全面自由发展，个体的自我实现与他人、社会、自然、宇宙融为一体，每个人的自由发展是一切人自由发展的条件。各美其美，美人之美，美美与共。

第一，未来德育引导人们养成全面自由发展的审美大我人格，而处在审美境界中的人自合于道德法则。古代德育普遍引导人们成贤成圣，强调人格之善，现代德育普遍教人求真，强调人格之真。但正如黑格尔所言，善与真只有在美中才能实现水乳交融。未来德育强调人格之美，通过美将人格之善与人格之真自然融入整全性的人格之美中。

第二，未来德育帮助人们将合目的性与合规律性融合起来，从而使内在的价值系统与外在的人伦秩序相融合。道德主体是完美的独立自我，同时也是天地境界中的审美大我，德育的过程成为美美与共的温润美好的幸福生活过程，美学为道德生活提供了温润美好的价值环境。

第三，未来德育帮助人们走进并呵护自己的精神家园，帮助人们摆脱功利束缚，澄明具有诗意审美的天地境界，审美的天地境界本身就是道德及其教育的境界。

第四，未来德育帮助人们形成心际关系而非功利性的事际关系。当人们以事务性身份（商人、艺术家、律师等）出现时，人与人之间的交往实际上是围绕某种职能，以特定的身份开展的，属于事际关系。而当人们代表自身的人格或美德出现时，人与人之间的交往是人与人在打交道，心与心在打交道，与事务、职能挂钩的关系转变为人心之间的关系，即心际关系。未来德育的伦理形态，其本质是心际关系而非事际关系，不是以事论事，而是以人对人，以心润心。

### 2.开放圆融性

未来德育是一种圆融性的德育形态，强调德育各要素之间的和谐共生及相互转化，以开放性为基础，避免封闭性和割裂性。

一是德育制度的工具性与人的目的性圆融统一，并最终服务于人的目的性。二是个体发展需要与社会整体的发展需要和谐统一，每个人的自由发展是一切人自由发展的条件。三是个体各个层面的发展需要，在自我实现和自我超越层面得以统一。四是通过人的自我实现的劳动过程，德智体美诸育之间的界限将会消融，形成基于整全性人格的道德生活过程。五是德育过程中的诸要素，如德育目的、德育内容、德育过程、德育方法、德育评价等要素之间的界限也将消融，你中有我，我中有你，相互转化，和谐共生，保持最充分的开放性，并反对割裂性。六是现代德育中诸多内容板块之间的界限也将消失，德育的内容已经完全与整全性的人格发展过程自然融合在一起。七是现代德育中条块分割的德育方法、德育路径，也将在真善美的高度统一之中水乳交融。八是德育的时空边界也将被打破，与自由审美的道德生活完全相融，线上与线下、虚拟与现实、校内与校外等边界也会消融在德育时空正义与关怀的圆融价值体系之中。

### 3.自成目的性

目的与目标不同。目标不论多大，总有结局，具有消费性，承担不了生活的整体意义和人生的整体价值。而目的则关涉生活的整体意义，具有价值属性，关注的是事实问题之上生长出来的意义和价值问题。未来德育的自成目的性表征体现在三个维度。

第一，未来德育因自身的美善而存在。因为人从必然王国迈向了自由王国，旨在育人之德的德育本身也从异己力量中解脱出来。育人是目的，旨在育人之德的德育本身不再是实现其他诸育的工具。未来德育会直接与人的幸福生活关联，未来德育具有自成目的性和价值自足性。

第二，未来德育不在别处，就在人们基于全面自由审美人格的自我实现过程之中。未来德育的目的不是外在的某种结果或目标，而是在内在审美的道德生活过程中整全性地显现出来的，指向全面发展的完满人性，指向自身具有目的性的整体的生活存在方式，这种目的性就是道德生活本身的意义。

第三，未来德育使自由整全的人性自身充实而有光辉。正如孟子所言：“充实之谓美，充实而有光辉之谓大。”未来德育将个体的美善本性扩而充之，使其盈满全身，并以此为“美”；使人自身充盈而且能够散发光辉，温暖照亮整个宇宙，并以此为“大”。未来德育既是美的德育也是大的德育。未来德育不是聚焦职业、素养、工具、技艺，而是聚焦人类自身最高贵的美善人性，使自由、全面发展的个性在审美过程中自我实现并自我超越，完整呈现出人类大我的质朴的温暖善意和纯美的精神面容。人的自由全面发展的个性及其教育之深邃的内在性，与人类审美大我的广袤永恒存在之间产生了最深层次的意义价值关联，人类美善的本质力量在未来德育中将得到最充分的显现。

# 第二节　德育的内涵与外延

德育概念是对德育本质的界定。对德育概念内涵的不同理解，反映了不同的德育理论体系背后的深层哲学。深入理解德育概念的内涵和外延，是深入认识德育本质的关键所在。

## 一、德育概念的内涵

### （一）德育之词源考察

“德”字早在商朝的甲骨文中已经出现，意为道路或规则，右上为笔直的道路，右下为“目”之象形。在甲骨文中，“德”是指人目不转睛地看着道路行走，引申为遵守规则或规范。发展到金文，就字形来看，较之甲骨文，“德”字在金文中最明显的变化是增添了“心”部。可以看出，在金文中，“德”之意不仅仅强调人对规则或规范的遵守，还强调规则或规范的“入心”，强调“德之心”。不入人之心的规则或规范不能称为“德”。此后虽经篆书等形式演变，这种基于“心”的“德”字写法仍沿用至今。

在中国古代，“德”还有一种字形为“悳”，其上半部为“直”（音为“得”，声符），下半部为“心”（意符），强调入心方为“德”。正如《说文解字》所言：“悳，外得于人，内得于己也。从直，从心。”《段注》云：“内得于己，谓身心所自得也；外得于人，谓惠泽使人得之也。”此处，“得”与“德”相通，其对象和内容是“道”，指的是宇宙万物运动变化的规律和规则，包含了处理人与自然、人与人、人与社会之间关系的行为规范。在认识了“道”的基础之上，我们还需要将“道”转化为内在的思想情感，并外化为德行。朱熹解释道：“得之于心，故谓之德”，“施之于身，故谓之行”。就此意义而言，“德”指的是人对规律或规则的内在获得，是基于善的内在思想、感情及其外显行为所表现出的善心与善行，即合乎道的思想情感及其相应的外显行为。

## （二）界定德育概念内涵时容易出现的问题

### 1.强调描述性定义，忽略规范性定义

当前，我国许多德育教材对德育概念的界定，基本遵循了《中国大百科全书》对德育概念的界定：德育是教育者按照一定的社会或阶级的要求，有目的、有计划、有组织地对受教育者施加系统的影响，把一定的社会思想和道德转化为个体的思想意识和道德品质的教育。例如，胡守棻认为德育是将一定社会或阶级的思想观点、政治准则、道德规范转化为个体思想品德的教育活动。孙喜亭认为德育是教育者按照一定的社会要求，通过特定的教育活动，把特定社会的思想和道德规范内化为受教育者的思想意识和道德品质的过程。

上述定义被许多德育教材引用。类似定义强调对德育过程的描述，却对德育过程本身的价值关注不足。描述性定义仍然没有触及德育的价值内核，而德育过程本身才是最具价值规定性的教育过程，对人之品性的培育才是其根本规定性。因此，德育概念的界定方式就不能止步于描述性定义，只有在描述性定义的基础上加入规范性定义，澄明德育概念的价值规定性，才能呈现完整立体的德育概念。规范性定义包含价值要求的成分，强调德育这一概念在本质层面的应然价值追求。

因此，在界定德育这一概念时，我们不仅要对德育的客观发生过程进行事实性的描述，而且要关注德育过程中教育者所采用的方式是否合乎道德，这一价值规定性必须在德育概念的内涵中得到体现，即定义德育时不能仅对德育过程进行描述，还应对该过程作正向价值规定。应避免采用不道德的方式来达到德育目的，德育过程本身的方式方法，必须是合乎道德的。这种定义方式在动态价值维度上赋予德育概念立体的规定性。概而言之，不能以“反德育”的方式来进行德育。

德育的方式方法应合情、合理、可行，否则就有可能是在以反德育的方式进行德育。欧阳教先生以三个道德故事“扮鹿取奶的郯子”“投江寻父的曹娥”“卧冰得鲤的王祥”作为例证来进行说明。

例如，在“扮鹿取奶的郯子”这一则道德故事里，郯子的母亲生病了，医生说只有喝鹿奶才能好。郯子捉不到鹿，就借了一张鹿皮披在身上，扮成小鹿，混在鹿群里，取奶给母亲喝。一天，他正在取奶，来了一群猎人，猎人一箭射中了郯子身上的鹿皮，走近了一看，原来鹿皮下的是一个小孩子。郯子说出原委，猎人很赞赏他，就捉了一只母鹿送给他。尽管这个故事很感人，但它作为道德教材就显得不合适，因为故事中郯子尽孝的方式在现实中没有可行性。尤其是在当代，我们更不可能重现这样的故事情境。如果以这则故事作为今日的德育材料，我们只能师其意，而无法重演其行为。因此，德育的方式要符合

常理，如果不符合常理，可能会阻碍学生形成道德判断力。

概而言之，德育之推行方式，应该具备合认知性、合价值性、合自愿性的德育规准。也就是说，德育活动的进行方式应合理、合情与可行。德育的方式应该是“道德可欲的”，而不应该是“悖离道德的”，悖离道德则会导向反德育，或非德育。

**2.强调单向引导，忽略多向共育**

当前，许多德育教材对德育概念的界定仍然遵循着单向引导的价值“授—受”思路。例如，认为德育是教育者向受教育者传播有关特定社会意识、社会规范的知识，使其形成一定品德的活动。

这一德育理念有以下基本特征。第一，把教师和学生在道德教育与道德学习过程中的身份角色进行区隔并固化，忽略了“教学相长”在德育过程中的重要价值，忽略了在道德教育及道德学习过程中学生亦可为师的基本事实。第二，规定了德育过程中线性的自上而下的单向“授—受”关系，其基本逻辑是教师的品性一定优于学生，学生在道德学习过程中必须接受教师的道德教育才能有所提升。这对学生多样化的个性和在道德学习过程中的主观能动性观照不足。第三，没有明确道德学习与知识学习的根本区别，忽略了学生在道德生活中能更好地进行道德学习这一基本事实。第四，忽略了德育过程是师生双方道德共建、价值共育的过程，仅强调教师对学生的单向引导，忽略了学生对教师的价值影响，忽略了多元主体对道德价值的多向共同建构作用。

欧阳教先生指出，若培养出来的学生只能死守他律制约，而自己无行善意愿，只能算是“半个人”。德育不仅仅是由内而外地引导，更是激发学生内驱力，帮助学生自主完成价值建构的过程。教师不能代替学生进行价值构建，否则就是在培养“半个人”。

**3.强调社会活动属性，忽略心灵滋养属性**

德育是一种社会活动，这是事实。但是，仅从社会活动的层面定义德育还远远不够。如果一种社会活动的影响不能深入人心、滋润心灵，就不可能产生真实且持久的价值引领，不可能真正发挥育人功能。

长期以来，德育实效低下一直是困扰学校德育的“老大难”问题。对此问题的解决，应该先从对德育概念的界定开始。在界定德育这一概念时，我们不能仅关注德育的社会活动属性，因为社会活动仅仅是一种外在形式。德育要想取得实效，就必须滋养人的心灵，并影响个体精神世界的价值秩序。

在心灵滋养和价值影响这一维度，德育以人类心灵向善的意向状态为根基，德育概念的界定不能忽略人类对于“善”的原初意识和渴望。就此意义而言，德育不仅是一种社会活动，更是一种善意的价值影响和心灵滋养。

在技术主义大行其道的当代，我们应避免片面强调德育作为一种社会活动、一种职业、一种工具、一种技术的观点。德育这一概念应从整全性的鲜活的生命存在层面进行理解，而不应仅从工作技能或功效层面进行理解。只有从整全性的精神层面来理解，德育这一概念的内涵才是深刻的而非浅表性的。

因此，在界定德育这一概念时，我们应把人类对于“善”的原初意识，把人们希望在这个世界上获得温暖，与别人建立相互关怀的关系的自然善意，作为德育概念界定的重要基础。德育最重要的是处理好心与心之间的关系。

**4.对“道德”与“品德”的区分不足**

德育的本质是“育德”，但是，育的是哪个层面的“德”？是“道德”还是“品德”？在德育学的诸多概念中，道德与品德是两个既相互区别又相互联系的概念。

“道德”可以分为两种类型：社会性道德及精神性道德。社会性道德指在现代社会的人际关系和人群交往中，个体在行为活动中所应遵循的原则和标准。它是处在一定社会关系中的人们在其社会生活中所形成的关于善与恶的观念，是通过社会舆论、内心信念和教育力量来实现的，调节人与人、人与社会乃至人与自然之间相互关系的行为规范的总和。社会性道德指向人类向外求的实践活动。

精神性道德包含两类：宗教性道德及自我实现性道德。宗教性道德是李泽厚在《历史本体论》中提出的概念，处理的是人与绝对信仰或理性之间的关系。绝对信仰的对象是一种不仅超越人类个体，而且也超越人类总体的“造物主”“天意”或理性，信众认为正是它们制定了人类（当然更包括个体）所必须服从的道德律令或伦理规则。自我实现性道德则纯粹指向人类自身，具有精神享用属性，能够帮助个体在现实的生活世界中完善德性、安顿心灵、追寻意义、安身立命、体悟幸福。精神性道德处理的是人与自身的关系，指向人类向内求的实践活动。

不论是社会性道德还是精神性道德，最终都需要落实为善的品德。善的品德指的是人的优秀的品格德行，是通过个体的思想、情感和行为表现出来的一组积极特质，是积极人格特质研究的主要内容。善的品德可以组成更高一层的美德，而美德是人类获得幸福和健康的核心要素。美德是德育要着力培育的核心特征。在积极心理学的视野内，我们可以将其概括为六种美德，体现在心理学家彼得森和塞利格曼提出的“价值—行为分类系统”之中，六种美德分别是智慧、勇气、仁慈、正义、节制、卓越。具体而言，智慧是指获得和运用知识的品质。在面对内部、外部两种不同立场时，仍然誓达目标的意志是勇气的主要特征。仁慈是指在和朋友、家人进行积极的社会交往时所体现的品质。正义则在更广泛的团体交往中体现出来。节制是谨慎处事的品质。卓越是把个体与整个人类联系起来的品质。

通过上述区分，我们可以看出，“德育”是通过“道德教育”而实现善的“品德教育”的过程。道德可以是德育的内容和实施方式，但美德才是德育的育人目的和最终依托。道德需要借助德育的过程转化为人的美德，而人的美德则可以借助道德的形式外显为德行。在心为德，施之为行。

**5.对“德福一致”缺乏应有的重视**

有些德育概念片面强调道德主体向外的利他奉献，却忽视道德主体自身的幸福追求，从而违背了“德福一致”这一伦理学基本原则，遮蔽了道德与幸福之间的一致性。正如休谟指出的，德性的唯一目的是使人幸福，让广博的人道或仁爱来融化褊狭的自私性而使人类社会达到和平、秩序和幸福。如果德育这一概念仅强调向外的亲社会行为、利他奉献行为，而忽略人们在利他奉献的过程中所收获的精神幸福，则会导致伦理学上的“自我—他人之间的伦理不对称性”。

幸福与道德之间的一致性至少可以从以下两个维度加以说明。第一，从总体上说，道德与幸福之间的一致具有必然性。这既有功利方面的原因（“俗福”的角度），又有文化方面的原因。前者是指道德本身是一个具有客观性的利益调节器，其分配原则是按“德”分配。后者是指人类是文化性或社会性的存在，而道德是人类文化的重要因子，文化制约人的方式是良心和社会舆论。如果一个人不具备起码的德性，没有德行，他就很难被社会接纳，很难收获幸福。因此，总体而言，德福一致具有必然性。第二，从“雅福”的角度看，德行本身就具有自我肯定、超越牺牲的性质。所谓“仁者无忧”，“无忧”其实就是有德性的人的一种幸福，孔颜之乐就是这种幸福的表征。真正的德行实际上是实践其人格的价值追求过程，所以，德行本身就具有自我实现的幸福意义。即使经历千辛万苦，道德主体也有践行使命的神圣与愉悦。

## （三）德育的内涵界定

在避免上述五类问题的基础上，我们对德育这一概念的内涵做出界定。

德育的本质是“育德”：以合乎道德的方式来培育人的品德。德育的内涵有广义与狭义之分。

从广义来看，所有形式的“以美善育美善”的正向价值影响及心灵滋养都属于德育的范畴。也就是说，不论是否有目的、有计划、有组织，凡是以合乎道德的方式培育人之美德的活动，或者是以合乎道德的方式对人的品德产生的正向价值影响及心灵滋养，都属于“广义德育”。

从狭义来看，德育指的是教育者有目的、有计划、有组织地建构适合道德学习者美德成长的价值环境，促进道德学习者在道德认知、道德情感、道德意志、道德行动等方面不断提升的教育活动。“狭义德育”这一概念，需要从三个层面加以规定。一是饱含道德的目的或使人为善的意图，并以幸福为最高目的。二是建构具有正向价值的德育内容，产生有益的价值影响或心灵滋养。三是采取合乎道德的方式或至少在道德上可接受的方式，而不能以反德育的方式进行德育。

第一，广义德育与狭义德育两个概念，是基于“内涵”维度对德育概念进行的划分。若基于“外延”维度划分，则可分为学校德育、家庭德育、社会德育、网络德育等多种德育外延形态。德育的每一种外延形态都同时包含着广义德育和狭义德育两个内涵维度。

第二，在学校德育中，广义德育与狭义德育同时发挥着重要的育人功能。相较有目的、有计划、有组织地开展的狭义德育，那些不经意间进行的广义德育，例如，文化育人、环境育人等，往往如春风化雨，能更好地发挥育人功能。

第三，教学相长是学校德育的基本属性之一。教师的角色不是固定僵化的“教育者”，教师也可能会成为德育过程中的“道德学习者”。学生的角色也不是固定僵化的“道德学习者”，学生也可能在德育过程中承担起“教育者”的角色。学校德育过程不是单向的价值“授—受”过程，而是学校场域内的所有价值主体之间（而非仅师生之间）多向互动的价值共育过程。

第四，在德育这一概念中，不宜采用“受教育者”或“德育对象”等称谓，而应采用“道德学习者”这一称谓。“受教育者”或“德育对象”这样的称谓过于强调道德学习者的被动性，而忽略其主体性或主观能动性。因此，德育的基本要素是：教育者、道德学习者、德育内容。

## 二、德育概念的外延

德育概念的外延，可从德育活动的实施场域、道德学习者、德育内容三个维度进行划分。

### （一）依据德育活动的实施场域进行划分

依据德育活动的实施场域，我们可以把德育的外延划分为学校德育、家庭德育、社会德育、网络德育等多种类型。

首先是学校德育。学校是德育的实施场域，德育的实施过程依托狭义德育与广义德育的共同育人功能。就狭义德育来看，学校德育是学校依据社会的需要，同时依据道德学习者的品德发展规律，对道德学习者进行的有计划、有目的、有组织的品德教育活动。就广义德育来看，在学校场域内，不经意间发生的润心无声的价值影响或心灵滋养，同样发挥着重要的育人功能。

其次是家庭德育。家庭的重要性毋庸置疑。“天下之本在国，国之本在家”。家庭是社会的基本细胞，是人生的第一所学校，家长是孩子的第一任德育教师，家长要给孩子讲好“人生第一课”，帮助孩子扣好人生的第一粒扣子。家庭德育是家庭教育最核心的内容，是在家庭环境中教育孩子如何做人的品德教育，对于孩子的成长具有重要的奠基功能，对孩子的道德品质的养成影响深远。在传统社会，家庭德育的实施者往往是长辈，德育通常是家庭长辈对晚辈的教育。而今，随着后喻时代的来临，晚辈同样会对长辈产生重要的价值影响。因此，完整地说，家庭德育是家庭成员之间相互产生的多向互动的价值影响。当然，在儿童时期，父母的道德品质、生活方式、言行举止等对儿童具有直接且持续终生的榜样示范及价值引领功能。

再次是社会德育。社会德育的实施者是整个社会，涵盖除了学校和家庭之外的任何社会环境，社会德育对人的价值影响是广泛而深刻的。社会德育也可以划分为广义的社会德育和狭义的社会德育。前者指没有明确目的的社会影响过程，而后者则指一定的社会组织或机构通过有目的的社会宣传、社会活动等多种形式对人的品德施加的教育或影响。

最后是网络德育。严格来说，网络德育与学校德育、家庭德育、社会德育处在不同的层面：网络德育属于虚拟空间场域的德育形态，而学校德育、家庭德育、社会德育则属于实体空间场域的德育形态。但在当代，两类场域高度融合在一起，共同建构德育的空间正义。当前，虚拟网络空间实实在在深刻影响着人们的实体生活空间，网络科技早已成为现实生活中不可或缺的组成部分，与人类的社会生活、道德生活息息相关。在虚拟网络、元宇宙等多种网络场域中，狭义德育与广义德育共同存在并协同发挥功能。前者是通过官方或其他社会组织实施的有目的、有计划的德育活动，而后者则是无目的性的，甚至在未被当事人察觉的情况下便对其品德产生各种形式的价值影响。

第一，学校德育、家庭德育、社会德育、网络德育之间需要相互配合，协调发力，共同建构德育的空间正义。

第二，与学校德育相似，在家庭德育、社会德育、网络德育等不同的场域中，广义德育与狭义德育同样重要。以家庭德育为例，随着《中华人民共和国家庭教育促进法》的正式实施，许多家长开始重视德育，学习如何有目的、有计划地开展家庭德育。然而，仅关注狭义德育是不够的，家长不能忽略自身的日常言行举止，不能忽略家庭氛围、家教家风等广义德育要素。

第三，无论是学校德育，还是家庭德育、社会德育、网络德育，都应是“幸福德育”，都要以“德福一致”原则为价值根基，幸福是所有德育活动的最高目的。道德与幸福须臾不可分离，德育的过程是建立人的心灵价值秩序、培育美善的整全人格、成就人的幸福生活的过程。

### （二）依据道德学习者进行划分

第一，在学校德育场域中，当学生作为道德学习者时，德育概念的外延依据学段的不同，可以划分为学前德育、小学德育、中学德育、大学德育；依据学习者年龄段的不同，可以划分为幼儿德育、青少年德育、成人德育。

第二，在学校德育场域中，当教师作为道德学习者时，我们可以将德育概念的外延划分为入职前德育、师德培训学习（职中道德学习）等维度。这些外延形式的划分，包含于“教师教育”这一范畴之内。

第三，在家庭德育、社会德育、网络德育等其他类型的场域中，我们也可以依据道德学习者的不同而划分出不同的德育外延。例如，家庭德育可以分为儿童德育、家长学堂等不同类型。以此类推，社会德育、网络德育亦如此。

### （三）依据德育内容进行划分

依据德育内容的不同，在德育概念的外延维度，可以划分为“大德育”及“小德育”两种类型。

“大德育”指的是统括了道德教育、政治教育、思想教育、法制教育、心理健康教育等多个维度的德育类型。其中，道德教育旨在促进道德学习者的道德发展和良好道德行为习惯的养成，政治教育旨在培养道德学习者正确的政治观念和政治信仰，思想教育旨在培养道德学习者正确的世界观，法制教育旨在培养道德学习者正确的法制观并通过法律来规范其行为，心理健康教育旨在提高道德学习者的心理素质。

“小德育”专指道德教育，最终落实为品德教育。旨在培养道德学习者的优秀品德，德育的目标是培育具有美德并做出相应行动的道德主体。

“大德育”可能会面临德育内容过多而导致的“德育泛化”问题——“德育是个筐，

什么都可以往里装”。德育泛化的弊端包括以下几方面。

第一，将德育视为无所不包的范畴，实际上等于取消了德育概念本身。

第二，思想教育、政治教育、法制教育、心理健康教育等与道德教育（品德教育）在指向、目的、内容、方法、理论基础、心理机制等诸多方面具有明显的区别，各自有各自的规律，如果混淆这些概念，容易引发理论层面的混乱。

第三，“德育泛化”可能导致学习者或研究者难以在共同语境下讨论德育问题。就世界范围来看，德育的通用内涵是道德教育（品德教育），过于庞杂的“大德育”概念，容易导致德育概念的内涵及外延混乱的问题。

第四，“德育泛化”可能赋予德育难以承受之重。在实践中，德育往往承担了其难以承担的任务，而其“育德”这一最根本的目的却往往被忽视。

第五，在德育实践中，“德育泛化”容易导致教师混淆道德与政治、思想、法制、心理健康等不同维度的问题的性质，从而在德育实践中采取错误的教育策略，对德育问题产生误诊误判。

檀传宝教授指出，解决“德育泛化”问题，应遵循“守一而望多”的原则。所谓“守一”，是指坚守德育的本质即育德这一最基本的内涵。而所谓“望多”的内涵则包含两个维度：一是思想、政治、法制、心理健康教育等本身都是非常重要的，所以需要“望多”；二是思想、政治、法制、心理健康教育与道德教育（品德教育）之间存在千丝万缕的联系，需要通过“望多”来加强学校道德教育本身。

# 第二章　高校德育教育

中国特色社会主义进入新时代，对高校德育也提出了新的要求。我们应以目前高校德育为基础，分析新时代高校德育发展的机遇及困境，并且针对这种困境提出相应的解决对策，积极发挥学生的主观能动性，将德育内化为个人的价值观标准。本章主要内容涵盖高校德育的含义、高校德育的地位、高校德育的目标、高校德育的新特点、新时代德育的价值诉求等方面。

## 第一节　高校德育的含义与地位

### 一、高校德育的含义

德育，从字面意义可以直观理解为道德教育，它是培养一个人道德素质的教育。德育对象是个体，但德育的开展不仅仅有利于个体获得更美好的生活，还有利于社会良好秩序与道德风俗的形成。人是具有社会属性的动物，人类社会的发展离不开道德规范的约束。人类之所以能够长期和谐生活在一起，创建一种稳定的生活环境，道德起到了很重要的作用。任何国家要发展，都必须重视道德建设，具体到教育领域就是德育。德育更注重引导学生正确建构精神世界与价值观，让学生从内心深处认可德育理念。随着时代的发展，德育教学模式也需要持续改进，以获得更好的德育效果。

德育在我国现代教育体系中有着独特的地位，德育对于一个人的成长有着基础性作用。一个人具有良好的道德，对于社会发展便更有促进价值。世界上大多数国家都有德育课程，虽然具体内容不同，但都是为了培养有良好道德素养的公民。

德育内涵丰富，既包含个人品德，也有社会公德方面的内容。德育内涵也会随着社会的变化而逐渐丰富，因此德育应与时俱进，将新的德育内涵纳入德育体系，从而更好地推动德育工作的开展。

整体来说，德育内涵是不断丰富、深化的。随着社会的发展，德育会剔除掉不适应时代发展的内涵，并发展和纳入新的内涵，从而培养出更符合时代价值观的新人。我国当代德育教学在内涵上是丰富的，也呈现出体系化特征。在个人道德方面，要求个人能够建立正确的人生观、价值观与世界观，懂礼貌，拥有较好的道德品质等；在社会公德方面，要求能够为社会发展考虑，遵纪守法，并且敢于维护社会正义等。当代德育内涵能够通过具体行为细节体现出来，因此除了从理论层面对德育教学进行研究外，我们还要从实践行为层面进行引导。

为了取得更好的德育效果，德育教学模式需要持续改进。传统德育教学模式大都采用思想教育与训导的方式，对学生提出严格的德育要求。此外，德育教学的主阵地在课堂，学生较少参与社会实践。随着社会的发展，当代学生思想更加独立，个性更加明显，若是依旧采用传统德育模式，则很容易引发学生的抵触情绪，从而难以达到预期效果。现代德育应考虑学生的喜好，运用学生所熟悉的题材与方式来开展德育教学。当代学生喜欢上网，愿意在网络世界中遨游；当代学生热衷表达，希望自己的建议得到重视。基于此，学校可以选择某些社会热点事件作为德育教学内容与题材，利用互联网平台来开展德育讨论。对学生来说，他们对通过辩论与思考所获取的德育认知，认同程度更高。除此之外，当代德育教学还应注重实践教学，如想要培养学生热爱科学的精神、为社会主义事业奋斗的爱国情怀，在课堂上单纯讲述不如带着学生去参观博物馆，认识科技给祖国带来的强大力量，让学生从心底感到自豪，从而更加爱科学、爱祖国。

对于个人发展与社会发展而言，德育都是重要内容。一个具备良好个人品德与社会公德的人，更有可能成长为合格公民。德育教学不仅要注重德育内涵式发展，更要改进教学模式，取得更佳的德育效果。

## 二、高校德育的地位

### （一）德育优先是五育并举的前提和基础

教育是一项系统工程，从教育理论的逻辑体系看，教育目的在于使人成人，在于培养全面发展的人，在于促进人自身的和谐发展，在于培养道德向善、自觉寻求科学真理、身心健康、投身于劳动实践、具有一定审美的幸福的、完满的人，简言之，就是培养全面发展的人。系统论主张全面的观点，认为事物各个组成部分之间相互协调、相互整合，整体功能的作用大于各部分功能的简单相加。如果把人的全面发展教育看作一个系统工程，德育、智育、体育、美育、劳育分属于其中的子系统，它们只有各自发挥特有的教育力量，从不同维度教育人、培养人，并且各个方面相互作用、相互协调、相互渗透，才能实现培养全面发展之人的教育目标。

但在教育实践中，“五育”合力的发挥必须以德育优先为前提和基础。首先，德育优先为“五育”并举提供思想资源，通过涵养积极健康、向上向善的个体思想人格为教育合力的发挥筑牢思想基础。离开德育优先的前提，教育就难以培养具有高素养的公民。其次，德育优先为“五育”并举建构普遍的价值规范体系，为教育合力的发挥提供导向力基础。在系统教育中，德育为其他“四育”奠定价值规范基础。最后，德育优先为“五育”合力的发挥提供“自我生成式”的持久性力量，使人在综合教育中源源不断地激发精神动力，走向人的全面发展。由此，德育优先是保障“五育”并举的整体性、系统性与协同性功能发挥的前提性条件。

### （二）德育优先是教育目的和任务的根本要求

古往今来，人才都是富国之本、兴邦大计。面对百年未有之大变局，“立德树人”深刻回答了新时代教育培养什么人、怎样培养人的根本问题，是我党对教育事业经验的总结与内涵的进一步深化，为新时代我国教育事业发展指明了方向。党的十八大报告首次正式提出把立德树人作为教育的根本任务，随后，习近平总书记多次强调，教育的立身之本在于立德树人，要坚持把立德树人作为教育工作的中心环节。2019年，中共中央办公厅、国务院办公厅印发《加快推进教育现代化实施方案（2018—2022年）》，其把实施新时代立德树人工程列为推进教育现代化的重点任务之首。《新时代公民道德建设实施纲要》也强调，学校是公民道德建设的重要阵地，要把立德树人贯穿学校教育全过程。

从关系层面看，立德树人是教育的根本任务，“立德”和“树人”在理论和实践上皆是不可分割的联合结构，蕴含对教育的总体性关切。“立德”与“树人”二者之间呈现递进关系，“立德”是教育的根本，是“树人”的首位价值选择，要求在教育过程中以德育为先；“树人”是教育的核心，“树人”必须建立在“立德”的基础之上，才能保证人才培养的方向。“立德”与“树人”的关系问题在教育内部逻辑结构中表现为“德育优先”和“五育并举”的关系问题，直指教育应当培养什么人及怎样培养人的核心议题，要实现培养德智体美劳全面发展的社会主义建设者和接班人的教育目标，首先就要把德育摆在优先地位。教育根本任务中的以立德为根本就是要在教育内部逻辑中将“德育优先”作为逻辑起点，让学生通过教育学会用马克思主义的立场和观点武装头脑，以社会主义核心价值观为引领，传承中华民族传统美德和践行当代美德，涵养社会公德、职业道德、家庭美德和个人品德，并最终以社会道德实践为落脚点，在此基础上，通过五育并举的人才培养进行“树人”，培养大批德才兼备，具有理性精神、德性品格和共产主义信仰的社会主义事业的劳动者和建设者，实现培育时代新人的教育目标。

从教育本体维度来看，德育优先是对思想政治工作规律、教书育人规律、学生成长规律的深刻把握和对立德树人教育根本任务的充分认识。培养时代新人就是要培养德智体美劳全面发展的社会主义事业的建设者和接班人，这是新时代教育的根本任务，充分体现了社会主义经济、政治、文化对社会主义人才培养的全面要求。其中，单独将五育中的“德”置入“立德树人”这一对教育目标的概括性表述之中，充分彰显了“德”在治国理政中的价值引领，“立德”事关社会主义办学方向和学校立身之本。在德育之维，培育时代新人的教育目标内蕴“大德”“公德”“私德”三者合一的精神实质。在本体维度上，新时代立德树人的教育使命和立德树人的教育目标首先要求受教育者以德育为先，树立崇高的理想信念，立信仰之“大德”。立德树人，“立德”为先，首先要坚持将马克思主义作为占主导地位的意识形态，它反映了中国社会的发展规律和最广大人民的根本利益和要求，传道授业首先就是传马克思主义、共产主义信仰之“道”。没有理想信念，精神上就会缺钙，这直接关系到社会主义事业的兴衰成败。因此，立德树人最重要的使命就是要以德育为先，加强理想信念教育，使学生树立正确的世界观、人生观和价值观，自觉担负起时代赋予的历史使命。

### （三）德育内容引导他育的方向和价值指向

教育内容是根据一定社会发展的需要，针对教育对象的生理、心理发展实际，经教育者选择和设计后有计划、有目的、有步骤地输送给教育对象的带有引导性和教育性的内容。德智体美劳教育各有特点，共同构成了相互联系、相互作用的具有提高受教育对象各项素质等功能的教育内容体系。

具体来看，德育是对人们进行思想政治和道德品质方面的教育，规定了人之为人应当遵循的行为准则或规范。相对于智育、美育，德育包括培养学生的思想品质、政治品质和道德品质，甚至还应当包括法制教育、心理教育等内容，包含引导人求真、求善、求美的价值意蕴。在我国，德育主要以社会主义核心价值体系为基本遵循，以培养四有新人为目标。智育是人的全面发展教育的基础环节，它包含对知识的认知及智力的发展两个方面，智育的过程是使人认识世界和改造世界的重要手段。美育即审美的培养，是美感教育、情操教育的统一体，它重在引导人们对美进行感知和鉴赏，并按照美的规律改造世界。体育是以人的身体活动为载体而展开的活动，采用了跑、跳、走、投各种形式，包括田径、球类、游泳等各类运动，它帮助人们在体育锻炼中增强体魄，享受运动的快乐，锤炼意志。人类社会的历史首先是生产发展的历史，劳动教育也是培养全面发展的人的主要内容之一。

其中，德育内容在整个教育内容系统中处于支配地位，是教育内容的根本体现，它决定了教育内容的性质和方向，是一定社会价值体系传播的重要途径，也是个体学习道德规范、德性养成的重要依据。从“五育”各要素教育内容之间看，德育内容渗透于学校教育教学的全过程和受教育者日常生活的各个方面，渗透在智育、体育、美育和劳动教育之中，其他各育的教育内容的设计都离不开德育所规定的性质和方向，都离不开与德育因素的融合，智育内容中渗透着前人的道德力量和思想政治因素，体育内容中渗透着拼搏精神和体育道德的德育因子，美育中渗透着德育所要求的正确的审美观，劳动教育中渗透着德育所引导的正确的劳动观点、群众观点和劳动习惯。因此，在“五育”各方面的教育内容中，都体现了德育内容的主导性与渗透性。

## 三、开展高校德育的必要性

### （一）有利于大学生更好地适应大学生活

利用新媒体平台对大学生进行德育，有利于大学生实现从高中到大学的过渡，从而更好地适应大学生活。大学生涯是人生发展阶段的一个重要转折点，它不仅仅是一个跳板、一个机遇，还会使大学生经受更多方面的考验。由于大学生成长经历的不同，他们在从高中到大学的过渡期更需要接受德育，这有利于大学生不断提高自身道德素养，完成大学期间的各项发展任务，成为对社会发展有用且德才兼备的高质量人才。通过新媒体开展德育实践活动，有助于大学生弘扬中华优秀传统文化。利用新媒体对大学生进行德育，有助于他们加强对有关人生和社会问题的思考，明白自身在社会主义精神文明建设过程中所承担的重要责任。大学生只有通过不断学习与弘扬中华优秀传统文化，真正实现自己的人生价值，才能不断推动中国特色社会主义文化建设，促进国家的文化繁荣。

### （二）有利于大学生树立正确的世界观、人生观、价值观

利用新媒体对大学生进行德育是提高大学生道德修养的基础，通过德育，学生懂得

洁身自好、知恩图报、贡献社会。学校可利用新媒体录制微视频，讲述有关道德的事实案例，加强学生对道德的认知；设置不同的网络教育意境，帮助大学生形成对道德的追求；理论学习促进学生对道德的理性认知，以培养学生积极向上的人生态度，培养学生对家庭、学校、社会、祖国的情感，激发大学生对德育实践的兴趣，通过理论教育及德育实践促进学生道德素养的提升；开展网络道德示范演示，将传统教育与现代教育有机结合起来，通过短视频，宣讲道德事迹，提高学生的道德认知水平，使其体验道德的伟大魅力；网络的模拟示范功能，帮助学生将内在的德性与外在的伦理相结合，促进学生的全方面发展，进一步塑造适应现代社会发展的品德。创设良好的网络德育环境，可以将道德植根于现实生活的实践中。

#### （三）有利于推动社会主义精神文明建设

当代大学生是社会中有活力且最受关注的庞大群体，他们的行为习惯和道德水平引领社会道德建设的主要方向。利用新媒体对大学生进行德育，有助于他们养成良好的职业道德，同时在生活、学习和实践中不断提升自我，感受自身肩负的建设中国特色社会主义的责任和使命，从而更加热爱本职工作，进而积极工作，忠于职守，自觉为社会主义现代化建设多做贡献。具有良好道德品质的大学生在各自的工作岗位上发光发热，和同事之间的良好关系有利于改善社会关系、改变社会风气。大学生本身具有的活力和影响力，能够带动身边的人相互促进、相互学习，在学习和交流日益加深的情况下紧密协作，整个社会就形成了健康、团结、和谐的人际关系，进而形成良好的循环状态。

## 第二节　高校德育的目标与特点

### 一、高校德育的目标

#### （一）政治教育目标

高校应使学生具有坚定正确的政治方向和社会主义、共产主义信念，拥护党和国家的路线、方针、政策，坚持四项基本原则，坚持改革开放，在重大政治原则问题上，是非分明，能站在党和人民的立场上，对各种错误思潮有一定辨别和抵制能力。

### （二）思想教育目标

高校应使学生树立辩证唯物主义和历史唯物主义的观点，具有正确的人生观与价值观，能正确认识个人、集体与社会利益三者的关系；具有艰苦奋斗、为人民服务的思想；具有与社会主义市场经济、改革开放相适应的思想观点；具有实事求是、追求新知、独立思考、勇于创新等思想品质。

### （三）道德教育目标

高校应通过社会主义人道主义教育和社会公德教育，使学生热爱人、尊重人、信赖人，同情与帮助弱者，平等友好地与他人相处，遵守公共秩序，尊敬师长，尊重人的地位、价值，弘扬人性等。

上述三个方面的德育目标，既有各自特定的内容，有着各自的侧重点，但同时又是一个不可分割的、有着内在联系的有机整体。

## 二、高校德育的新特点

### （一）高校德育开展方式的多样化

在现代信息技术与德育工作深度融合的背景下，高校的德育工作开展方式变得愈加丰富和多样。线上教学刚开始给教学带来新鲜感，但很快就进入了疲劳期。究其原因，线上课堂教学和传统课堂教学没有太大区别，同时线上课堂中的交流和讨论较传统课堂弱化，德育效果不足，需要灵活运用各种手段进行补充。例如，教师可以通过开通主题性的微博、微信平台来为学生提供相应的德育内容，使学生可以在课外时间更密切地关注德育课程；教师还可以录制一些短视频共享到这些平台中，供学生浏览，改善德育工作，适应信息时代学生生活和学习的新变化。

### （二）高校德育开展内容的时效性

高校德育工作内容的时效性特点主要体现在两个方面：一是德育内容及时反映社会需求；二是德育的方式超越时间和空间限制。微时代背景下，微媒体已经成为学生日常生活和学习中使用最广泛、最频繁的交流媒介。在微媒体的影响下，学生逐步养成了关注时效性内容的习惯，会通过高频次地使用微媒体获取最新的内容。基于学生表现出的特点，注重内容的时效性便成为德育工作中重点关注的问题，德育工作者要紧扣现实，借助微媒体为德育增添新内容。

### （三）高校德育开展主体的多元化

微媒体的应用普及使每个人都可以成为媒体传播的主体，任何人都可以通过微媒体展示自己，实现互动交流。微媒体所带动的人们交互方式的改变打破了传统德育中教师“教”和学生“学”的单一关系模式，使学生也能够成为德育工作的主体。学生可以在课外与教师、同学沟通交流，也可以将自己的观点、看法以语音、文字的形式推送给相应的对象，实现课外的针对性交流。

微媒体的交互性功能使得学生真正成了德育工作的主体，学生的共同参与促使德育工作主体由教师转变为师生。

# 第三节　高校德育的基本功能

研究高校德育的功能是当今时代的重要课题，具有重要的理论意义和实践价值。

高校德育功能指高校德育系统内部各个要素之间相互作用及系统与环境之间相互作用的结果。通常认为，高校德育功能主要由宏观社会环境的社会性功能、中观学校环境的教育性功能和微观个体思想道德方面的个体性功能三部分构成。这三部分相互促进、相互影响，共同作用于高校德育。

## 一、高校德育的社会性功能

高校德育的社会性功能指高校德育对社会发展的作用，即高校德育系统与外部环境之间相互作用的结果。高校德育的社会性功能主要体现为外界环境中的政治、经济、文化和生态会直接影响高校德育。其中，当今经济制度、经济发展水平对高校德育具有决定性作用；政治思想对高校德育具有指引性作用；社会文化对高校德育具有潜移默化的渗透作用；生态环境对高校德育具有熏陶作用。以上这些社会性功能构成了一个宏观的高校德育功能系统。

### （一）高校德育的政治功能

高校德育的政治功能是坚定大学生的政治方向、发展大学生的政治意识、引导大学生的政治行动，通过政治引导把大学生培养成为坚持社会主义道路，坚持社会主义法律标准，能够自觉用社会主义核心价值观要求自己，具备较好的道德品质的社会主义事业的接班人。

## （二）高校德育的文化功能

高校德育的文化功能是通过创设各种不同的文化情境对大学生进行熏陶，在共同价值规范中培育大学生适应社会的能力和解决文化冲突的能力；提高大学生的文化创造能力，使大学生能够对各种文化思潮进行整合，对文化主体进行改造，从而增强大学生的创新意识和创新能力，最终完善大学生的人格，促使其不断发展。

高校德育的文化功能主要体现在通过校园文化的传播，创建一种和谐的环境来陶冶人们的情操，并通过校园文化、优良学风、人际关系等使大学生受到约束、熏陶和影响，从而逐步提升和完善自己，在潜移默化中将社会准则和道德规范内化为个人品德。高校德育的文化功能对大学生思想品德的影响是多方面、多角度的，主要表现在以下几个方面。

第一，凝聚激励功能。高校文化强调工作目标与教学目标相一致，强调大学生价值观念的统一。高校文化活动的内容十分丰富，方式也多种多样，为大学生自我发展及才能展示提供了一个广阔的空间；同时，高校文化活动还可以激励全体师生积极进取，不断奋进，充分调动大学生自我教育的积极性和创造性，更好地促进高校育人环境的形成。

第二，规范约束功能。美国教育家杜威指出，教育必须利用环境的作用，如果离开环境，教育也不复存在。高校文化对大学生具有较强的规范约束功能，它规范着大学生的思想和行为，使大学生能抵制不良思想和行为，促使大学生向好的方向转化，从而提高大学生的思想道德水平。高校文化更多的是借助灵活多样的文化形式来影响人们的思想和情感，当大学生置身于和谐、舒适的环境中时，就会在无形中受到环境的熏陶和感染，自觉地改变与环境不和谐的行为。

第三，健全人格功能。健全的人格是大学生良好品德形成的重要标志之一，因此对大学生进行人格的教育是高校德育必不可少的一项重要内容。大学生在特定的文化氛围中活动，势必会形成与这一群体相适应的观念和品格。在多彩的校园文化活动中，大学生可以充分发挥自己的潜能，体现自己的价值，不仅丰富了自己的业余文化生活，还健全了自身的人格。

第四，审美教育功能。审美教育功能在特定环境和活动中以生动、形象的方式影响和教育大学生，帮助大学生树立崇高的审美理想，确立正确的审美观念，培育健康向上的审美能力。

## 二、高校德育的教育性功能

高校德育的教育性功能是把大学生塑造成具有健全人格和完整品行的人，它从教人做人的德育理念出发，到实现教与学、学与用相结合结束。概括来说，高校德育的教育性功能主要体现在以下几个方面。

### （一）高校德育的目标导向功能

高校是为国家培养专业人才的重要场所，其中心任务是培养社会主义现代化建设所需要的优秀人才，而高校德育在高校教育活动中具有重要作用，贯穿于高校教育活动的全过程，能够引导大学生的思想和行为向积极方面发展，使大学生达到社会的要求。首先，作为高校德育的主体——大学生，具有心理不成熟、行为个性化、易受外界影响的特征，因此我们必须用先进的思想和正确的意识形态对大学生进行价值理念的传授。其次，随着改革开放和社会主义现代化建设的发展，各种各样的文化现象不断涌现，其中不可避免地夹杂着一些不良的、腐朽的文化成分，而处在价值观正在形成时期的大学生对这些文化缺乏准确的判断能力，容易误入歧途。因此，我国高校德育要明确目标，一是要以科学发展观和习近平新时代中国特色社会主义思想为指导，努力为社会培养更多优秀人才；二是要坚持以社会主义核心价值观为指引，充分利用高校德育的目标导向功能，将符合社会发展的正确的价值观融入高校德育建设之中，在校园内形成正确的价值导向，使广大学生在高校文化的熏陶、影响下，形成符合社会发展的正确价值观；三是坚持爱国主义的高尚情操，以理想信念教育为核心，弘扬时代发展主旋律，倡导爱国主义、集体主义、社会主义价值观念，引导大学生树立远大的政治理想，树立正确的道德观、价值观。

### （二）高校德育的规范约束功能

高校德育的规范约束功能，不同于法律、纪律等其他社会约束手段，它通常是通过制定校园的规章制度与行为规范等方式，警醒大学生按照规章制度办事，自觉将道德规范内化为行为习惯，真正提高大学生的思想意识与道德水准。

### （三）高校德育的育人与开发功能

高校德育的育人功能，是指通过高校德育提高大学生的思想道德素质，完善大学生的世界观、人生观和价值观，使大学生树立正确的人生目标，完善大学生的人格。在新的历史条件下，高校德育要以习近平新时代中国特色社会主义思想为指导，进一步树立“育人为本，德育为先”的观念，提高大学生的思想政治素质，充分发挥高校德育的育人功能。

高校德育的开发功能，是指通过开辟、扩展课堂教学，使大学生充分发挥其主观能动性，并充分调动其内在潜能。

### （四）高校德育的教育与自我教育功能

高校德育的教育功能，主要体现为教育和自我教育两方面。教育是通过课堂教学和教育实习等环节，对大学生的思想认知和行为模式进行有计划、有目的的培养和锻炼。高校德育在发挥其教育功能时，教师和大学生可以相互促进、共同融合。与此同时，大学生也获得了进行自我教育和自我管理的良好平台和空间。人既是教育的载体，又是教育的主人，在高校校园生活中，每个人都是受教育者，同时也是教育者。大学生通过社团开展内容丰富、形式多样的活动，一方面丰富了自己的精神生活，发展了个人潜能，使自己在这种健康向上的环境和氛围中受到了潜移默化的熏陶和感染；另一方面增强了自身的成才意识，并为自我教育和自我发展创造了有利条件。

## 三、高校德育的个体性功能

高校德育的个体性功能是高校德育在较高发展阶段所表现出来的对大学生思想道德素质的培养，使高校德育真正成为促进人全面发展的教育。高校德育主要通过道德需要的直觉、道德情感的培养、道德行为的养成来影响个体的思想道德素质，进而促进个体的成长和发展。概括来说，高校德育对个体具有生存、发展和享用三方面功能。

### （一）高校德育的个体生存功能

高校德育最根本的目标是赋予每个大学生以科学的价值观、道德原则和行为规范。这些观念、原则、规范看起来是在约束大学生，实际上是在促进大学生在现实生活中的生存。在大学生社会化的过程中，高校德育通过促进和培养大学生的自我意识，使大学生的自我意识与现实社会实现了均衡发展，进而达到了认知、情感和行为相统一的目的，形成了正确的道德观念，确立了健康的道德标准，最终提升了大学生的生存质量。

### （二）高校德育的个体发展功能

高校德育的个体发展功能是指高校德育在个体品德结构发展方面所发挥的作用。个体品德结构主要包括伦理规范、道德原则和价值观，当大学生在个体品德建构过程中缺乏方向指引时，高校德育会充分发挥导向机制，保证大学生的品德结构沿着正确方向发展；当大学生的个体品德社会化过程与现实发生冲突时，高校德育会发挥调控机制，帮助大学生构建一个结构合理的道德知识系统，实现道德原则和道德规范的协调发展。

### （三）高校德育的个体享用功能

高校德育的个体享用功能是指高校德育能使大学生的发展需要得到满足，并通过习得知识和实践体验，获得思想和精神上的满足。高校德育的个体享用功能使大学生在实践锻炼中形成了良好的品德。一方面，它使大学生实现了与周围环境的和谐发展，形成了良好人际关系，能够适应社会发展需要；另一方面，高校德育通过知识传授和信念教育，使大学生获得了良好品格和正确的价值理念，把美好世界展示在大学生面前，使大学生能够充分享用美好世界，从而使大学生逐渐养成以审美的眼光瞰视人生，并从中获得审美的愉悦的习惯。

## 第四节　高校德育的基本原则

高校德育的基本规律是指高校德育过程中不以人的主观意志为转移的、内部的、稳定的、必然的联系，而高校德育的基本原则是必须客观地反映高校德育的基本规律。因此，在确立新时代高校德育基本原则时，我们应当从高校德育基本规律入手，揭示高校德育过程中客观存在着的各对关系，依据各对关系的内在要求确立新时代高校德育的基本原则。

### 一、方向性原则

我国高校德育之所以强调必须坚持为建设中国特色社会主义而奋斗的政治方向，是因为以下三点。

第一，我国高等教育具有社会性，其在阶级社会中集中表现为政治性。这是因为教育是社会上层建筑的一个重要组成部分，它既由一定社会的经济、政治状况所决定，又为一定社会的经济、政治服务。教育的领导权、目的和内容等无不反映出其与经济、政治的特定关系。我国实行的社会主义经济政治制度，决定了我国高等教育的社会主义性质。因此，高校德育必须坚持社会主义的办学方向。

第二，为社会主义现代化事业培养建设者和接班人是我国高等教育的现实任务。这一任务表明，我国高等教育培养出来的人才，一方面要具有为社会主义现代化建设服务的知识技能，另一方面又要能自觉地坚持社会主义现代化建设的社会主义方向。因此，高校德育必须从培养社会主义事业建设者和接班人的高度去完成自己的历史使命。

第三，中国的事情能不能办好，社会主义改革开放能不能坚持，经济能不能持续发展，国家能不能长治久安，关键在人，而高校恰恰就是培养社会主义现代化建设者和接班人的地方。但是，西方敌对势力的和平演变，将目标瞄准了我国的青年，因为谁掌握了青年，谁就掌握了国家的未来。从这个意义上说，我国高校处在关系着国家前途和命运的历史地位。这种特殊的历史地位，决定了高校德育的特殊使命，要求高校德育必须为从世界观、人生观、价值观上培养造就出一批批忠于社会主义事业的建设者和接班人而努力奋斗。

因此，我国高校德育必须以社会主义意识形态培养学生，指导学生逐步学会运用马克思主义的辩证唯物主义和历史唯物主义的立场、观点、方法，分析现实社会生活中的政治、经济、文化、道德现象，抵制各种错误思想的影响，确立为建设中国特色社会主义而奋斗的政治方向。

## 二、理论联系实际的原则

高校德育必须坚持理论教育与实际教育相结合的原则，二者缺一不可。高校德育之所以要坚持理论教育，一方面是因为国家强调学生应该掌握马克思主义的世界观和方法论，另一方面则是由大学生的文化、思想素质的状况和要求所决定的。就文化素质而言，大学生已经初步接受了自然科学、社会科学等领域若干基础课程的训练，具有较为系统、深入地学习专业知识和各种思想理论所必需的基础。就思想素质而言，大学生虽然已具有一定的独立思考能力，但思想的稳定性较差，容易受情绪的支配，盲目跟随各种流行的社会思潮；而且，他们虽然相信崇尚科学，但尚未确定牢固的马克思主义立场、观点和方法。因此，我们必须对他们进行科学的理论教育，用中国特色社会主义理论武装他们的头脑。

理论教育在高校德育过程中无疑占有十分重要的地位。但是，高校德育绝不能囿于理论教育的圈子，而是必须将理论教育与实际教育有机地结合起来。具体地说，就是要做到两个“联系”一个“转化”。首先，理论教育必须注意联系国内外政治、经济发展变化的实际，这是因为道德规范总是社会关系的反映，大学生的思想状况与各种社会现象息息相关。因此，在德育过程中，教育者要善于捕捉并认真研究在错综复杂、丰富生动的社会实际中出现的新情况和新问题，及时消除理论与实际之间的隔膜和反差。只有这样，我们才能真正把握住真实、具体的德育内容和德育对象，才能使理论教育具有生机、活力和针对性。其次，理论教育必须紧密联系学生的思想实际，这是因为大学生并不是专供高校塑造的僵死的客体，而是有意识、有活力、变化发展着的、朝气蓬勃的、富有时代感的一代新人，他们在德育过程中并不是被动地接受教育，而是有很强的主动性。这就要求理论教育必须把握大学生的思想脉络，有的放矢地进行理论提升。最后，理论教育还必须立足于一个“行”字，大力促进高校德育过程中的知行转化。这是因为，高校德育的目的并不仅仅是传授给大学生一定的思想、政治、道德观念和必要的心理知识，还要使大学生将所学内容落实到自己的行动中去；而且，要想取得真实持久的德育效果，光靠理论教育是不行的，还必须创造条件，引导学生参加社会实践。只有在社会主义现代化建设的伟大实践中，只有在改革开放的大环境中，坚持运用马克思主义的立场、观点和方法分析是与非、认识正确与错误，我们才能逐渐确立正确的思想、政治、品德观念，养成健康向上的心理素质。

总之，在高校德育过程中坚持理论联系实际的原则，是高校德育取得实效的关键。需要注意的是，高校德育要防止形式主义，避免将理论与实际机械地拼合，而是要使理论与实际你中有我，我中有你，形成相互包容和渗透的辩证关系。具体地说，理论不能是抽象空洞的，它要有实际针对性，有贴近现实生活的实在内容；实际不能是盲目的，它必须与理论密切衔接，受理论的指导，为现实服务。任何割裂二者内在联系的做法，都是不恰当的。

对此，高校德育要做到以下两点。

第一，要注意紧密联系国内外政治、经济发展变化的实际和学生的思想实际，加强理论教育的实际针对性。

第二，既要注重理论教育，又要引导学生参加社会实践，从而提高高校德育实效，防止形式主义，以实现高校德育的知行转化。

简而言之，高校德育要注重理论与实际的对立统一，注意理论与实际之间的两个“联系”和一个“转化”。

## 三、继承和创新的原则

高校德育必须坚持继承和创新相结合的原则，其理由包括以下三个。

第一，德育具有鲜明的社会实践特点，在中国共产党领导中国人民进行革命和建设的各个历史时期，党根据各个时期社会实践的不同要求，创造、总结了一系列的行之有效的思想政治工作内容和方法，形成了优良传统。之所以视其为优良传统，不仅是因为其在当时是行之有效的，而且在现在和未来仍然是不能丢掉的。其中的内容和方法不仅具有科学规律性，而且许多是用鲜血和生命换来的宝贵经验，因此我们必须珍惜。

第二，德育具有鲜明的时代发展特点。时代是在发展变化的，德育的内容和方法也必须适应时代发展变化的要求。在新的历史条件下，德育必须适应新形势提出的更高要求。例如，在经济体制发生重大变化，以公有制和按劳分配为主体，其他多种经济成分和分配方式并存条件下，如何坚持社会主义意识形态主导地位，用马克思列宁主义、毛泽东思想和邓小平建设中国特色社会主义的理论教育青少年；在进一步扩大对外开放，学习国外先进科学技术和管理经验条件下，如何教育青少年正确认识我国国情，继承和发展中华民族优秀文化传统和中国共产党领导的革命斗争传统，树立民族自尊、自信、自强、自立的精神；在新旧体制转换过程中还存在着各种矛盾，社会生活中还存在着需要克服的消极现象的情况下，如何引导学生逐步树立正确的世界观、人生观和价值观，培养良好的道德品质；在人民生活水平有了较大改善和提高的情况下，如何培养学生具有自力更生，艰苦奋斗的精神和坚强的意志品质；在科学技术迅速发展，社会主义市场经济体制逐步建立的情况下，如何指导学生在观念、知识、能力、心理素质方面尽快适应新的要求，这些都是需要不断研究和解决的新课题。

第三，德育具有鲜明的内在连续性特点。德育有其自身内在发展的特点。这一特点在内容和方法上表现为具有明显的连续性，这是因为，一方面，一个人的思想、政治、道德观念的形成要有一个过程；另一方面，在这个过程中受教育者的选择具有相当大的自主性。这种选择上的自主性，不仅表现在对祖国优秀道德思想的继承和发扬上，而且表现在对人类文明发展过程中一切优秀成果的吸收和借鉴上。即使在社会大变革时期，这种连续性也不能中断，因此在德育过程中，我们必须坚持继承和创新相结合的原则。

这条原则揭示的是，在高校德育过程中如何正确处理以往德育的内容、方法与现在德育的内容、方法之间的关系。这一原则的基本要求是：在高校德育过程中，既要继承和发扬中华民族优秀的德育思想和党的思想政治工作的优良传统，又要适应新的历史条件，去吸收人类文明发展过程中的一切优秀成果，不断地改革德育的内容和方法，不断地创造新的经验。

## 四、整体性的原则

高校德育必须坚持整体性的原则，其理由包括以下两个。

第一，德育工作是一项社会性的系统工程。具体地说，高校德育存在着学校、社会、家庭三种教育渠道，这是由现代社会特征和大学生经常活动的范围所决定的。教育是培养下一代的事业，从来都是全社会通力合作所进行的，德育尤其如此。我国古代的教育家十分重视社会教育和家庭教育。先秦“孟母三迁”的故事，就是强调社会影响在教育中的作用；《颜氏家训》则是注重家庭教育的典范。当然学校、社会、家庭三种教育渠道在高校德育中的地位并非完全相同。居主导地位的是学校教育，这是因为大学生的主要任务是在学校系统地接受德、智、体诸方面的素质训练，学校也担负着全社会和家庭所赋予的教育职责。但是，这绝不意味着社会教育和家庭教育的职能可以削弱，甚至在许多情况下，二者发挥着潜移默化的关键性作用。因此，高校德育在立足于学校教育的同时，对社会教育和家庭教育也不能忽视或偏废。

第二，只有充分调动发挥出各方面的德育功能，我们才能卓有成效地实现德育目标。这里有两层含义：一是要建立起全社会的科学的德育网络体系。这里包括学校、社会和家庭教育的一致性。学校、社会、家庭必须以爱国主义、集体主义和社会主义为主旋律，实现“以科学的理论武装人，以正确的舆论引导人，以高尚的情操塑造人，以优秀的作品鼓舞人”。二是要建立、完善高校自身的科学的德育体系。高校既要充分发挥德育专职教师在马克思主义理论课和思想品德课教育中的主渠道作用，又要充分发挥其他专业教师教书育人为人师表的作用，同时也要充分发挥管理、服务人员育人的作用。充分发挥全校各方面的积极性，不仅人人都有强烈的育人意识，而且可以形成一个良性的德育机制，为实现高校的德育目标创造一个必要的整体条件。

总之，无论是在全社会的德育网络体系中，还是在高校自身的德育体系中，都要围绕着教育方针所规定的德育目标，有计划地开展工作。事实上，高校德育存在着学校、社会和家庭三种不同形式的渠道，而在效果上又存在着两种可能性，即要么三种渠道方向一致，为共同的德育目标服务，要么在方向上不一致，相互削弱或抵消，从而不能达到预期的德育目标。在这里，高校应发挥协调和主导作用，把社会、家庭教育纳入学校教育的轨道，以确保德育目标的实现。

这条原则揭示的是，在高校德育过程中如何正确处理德育主渠道与其他教育渠道之间的关系。这一原则的基本要求是：高等学校德育要建立完善、科学的工作体系，充分发挥全体教职工、各种教育渠道的德育功能，形成卓有成效的德育合力。

## 五、教育与管理相结合的原则

高校德育之所以必须坚持教育与管理相结合的原则，是因为以下三点。

第一，光靠思想教育是不能实现德育目的的。思想教育必须有行政管理的配合，寓教育于管理之中。首先，高校德育是塑造人的灵魂的复杂工程，教育者要完成德育的目标，离不开良好的校纪校风，包括完善的校纪校规、一定的物质条件、健康的文化氛围等，而良好校纪校风的建设又有赖于行政管理技能的发挥。其次，思想教育的过程也要求借助行政管理机制。思想教育是将一定的规范通过各种教育途径传授给受教育者，同时又要求受教育者知行统一的过程，在这个过程中必然要有相应的规章制度，对学生进行必要的带有强制性的引导和约束。如果没有一套完善的规章制度，单靠思想教育，德育的目标就难以实现。

第二，对学生的管理过程也是一个教育过程，高等学校管理的首要原则是它的教育性。学校的一切管理制度和措施，都应当有利于学生的全面发展，为国家社会主义现代化建设多出人才、快出人才、出好人才。因此，管理本身就是一种教育，它能够促进大学生某些基本素质的形成。

第三，学校各级管理、服务人员都应具有育人的职能。对学生“德”的培养，在很大程度上取决于“三育人”的质量。大学德育是全校教职员工的共同任务，就管理而言，学校行政部门一方面要整体规划学校的德育工作，明确全校各类教育、管理部门的德育职责，既要有合理的分工，又要有彼此的协作，同时还要制定并完善各项规章制度，规范学生的行为，使之符合文明要求。另一方面，各级管理人员在管理实施的过程中，又应以敬业精神和良好作风去影响学生。就服务而言，学校服务人员面广、量大，并且直接与学生交往长达三四年之久。从一定意义上说，服务人员也是学生的教育者。他们交往的语言、创造的环境、服务的态度、工作的作风等，无不直接或间接地影响着学生思想品德的形成。因此，服务人员在自己的工作中，使用健康文明的语言、创造优美的校园环境、具备良好的服务态度、表现出高尚的品格风貌，是“全员德育意识”的一个非常重要的组成部分。

这条原则揭示的是，在高校德育过程中如何正确处理教育与管理之间的关系。这一原则的基本要求是：教育需要管理的配合，管理是教育的一种重要手段，在各项管理、服务中要贯彻对学生的德育要求。各级管理、服务人员应以敬业精神和良好作风去影响学生，并引导学生进行自我管理，充分发挥管理育人、服务育人的作用。

## 六、教育与自我教育相结合的原则

新时代高校德育之所以必须坚持教育与自我教育相结合的原则，是因为以下三点。

第一，从根本上说，这一原则是源于德育过程中教育者和受教育者之间的辩证关系。一方面，教育者和受教育者是德育过程中相互对立的两极；另一方面，二者又是密不可分、互相制约、彼此促进的两个方面。教育是自我教育的前提，自我教育是教育的结果。纵观一个人的成长过程，从无知到有知，接受教育是发展的第一步。只有不断地接受教育，才能获得知识、提高认识，为形成自我教育的能力奠定基础。所以，没有教育也就谈不上自我教育。强调教育的重要，并不意味着否定自我教育。相反，没有自我教育也就不会有真正的教育，因为大学生是否接受教育者的要求，按照教育者所期望的方向发展，不完全取决于教育者的主观愿望和教育，即不完全取决于“外因”，还必须取决于“内因”，取决于大学生接受教育的程度。从一定意义上说，离开了自我教育，教育就失去了成功的条件，教育的目的也就难以实现。强调自我教育，绝不是削弱和否定教育，而是为了更好地进行教育。

第二，培养大学生自我教育的能力是大学德育的重要任务。“教育是为了不教育”，即教育是为了培养大学生自我教育的能力。只有具备了自我教育能力的大学生，才会自觉地接受教育影响，有效地进行自己思想内部的矛盾运动，不断地实现“内化”与“外化”，并在一个更高的层次上开始新的自我教育。只有达到这种良性循环，大学的德育才是有效的。因此，培养大学生具有自我教育的能力，是教育者必须高度重视的问题。

第三，是由德育主客体的主体性所决定的。在社会主义国家，人与人之间是平等的关系，这种关系反映在师生之间，应该是一种民主、平等、彼此尊重、相互学习的关系。在德育过程中，教师是教育者，是主体，但这种主体又是具有客体性的主体；学生是被教育者，是客体，但这种客体又是具有主体性的客体。因此，德育要取得实效，必须发挥主客体两方面的主体性，尤其要充分发挥德育客体的主体性。充分发挥德育客体的主体性，关键在于尊重作为被教育者的学生。首先，德育主体必须尊重德育客体的人格，包括他的个人尊严、应有的权利义务。其次，德育主体必须尊重德育客体的选择性。德育主体的工作努力，归根到底都必须通过德育客体的选择才能转化为实际效果。德育主体可以帮助客体优化选择，但不可以代替客体选择。再次，德育主体必须尊重客体的不完善性和追求自我完善的愿望。自古有言：“人无完人，金无足赤。”实际上，德育主体只有真正认识到德育客体的不完善之处，真正抓准了德育客体自我完善的意向和表示，才有可能实事求是地尊重客体。最后，德育主体必须尊重德育客体的自觉能动性。德育客体有其内心的世界和尺度，总是从自己这个主体出发去认识和实践的。德育主体就是要千方百计地发挥德育客体创造性的个人特色，尽可能使其内在的潜能得到最佳发挥。同样，作为教育者的教师，当自己在德育过程中处于客体地位时，也应该虚心诚恳地接受学生的批评帮助。民主的、平等的、彼此尊重的、相互学习的双向关系，是在高校德育过程中必须建立起的一种新型师生关系。这也是高校德育取得实效的必要条件。

这条原则揭示的是，在高校德育过程中如何正确处理教育者与受教育者之间的关系。这一原则的基本要求是：要发挥教育者与受教育者的两个积极性；教育者与受教育者要建立一种民主、平等、彼此尊重、相互学习的师生关系；增强学生接受教育的自觉性，并不断提高自我教育的能力。

## 七、层次性的原则

高校德育之所以必须坚持层次性的原则，是因为以下两点。

第一，高等教育作为我国教育中一个相对独立的阶段，在德育方面必然要有一个自身的最高目标要求。在我国，高校德育的最高目标是一个整体形态。它包括以下五个方面的内容：政治目标，使青年学生树立起坚定的社会主义的政治方向；思想目标，使学生确立科学的马克思主义世界观、人生观；道德目标，使青年学生养成良好的道德素质；法纪目标，使大学生成为合格的法律操作者和守法公民；心理健康目标，使青年学生具备健康向上的心理素质。这五者相辅相成，共同构成高校德育的最高目标。其中，政治目标是关键，它对思想、道德、法纪和心理健康目标具有统率作用。

第二，融政治、思想、道德、法纪、心理健康为一体的最高培养目标，是高校德育的轴心，但这一最高目标的实现不可能是一蹴而就的。最高目标，是教育者根据社会发展的要求和受教育者的状况所做的主观理想设计，而要使这一主观理想设计化为被教育者身上客观存在的素质，必然要经历一个过程。这种过程体现为教育者将最高目标分解为若干阶段性目标，针对学生的不同年级层次、不同专业类别、不同觉悟程度和个体差异，循序渐进地加以实施。高校德育的最高培养目标，之所以要采取循序渐进的实施办法，是有其客观依据的：

①高校德育最高培养目标，在横向上包括五方面的内容，而在纵向上则表现为三个不同的层次，一是马克思主义的思想理论修养，二是道德品质修养、心理素质修养，三是日常学习、生活、工作社会活动中的行为规范。在这三个不同的层次中，每一个层次在内容和要求上，又有自身的不同阶段。

②大学生在校期间思想变化所具有的阶段性特点。大学生处于人生观和社会观逐步确立的青年中期，其思想意识的变化发展大体上也呈现为三个阶段：低年级是转轨适应阶段；中间年级是发展提高阶段；高年级是成型毕业阶段。因此，高校德育必须根据大学生身心和认识发展的规律，确定不同阶段的德育目标，并使之相互衔接，不断深化。

③大学生在自身成长过程中所具有的共性和个性特点。大学生群体是由个体组成的，由于年龄档次上的大体相同，他们所接受的教育内容基本一致，因而构成了其共性特点；然而，由于性别、性格心理因素、环境影响和自我要求等方面存在着差异，从而又构成了其个性特点。因此，高校德育目标的实施，既要立足于大学生的共性特点，又要重视大学生的个性特点。这一特点要求德育工作者既要抓好面上的教育，又要从实际出发，对个别学生做深入细致的思想政治工作，努力做到一把钥匙开一把锁。

④高校德育过程自身所具有的规律性。从大学生品德形成、发展和变化的规律上看，总是要经历一个知、情、意、行的几个发展阶段。这一发展阶段表现在提高认识、培养情感、锻炼意志、训练行为和习惯的不同要求上。由于知、情、意、行不同阶段有着不同的要求，每个阶段的德育目标也不可能是相同的。

这条原则揭示的是，在高校德育过程中如何正确处理德育的最高目标与阶段性目标之间的关系。这一原则的基本要求是：高校既要坚持德育的最高目标，又要从实际出发，遵循大学生身心发展、认识发展和德育本身的规律，将最高目标分解为若干阶段性目标，循序渐进，不断深化，从而逐步实现最高培养目标。

总之，上述七条原则，是新时代我国高等学校德育过程中必须遵循的原则。从总体上讲，这些原则的确立，具有鲜明的时代特征。因此，高校在运用这些德育原则时，既要立足于本国现实的国情，又要重视国际上诸多因素的影响；既要尊重高校德育发展的规律，又要从实际情况出发，紧密联系本校具体的特点，将坚持高校德育原则的原则性与运用德育原则的灵活性相结合，在实践中不断地丰富和完善我国高校德育原则。

## 第五节　高校德育工作的重点与难点

### 一、高校德育工作的重点

新时代高校德育工作的重点主要包括改善德育工作的环境、实施网络德育教育。

#### （一）改善德育工作的环境

教育环境是指影响教育对象的一切外因的总和。因此，我们将影响教育对象思想、道德、观念、个性形成的一切外因的总和称为德育环境。社会的政治制度、经济制度、舆论导向、人们的物质条件、精神生活、社区的文明程度、学校的教风学风、家庭成员的道德意识、生活习惯、集体主义的合作精神、周围的人际交往等，凡是与人的思想发生关联的政治的、经济的、物质的、精神的、社会的、家庭的、整体的、个体的影响条件都可以构成德育环境。从高校内部来说，学校的人文精神、教育理念、工作作风，教师的学识水平、教学态度，学生的志向目标、文明意识，集体的团体气氛、良好风尚，环境的优美舒适、整洁卫生等都构成了高校德育环境。

从中国古代思想家的论述到马克思主义学说，都不同程度地认为环境对于教育（包括德育）有着十分重要的作用，环境与德育有着甚为密切的关系。因此，新时代高校德育的重点工作是改善德育工作的环境，加强高校校园德育环境建设。

### 1.加强对高校校园德育环境工作的领导

在高校校园德育环境建设这项工作中，各级党政领导要站在国家和民族前途命运的战略高度，把优化校园德育环境工作提到重要位置，切实抓好。在各级党政领导的工作总盘子中，要将优化校园德育环境和其他工作摆在同等重要的位置，要“同步”抓好；在领导力量上要同步分工，在目标管理上要同步签订责任状，在资金运用上要同步投入，在考核评比上要同步总结、表彰；要正确处理好优化校园德育环境与教学、科研及管理服务工作的关系，要使校园德育环境的建设成为整个学校的任务，成为整个学校发展战略的重要组成部分。

### 2.完善校园德育环境建设的制度和机制

制度可以推动德育环境建设，使之不断优化；制度可以保证德育环境秩序，使之与教育及学校整体工作和谐一致；制度可以强化德育环境功能，使之更好地发挥感染、导向、凝聚和推动作用。因此，校园德育环境建设既要靠各院校的认识水平和自觉性，又必须利用制度所具有的稳定性、强制性等特点来予以保证。若干年来，我国相继颁布了《中华人民共和国高等教育法》《中国普通高等学校德育大纲》等，我们应当把这些意见、通知具体化、制度化，使德育环境建设有章可循，建立起优化德育环境的工作机制。

### 3.抓好高校德育环境的主阵地、主渠道建设

（1）抓好主阵地建设

加强高校德育主阵地建设，首先要重视校园宣传舆论气氛的渲染。高校要持续利用校报、广播台、橱窗、黑板报、电视等舆论阵地，在校园内广泛开展宣传教育活动，同时还要注意利用计算机、多媒体、互联网等新载体，以丰富多彩、生动活泼的形式开展宣传教

育活动；其次，要坚持开展学生社区建设，让学生社区、寝室成为学生培养能力的场所、展示才华的舞台，提高素质的天地；再次，要广泛开展校园文化建设。校园文化是由体现一所学校的办学理念及学校精神、风气与传统的行为文化、精神文化、物质文化等共同构成的一种文化。校园文化的育人功能是多方面的，在信息化时代，校园文化建设应该成为高校教育的重要组成部分。

（2）抓好主渠道建设

20世纪80年代以来，“两课”成为学校对学生进行德育教育的主渠道，要优化校园德育环境，营造浓郁的德育氛围，必须充分发挥“两课”的主渠道作用。在信息化时代，要充分发挥“两课”的主渠道作用，必须改革“两课”的教学内容、方法和手段。在教学内容上不仅要进行马克思主义基本原理教育，而且要增加网络道德法制知识等的教育，着力培养学生的自律能力；在教学方法上要变“灌输式”教育为启发引导式教育、变封闭式教育为开放式教育、由包办式模式向主体式转变；在教学手段上可尽量采用多媒体进行教学，以增加生动性和提供更多更大的信息量。

#### 4.建设一支新型德育工作队伍

高校德育的专职人员是德育工作的核心，它的队伍组成人员要有较高政治影响力、情感影响力、知识影响力和才能影响力，要具备严于律己、以身作则的品质，增强自身的人格力量。在加强队伍建设的同时，还要注意造就一支热心于德育工作的干部、教师组成的兼职队伍。这支队伍是德育工作的主力军，他们为数众多，有进行思想政治教育的有利条件。为适应新形势的要求，这些专兼职人员必须有效地掌握网络技术，熟悉网络文化特点，从而不断促进高校德育环境建设。

总之，从整个社会来说，德育环境就是要努力实现安定团结，形成经济繁荣，科学发达，生活富裕的局面；从整个学校来说，就是要树立优良的校风、班风，形成良好的学风。学校的一切德育活动及其效果，都是在一定的德育环境中进行和取得的。为了更好地提高德育的实效性，我们必须全面地、深刻地认识和把握德育环境的内容及不同的德育环境内容在学生品德的形成和发展过程中不同的影响；认真分析当前影响德育实效性的各种环境因素的现状，在此基础上探索优化德育环境的基本对策。

### （二）实施网络德育教育

#### 1.充分认识开创网络德育的意义

网络德育是指在局域网和广域网上所开展的一系列的德育活动，这种活动必须围绕现代德育思想、德育目标和德育内容来开展，它与学校德育有着紧密联系，是高校德育的延伸，也是高校德育现代化发展的必然趋势。

（1）网络德育是高校德育现代化的需要

加强高校德育的现代化，当务之急是要借助于网络的优势，借助于现代管理科学的基本理论，对大学生思想进行网络管理和教育。在“数字化生存”的社会里，作为“生命线”的德育工作更应有所作为，发挥其“教书育人”作用。对此，高校要充分利用互联网得天独厚的优势，切准时代的脉搏，弘扬时代的主旋律，在信息化时代发挥德育工作的“服务保证”作用，实现德育教育工作由“人力密集型”向“科技密集型”的转变，使德育工作更深、更细、更活。网络德育正是符合社会发展方向的现代化科学方法。

（2）网络德育是提高高校德育效益的需要

网络德育能够打破时间与空间的限制，把历史与现实，此域与彼域大量生动的事实，逼真地展现在大学生面前，使讲道理与摆事实更好地结合起来。网络德育具有交互性、平等性等特点，有利于学生与教师的平等交流沟通，变单向灌输为双向互动，使教育成为平等的思想交流活动。网络德育还具有即时性和低成本性的特点，减少了不必要的内部运作和时间耗费，增强了工作的透明度。由此可见，网络德育确实能够提高高校德育工作的效率和工作质量。

（3）网络德育是提高学生思想道德素质的需要

在网络时代，人与人的交流、联系和依赖相对弱化，学生行为的自主性和隐蔽性空前提高，学生思想问题的个性化日益突出，其表现也趋于纷繁复杂。然而，现行的集体道德教育模式已显得滞后、僵化。要保证学生在虚拟的网络世界里具有健康的人格和良好的思想道德素质，网络德育无疑是一贴良方。网络德育依靠网络资源优势，把互联网作为德育教育的信息库、宣传站，把德育教育通过网络传送到每个学生，使学生的自主教育和有针对性地接受德育成为可能，从而实现道德他律走向道德自律的自我塑造、自我提升的目的。

**2.实施网络德育的措施**

网络德育是一种新型的德育教育工作方式，我们应该对其加以探索和研究。实施网络德育应采取以下的具体措施。

（1）走进网络，转变教育观念，构建新型德育工作网络阵地

进入信息社会，学生不再是被动的受教育者，他们与教师的关系是互动的。教师也不再是学生唯一的施教者，教师与学生要进行平等对话和讨论。信息时代的高校教师，应该把工作重心放在教育引导上，注意从网上搜集信息，摸准学生的思想脉搏，用学生容易

接受的方法来引导学生，用科学的观点来分析各种现象。教师要树立服务的观念，如可将与学生相关的工作、学习、生活、就业等方面的内容转移至线上，实实在在地为学生服务。教师要学会运用网络中大量正面、积极、健康的材料，对学生开展形势与政策教育、理想与信念教育、爱国主义教育。教师还要善于把高校传统的宣传工作阵地，如报刊、广播、录像资料等，及时移植到网络，加强正面宣传的广度、深度和力度。首先，组织专家开发德育教育软件，积极推进德育工作信息资源的建设。其次，加强网络与大众传媒的整合使用，大力开发信息资源，扶植更多的新闻、宣传和文化机构及报纸刊物进入网络，不断增大信息输出量，让社会主义舆论占领网络阵地，建立高校德育的传播基地。再次，建立德育工作网站、网页，集中力量重点建设一批有基础、有特点、有吸引力、有影响力的网站，在网络中唱响主旋律，打好主动仗。例如，我们可以开辟网络特色主页、开展新闻时事、经济与社会、环境与发展、爱心行动、普法园地等大批主流版的宣传沟通。最后，开创网上德育“两课”教学基地。高校要选聘一些优秀专家和“两课”教师，指导和参与高校德育教育网络的建设，增补网上“两课”教学内容，开展网络马克思主义基础理论教育、道德教育、法制教育和爱国主义教育。

（2）构建德育网络，开放育人环境

学生品德的形成，是学校、家庭、社会教育共同作用的结果。虽然学校及课堂是德育工作的主渠道，但以往的德育实践往往企图通过封闭的学校教育办法，堵塞不良信息，规约学生视野，控制学生行为，对学生进行理想化教育，以培养学生健全完善的人格。在网络时代，这种做法的可行性就大打折扣，这是因为：

①学生从各种渠道获取的多方信息与教师传递的理想化要求形成反差，导致学生产生质疑，降低了德育工作实效。

②在这种经过净化的空间里，学生失去了进行道德判断和选择的机会，其道德能力得不到提高。

因此，首先，我们必须构建家庭、社会、学校三位一体的德育网络，敞开校门，把学校小课堂同社会大课堂有机结合起来，让学生面对现实、面对生活，在同真实社会环境的互动中自主鉴别“真、善、美”与“假、恶、丑”。其次，我们应加强高校内部的德育网络建设。在宏观上，高校要自上而下地形成齐抓共管的局面；在微观上，高校要把德育渗透在专业教育和学生日常行为管理中。改变过去那种条块分割，各自为政的状况，保持教育影响的连贯性和一致性，构建全员育人机制。再次，要注重加强校园文化建设，组织开展丰富多彩的校园活动，使学生得到美的享受和熏陶，变生硬呆板的形式教育为生动活泼、寓教于乐的渗透教育。最后，高校要充分利用网络技术，大力弘扬积极的正面的典型事迹，使学生的品德在潜移默化中得到升华。

（3）着力提高德育对象的综合素质，增强其自身的抗干扰力和“免疫力”

一是要着力提高大学生的思想政治素质，增强其政治敏锐性和鉴别力；二是要着力提高大学生的思想道德素质，培养其健全的人格和高尚的情操，使其在腐朽生活方式信息的诱惑面前，能够自觉地加以抵制；三是着力提高大学生遵守网络规则的意识；四是加强对大学生价值观、政治态度、道德观念的引导；五是加强网络法制和网络伦理道德教育。为此，高校要研究和出台具体措施，制定网络道德规范，加大网络道德的宣传力度，加强网络道德教育，通过各种形式增强上网青年学生的责任意识、法制意识、道德意识和政治意识，帮助他们自觉地明辨是非，扶正祛邪，引导他们培养健全的人格和高尚的情操，切实加强网络精神文明建设。

（4）高校德育工作者要培养网络思维方式

网络的出现强烈地改变着我们的世界，影响着我们的生活、思维方式和价值观念，而这对德育工作者在封闭的环境中建立的庞大的说教式意识形态体系是一个巨大的冲击，迫切要求德育工作者改变以前的思维方式，树立新的思维方式，特别是交互网络思维方式与多向性的开放思维方式，克服传统德育所受的时间、空间和个人的限制，在思维的广度、速度和深度上适应现代社会快节奏变化和知识经济发展的要求；还要求德育工作者必须具有超前意识和现代意识，树立网络观念，努力适应德育进网络的需要，主动走入网络世界，熟悉网络文化特点，学会在信息公路上与教育对象打交道，在知识和信息的海洋里开展工作。

（5）精心策划，开展丰富多彩的网上德育活动

当今，许多大学生都将上网作为课余时间的第一选择，网络已经对大学生思想道德的形成产生了重大影响。因此，我们必须树立新的德育观念，加大对大学生上网行为的引导与教育，将“上网引导”作为德育的重要内容引入课堂，提高大学生处理信息、分辨信息、选择信息、综合利用信息的能力，努力构筑坚强的思想防线。

德育网站的生命力在于内容、在于特色、在于充分发挥网络传播的优势。因此，德育网站要把握好师生的思想脉搏，掌握师生思想动态，及时与师生沟通，化解师生之间的矛盾，增进团结；要开展网上论坛，对重大问题进行讨论、答疑、解惑，有针对性地做好教育引导工作；要精心策划，开展融思想性、知识性、趣味性于一体的网上校园文化活动；在一定范围内以重大节日、重要事件为契机，在网上开展生动活泼、富有说服力的德育活动，通过网络实施德育。

（6）建立严格的信息发布管理体制和建立健全法律法规

各级政府必须明确规定，信息发布单位的资格审查与监督必须由政府设立的专门机构来管理，以加强对信息内容的审核和监控。网络中有害信息的泛滥在很大程度上是由于管理措施不到位造成的，因此当前我们应根据现实需要，对已有的法规进行修改、补充和完善，并结合网络这一特殊思想阵地，制定网上管理制度，如网上信息发布规范、网上信息审查和监督规定、知识产权的保护条例等。

（7）加强对可能危害德育工作的有害信息的监控

高校要对网络保持高度的关注，做到对网络使用真正了解、知情和监控有力，及时了解和掌握大学生使用网络的情况，采取一些技术手段，通过抢占信息制高点，控制信息通道的路由政策来实现对网络的宏观控制，并选择性地限制可能传递反动、有害和色情内容的网站，甚至可以建立信息关卡，以阻止非法信息的侵入。

总之，网络时代既使高校德育工作面临困境，也为高校德育工作的方法与机制的创新提供了机遇。因此，高校德育工作者要积极利用网络媒体这一先进的德育教育资源，抓住机遇，敢于迎接挑战，义不容辞地推动高校传统德育向网络德育的转变，开辟德育工作新领域，迅速占领网络德育阵地，增强高校德育工作的实效，努力开创高校德育工作的新局面。

## 二、新时代高校德育工作的难点

要做好新时代高校德育工作，必须深入研究新时代高校德育工作的热点、难点，紧紧抓住主要矛盾，有针对性地开展工作。新时代高校德育工作的难点主要表现在以下几个方面。

### （一）德育理念的崇高性与社会环境的功利性的矛盾

德育工作是塑造人类灵魂的崇高而神圣的工作，它在高等教育中具有不可替代的特殊地位和作用。这一崇高的理念，不仅是过去，而且是现在和将来高校德育工作的坚强支柱。但是，在市场经济的冲击下，这一支柱将要承受更大的压力。一方面，在市场经济条件下，几乎所有的劳动产品（物质产品和精神产品）都被不同程度地商品化，许多社会道德行为乃至高校德育行为也可能会被市场化，而高校德育工作者的劳动价值既是有形的又是无形的（更多地表现为无形的、隐形的），其劳动的崇高性是无法用商品价值尺度来衡量的。这是市场经济内在结构的矛盾性给高校德育带来的困境。另一方面，在市场经济条件下，工具理性过分张扬，价值理性备受压抑，人们的心理平衡被打破，既往的是非标准被混淆。默默奉献、顽强拼搏者有之，巧取豪夺、及时行乐者亦有之；有的人迷失了“精神家园”，有的人不再相信神圣和崇高。社会环境充满了功利主义的色彩，导致大学生在高校校园这方“净土”上所构建的价值体系，有可能在踏入社会后很快就被消解了。现代社会的“两难困境”给高校德育工作提出了一道十分棘手的难题。

### （二）德育目标的统一性与大学生个性发展的多样性的矛盾

《中国普通高等学校德育大纲》从总体目标和具体规格两个方面，明确规定了大学生在政治素质、思想素质、品质素质、心理素质、审美素质等方面应达到的要求，也就是“四有”的目标。这个目标是从培养大批合格的社会主义建设者和接班人这一根本任务出发，结合社会发展和大学生的特点而提出的，是每一个大学生都要达到的目标。但是，随着全球化、市场化、信息化的加速发展，人们的价值取向、思维方式、生活方式也正在随之发生深刻的变化。在此背景下，大学生渴望塑造自我，张扬个性，追求个性化、创造性。这样一来，既定的、统一的德育目标与多样的主体目的之间就产生了一定的矛盾。如何解决“四有”目标与个性化、创造性之间的矛盾，是新时代高校德育的一大难点。

### （三）教育对象道德认知能力与道德实践能力的矛盾

这对矛盾即知与行的矛盾。知易难，行更难。高校德育工作要想让学生在理论上认知世界观、人生观、价值观较为容易，但是要想让学生真正树立信仰，并非易事。从大量的调查报告中我们可以看出大部分大学生的政治观、道德观、人生观是正确的，但事实上，这仅仅反映了大学生的一般社会态度，深层次的问题并没有显露出来。例如，知与行的关系就表现出了一种较明显的反差。具体来说，不少大学生谈大道理振振有词，抨击他人不道德行为义愤填膺，但自己是否去实践这些大道理、道德规范，则是另一回事。如何有效地实现知行合一不仅在过去，在现在、将来都是高校德育工作的难点。

### （四）德育内容的丰富性与德育载体的单一性的矛盾

长期以来，高校德育主要靠课堂的灌输。对大学生进行科学的世界观、人生观、价值观的灌输是非常有必要的，这种灌输确实也起到了较大作用，因此简单地否认道德、理论的灌输是错误的。但是，我们也必须承认，过去的德育存在着片面灌输的问题，不重视利用多种载体开展德育工作，如人格的载体、感情的载体、活动的载体、现代技术的载体等。这种做法导致丰富多彩的、生动活泼的德育变成了空洞的说教、生硬的训导，学生在课堂上的学习往往是“上课记笔记，考前背笔记，考后忘笔记”。这样一来，不仅丰富的德育内容大量流失，而且学生会产生抵触的情绪。

德育的内容是丰富的，德育的载体也应该是多样的，这样才能使德育主体的认识方式丰富，德育工作成果丰实。事实证明，人格的载体、感情的载体、活动的载体、现代技术的载体等对于开展德育工作十分重要，特别是全球化、市场化、信息化的时代，由于价值观念的多元化和思想意识的多元化，德育工作要想有效地开展，除了要依靠真理的力量，如教育者人格的力量、感情的力量，还要利用其他各种载体，如活动的载体、现代技术的载体。这些载体主要是通过多种形式的校园文化、社会实践活动的开展、最新信息的灌输和生动逼真的图像显示来强化高校德育工作的效果。

# 第六节　高校德育的重要意义

事物的功能、作用和意义是由其性质和地位决定的。德育作为把社会相关规范转化为个体思想道德品质的教育，不仅是我国德、智、体、美全面发展教育的重要组成部分，在高校教育工作中居于突出位置，而且对大学生思想品德的形成具有重大影响，构成了大学生行动的方向、动力和控制系统。要使大学生成“才”，必先使大学生成“人”，而高校德育的核心任务就是使大学生成“人”。可以说，高校德育的重要意义，是由它在精神文明建设、实现教育目的和学生成长中的作用决定的（它内含着德育的功能和价值，即高校德育“何以必要”的理据；高校德育的功能和价值，体现在对人、对社会、对教育整体发展三个层面）。

## 一、高校德育是保证国家长治久安的前提条件

高校德育产生于社会需要并为社会服务，对社会物质文明和精神文明的发展具有深远影响，具有维护和发展社会关系的功能。社会关系是指建立在社会物质资料生产活动基础上的各种关系，是社会政治关系、经济关系、文化关系等的总称。社会关系是否有序、和谐，关系到国家的安定。社会关系的有序、和谐，不仅要靠相应的社会制度及其职能设施来保证，同时也需要相应的思想道德规范、文化传统、社会习俗和行为习惯等来辅助，而且高校德育在这些方面有巨大功能：一是高校德育能够培养出具有一定社会思想道德的人来维护社会关系；二是高校德育能够帮助社会健全新思想道德体系并使其与社会关系相

适应；三是高校德育能够传播一定的思想道德，影响人的精神世界，进而影响社会精神文明。

## 二、高校德育是我国社会主义现代化建设的需要

高校德育能够通过决定教育的性质制约大学生的发展方向，影响公众舆论，影响民族素质和社会心理，为社会主义现代化建设提供强大的精神动力和思想保障。

社会主义现代化事业是一个崭新的事业，面临着十分复杂的形势。就国内来说，在新旧经济体制交替的过程中，资产阶级的种种腐朽思想和生活方式有可能复活。例如，一些人把等价交换原则运用到社会生活的各个领域，大搞权钱交易、人情交易；一些人利欲膨胀，崇尚极端个人主义和拜金主义；一些人滋长了投机心理，做出了损人利己等行为。这些消极、混乱的思想和腐朽的价值观与社会主义精神格格不入。对此，我们必须加强高校德育，用高于狭隘的个人利益的理想、道德、思想、观念引导大学生，使大学生能够在思想上抵制社会转型期的种种腐败、腐朽思想和现象，正确处理利益关系调整过程中的矛盾和冲突，为构建和谐社会和促进社会的全面发展创造良好的环境，塑造与社会主义市场经济相适应的主体意识和民族精神，从而保证我国社会主义现代化建设各项目标的顺利实现。

从目前的国际形势来看，我国的社会主义思想体系正受到各种思潮的冲击。在全面开放的市场经济条件下，各种思想文化之间的相互撞击和相互渗透已成为一种趋势，两种社会制度的较量仍在继续，西方“和平演变”的攻势有增无减。面对这种局势，全社会都在大力加强社会主义精神文明建设，高校德育在这个过程中也承担着十分重要的任务。高校德育通过大力弘扬主旋律，可以提高大学生在政治上的鉴别力、思想上的免疫力，使他们坚定社会主义的理想和信念，树立起建设中国特色社会主义的民族自信心，从而有力地促进我国社会主义现代化建设。

## 三、高校德育是实现我国社会主义教育目标的方向保证

高校德育是高等教育的重要组成部分，强化高校德育是实现我国社会主义教育目标的方向保证。高校德育通过自身的活动，代表着一个社会的意识形态，决定着一种教育的性质和方向，同时对教育的整体发展——教育目的、目标的实现也有重要影响。可以说，高校德育是全面促进教育发展的动力源。

由于高校德育通过决定教育性质，引导着大学生发展的方向，影响着公众舆论和社

会心理，从而维护或调整社会生产关系和生活方式，因此，古今中外各国都把德育放在教育的首位。在中国古代，“礼”即德育被置于“六艺”之首。子曰：“弟子入则孝，出则悌，谨而信，泛爱众，而亲仁。行有余力，则以学文。”这说明孔子把“孝悌”等仁义道德修养和礼仪规范置于“学文”之先。《学记》则认为：“化民成俗，其必由学。”英国教育家洛克也曾强调，在培养绅士的品性时，德行是第一位，是最不可缺少的。

进入21世纪，我国面临着更为复杂的国际形势。在此背景下，加强高校德育具有重要的现实意义。由于全面改革和开放对人们的思想道德素质提出了更高的要求，我们需要学习世界各国包括资本主义国家的优点，从而形成有利于社会主义现代化建设和改革开放的道德舆论力量和新的价值观念；同时，我们也要教育学生在思想上保持必要的警惕，注意抵制一切腐朽思想。实践证明，在信息化时代，高校不但不能放松德育，而且必须加强和完善德育。从长远的角度来看，高校德育具有战略意义，因为把大学生培养成有社会主义思想品德的一代新人，将对我国未来社会的发展方向产生决定性的影响。

## 四、高校德育是大学生健康成长的内在要求

高校德育对于社会及教育整体的作用，是以个体对社会和教育整体的参与为前提的。没有学生个体的参与，德育的作用也无法充分发挥。因此，德育在展现它的社会功能、教育整体功能的同时，还展现出在学生发展方面的巨大功能（陶冶、激励和享受功能等），为学生的全面发展指明了方向。

大学生正处在长身体、长知识和思想品德形成的关键时期，他们思想单纯，爱学习，求上进，充满理想，可塑性强，但他们知识经验少，辨别能力差，常常盲目模仿，容易受到各种思想道德影响。于是，他们的思想品德发展出现了“染于苍则苍，染于黄则黄”的复杂情形。思想品德作为人的素质的灵魂，与智、体、美等方面素质的发展是相互联系的统一体。那么，怎样才能使大学生的发展沿着正确的道路，避免大学生误入歧途呢？这就需要高校德育发挥作用。高校德育能有目的、有计划地向大学生施加影响，引导他们的道德实践，培养他们的品德，从而在大学生全面发展教育中发挥定向、动力和调控的作用。

社会主义社会的德育，目的就是要使受教育者朝着社会主义方向发展，能够坚定为社会主义建设服务的正确方向。但是，由于各种原因，受教育者的社会主义觉悟和共产主义理想并不是自动自发形成的。有一些家长包括部分教师，有“树大自然直”，让孩子的思想品德自然成长的思想，从而不自觉地放松了对青少年的严格要求，导致社会上的一些不良思想习气乘虚而入；一些青少年学生正是在不知不觉中沾染了不良思想和习气，导致小

错发展为大错。因此，我们要改变诸如此类的忽视德育作用的错误指导思想，要善于运用正确的思想、系统的内容、适当的方法对青年学生进行坚持不懈的教育，以使他们形成坚定、正确的政治方向和良好的思想品德，增强抵制错误思想影响的能力，实现健康成长。

# 第三章　信息化时代大学生德育存在的问题及其成因

## 第一节　信息化时代大学生德育存在的问题

面对信息化时代新媒体的快速发展，德育已毫无争议地处在信息化时代新媒体的环境之中，信息化时代新媒体为大学生德育带来了机遇与挑战。当前德育在运用信息化时代新媒体进行德育创新方面进行了一些探索和尝试，取得一定成效，但也存在着虚拟空间德育与现实德育脱离、虚拟空间德育的内容与形式单一、运用信息化时代新媒体进行德育的自觉性不强等问题。造成这些问题的原因主要是德育的指导理念、教育模式、教育方法等与信息化时代新媒体的发展不相适应。认真分析这些问题将有助于我们创新信息化时代大学生德育的研究与实践。面对信息化时代新媒体环境，大学生德育在传统德育的基础上有了较大的发展，在德育的方式、方法、途径上有所创新，已经关注信息化时代新媒体空间的德育问题，开始以信息化时代新媒体为载体对大学生进行教育并取得一些研究和应用成果。但是，由于信息化时代新媒体是由西方国家发起运用的，传入我国的时间相对较短，我国的大学生德育在信息化时代的创新方面还存在以下一些问题。

### 一、虚拟空间德育与现实德育脱离

传统德育被实践证明是非常有效的方法，但伴随着信息化时代新媒体的快速发展，信息化时代新媒体对大学生产生了广泛的影响。如何面对信息化时代的德育，如何面对信息化时代新媒体空间及信息化时代新媒体使用群体的德育，却是我们必须面对的现实问题。目前我们已经开始注意到信息化时代新媒体虚拟空间的德育问题并已经做了一些工作，也已经通过建立德育网站、德育博客等方式开展德育研究和实践，但往往忽视了虚拟空间德育与现实德育的融合与互补，使二者相脱离。虚拟空间的德育没有很好地汲取和继承现实德育既有的一些优良传统，也还没有形成相对稳定的自有的德育模式，虚拟空间的德育与现实德育的脱离影响了德育效果和目的实现。

## 二、虚拟空间德育的内容与形式单一

传统德育历史悠久，并且由于可以运用灌输等方法，在内容和方法的选择方面可以兼顾内容的主导性与方法的有效性。由于虚拟空间德育起步较晚，又因其与现实德育在内容与形式选择上有所不同，我们需要在注重主导性教育内容的前提下，在教育的内容与形式上有所创新来吸引学生参与。目前虚拟空间德育的内容与形式还相对比较单一，教育性与观赏性的融合、寓教于乐的程度还有待提高。大多数德育网站采取了把现实德育内容原封不动搬到网上的方法，大多数学校由工作网站来发挥德育网站的作用，过分注重工作宣传，而忽视了内容的丰富性、趣味性，较少考虑学生的可接受度，这使得很多德育网站作用的发挥还没有达到现实德育灌输的效果，更谈不上互动和交流了。

## 三、运用信息化时代新媒体进行德育的自觉性不强

目前信息化时代新媒体已成为德育不得不面对的环境，但无论是德育工作者还是社会，都没有高度重视这个问题，德育中运用信息化时代新媒体的自觉性不强。目前高校建立的专题德育网站较少，大多由学校学生工作部和团委的网站代行德育网站的职能，但由于这些网站大都以宣传本校的学生工作为主，对学生的吸引力较差，所以其工作宣传的职能要大于其教育作用的发挥。而由于一些德育工作者掌握信息技术的水平较低，不善于运用信息化时代新媒体开展德育工作，目前高校建立的德育博客也较少，有些辅导员虽建立了博客、QQ群等，但也都以对学生下达通知为主，其教育作用发挥仍不明显。社会机构和企业建立的网站主要以营利为目的，他们更多地关注信息内容的娱乐性，少关注信息内容是否具有教育价值。因此，就社会和高校德育机构及德育工作者而言，在德育中运用信息化时代新媒体的自觉性仍不强。

## 四、运用信息化时代新媒体进行德育的效果不理想

由于当前专题的德育网站、博客、手机报等较少，信息技术水平高的社会机构和企业出于利益需要不会开发德育类的网站，而高校和教育机构开发的一些以宣传工作为主兼有德育职能的德育网站、博客，其内容与形式对学生没有吸引力。而信息化时代新媒体是一个自由的空间，无法强迫学生必须收听、收看，因此信息化时代新媒体广阔空间中的大量趣味性强的交友、游戏网站成为学生的首选。所以，当前在信息化时代新媒体虚拟空间的德育中，学生参与度、认可度不高，运用信息化时代新媒体进行德育的效果不理想。学生在虚拟空间德育的参与度不高，运用信息化时代新媒体进行德育的效果不理想。

## 五、信息化时代教育的合力作用发挥不够

教育学领域中的教育合力，是指学校、家庭、社会三种教育力量相互联系、相互协调、相互沟通统一，形成以学校教育为主体，以家庭教育为基础，以社会教育为依托的共同育人的力量，使学校、家庭、社会教育一体化，以提高教育活动的实效。所谓教育合力，就是在一定的时间内和一定的条件下，实施综合教育所产生的综合作用。这种综合作用，并不是综合教育中各个单项教育作用的加和，而是比单项教育作用大得多的新的教育力量。

传统德育比较注意发挥学校、家庭、社会在教育中的合力作用，比如通过召开家长会、请社会知名企业家到校做报告、学生社会实践等方式，使家庭、社会参与到学生的教育中，从而提高教育的实效性。而面对信息化时代新媒体环境，目前学校、家庭、社会在德育中的作用没有形成合力。一是社会和家庭在信息化时代教育的作用发挥不够。学校已经意识到信息化时代新媒体在德育中的作用，并通过网站、博客等方式开展了一些工作，取得一定的效果，但家庭和社会在信息化时代新媒体德育中的意识较弱。社会上的网站多以娱乐性为主，在宣传主流意识形态方面较弱，一些仅有的红色网站由于内容与形式刻板，不能引起大学生的兴趣，从而使教育效果大打折扣。由于学生的家庭状况存在很大差别，有些学生家长对信息化时代新媒体的了解和运用较少，不能理解学生在信息化时代新媒体中的一些行为，比如网上交友、网恋等。家长有时对学生过分沉溺网络的状况很焦虑，但却爱莫能助，不知如何有效地帮助学生，因此家长在教育中的作用发挥远远不够。二是学校没有发挥好桥梁纽带作用，没有较好地将社会和家庭引入信息化时代的德育之中。学校没有建立一个好的平台和机制，让社会和家长参与到德育之中，或者说，社会和

家长想参与到信息化时代的学生教育中，还没有一种好的途径。学校没有在信息化时代新媒体上搭建一个让社会、家长参与的平台，是制约家长和社会发挥作用的很重要的方面。

## 六、信息化时代大学生的道德选择能力、自律状况不佳

信息化时代新媒体的高度自主性、广泛参与性、全球共享性、虚拟性，使得信息化时代新媒体空间环境呈现信息繁杂、价值多元、监管松散的状况，为培养大学生的道德选择、道德自律能力创设了较为理想的环境，但同时对大学生的道德选择、道德自律提出了较高的要求。目前信息化时代大学生的道德选择能力、自律状况不佳。在信息化时代新媒体空间中，在无外界舆论监督、意志充分自由的情况下，学生基于价值判断的道德选择能力及道德自律水平还有待提升。

## 七、信息化时代新媒体自身的环境状况令人担忧

信息化时代新媒体日新月异的发展，使得有关信息化时代新媒体的管理和道德规范的制定显得滞后，加之信息化时代新媒体的开放性、虚拟性、自治性，使得信息化时代新媒体自身的环境状况不尽如人意。其一，信息化时代新媒体空间传播内容的泛滥。由于网站或博客追求点击率，造成一些网络虚假信息蔓延，商业利益的驱使造成网络色情信息泛滥，管理意识滞后造成网络垃圾信息成灾，极端情绪的发泄造成非理性情绪的渲染，西方意识形态的渗透造成主流价值观的弱化。网络内容控制在一定程度上与信息社会自由交流的特征背离，与自由的行业管理理念相背离，与个人的自由表达、隐私权等权利相碰撞，从而使现有的信息化时代新媒体管理规范以提倡自律、互惠互利为主的协议方式存在。其二，信息化时代新媒体空间中传播行为的变异。信息化时代新媒体社会呈现给人们的是一种有别于传统现实的虚拟场景，社会场景与自然场景相分离，信息化时代新媒体主体是缺席的，信息化时代新媒体空间交流的对象只剩下意义本身。信息化时代新媒体空间交流就形式而言是人与机器的对话，出现在信息化时代新媒体交流场景中的主体就是这样一种只传递意义而实体缺场的虚拟角色，从而对信息化时代新媒体交流行为的很多方面产生影响，包括信息化时代新媒体交往语言的标新立异，如网络语言形式的变化、网络命名的个性张扬、网络角色扮演的多重尝试、网络道德的缺失等，使信息化时代新媒体环境呈现出信息鱼龙混杂的局面，对大学生的思想道德产生了冲击。

# 第二节　信息化时代大学生德育存在问题的成因

## 一、指导理念与信息化时代新媒体的发展不相适应

传统德育的主导理念教师主体理念在现实德育中较易实现，也取得较好的教育效果，但面对信息化时代新媒体的环境却表现出不适应。其一，传统德育的主导理念在传统现实德育中通过灌输等方式让学生接受可以取得一定效果，但信息化时代新媒体环境是一种自由开放的环境，价值观的多元化是其突出的特点，在价值观多元化的空间里，如果只一味强调一元主导的理念，不包容和借鉴其他民族文化的优秀元素，就会造成德育假、大、空的局面，对学生没有吸引力，可能造成学生的逆反心理，产生德育与社会生活、与学生实际脱离的状况，使德育的效果大打折扣。其二，信息化时代新媒体是一个多向互动的空间，信息化时代新媒体使用者的高度自主性、互动性是其主要的特点之一。在现实德育中，教师掌握教育资源的丰富性及教师相对于学生地位的主导性，使得教师在教育中的主体地位较为突出，有时会忽略了学生作为教育客体的感受，会忽略学生主体性作用的发挥，从而影响教育效果。而面对信息化时代新媒体的环境，学生与教师都是自由参与交流活动的主体，在拥有教育资源上教师不比学生有更多的优势，在教育方式上，双向交流或多向匿名的交流成为主要方式，教师与学生成为平等交流的主体，如果只强调教师主体的理念，就会无法进行信息化时代新媒体空间的教育。其三，德育创新滞后于我国社会伦理的现代化发展。信息化时代新媒体传播使我国社会伦理逐步向现代公民社会伦理演进，而我们在德育指导理念上没有重视信息化时代的公民伦理德育，仍沿用了传统的德育内容和形式，这使得德育与我国社会伦理发展有些脱节，进而影响了德育效果。

## 二、德育模式不适应信息化时代新媒体环境

当前德育模式的问题主要表现在学校德育与社会的脱离，现实德育与虚拟空间德育的脱离，学校、社会、家庭教育与学生自我教育的脱离，没有形成一个有机的整体体系。

在信息化时代，这种脱离表现得更为明显，从而影响了德育的效果。造成这种状况的根本原因是没有形成一个依托信息化时代新媒体平台的社会、家庭、学校、学生联动的德育模式。从理论上讲，信息化时代新媒体打破了传统意义上的地域和时空的限制，使得信息可以在任何时间、任何地方、任何信息化时代新媒体使用人群之间进行广泛的传播，为德育信息的传播、德育主体的广泛参与创造了前所未有的条件。但目前德育模式远不适应信息化时代新媒体的发展，表现在以下几点：其一，学校德育与社会的脱离，信息化时代新媒体的发展促进了文化的沟通交流，使社会价值观、道德呈现出多元化的趋势。学校德育的目标、内容、形式有时与社会生活脱离，目标确定没有根据学生的特点进行分层设置，使得学生对过高的德育要求望而却步，从而使德育在学生面前保留了威严而失去了亲切感和吸引力。德育内容和形式单调乏味，使学生对德育产生抵触情绪，从而影响了效果。其二，现实德育与虚拟空间德育的脱离，表现在德育内容、形式等多方面，现实德育与虚拟空间德育各顾各的现象、只注重现实空间教育而忽视虚拟空间教育的现象都影响了德育的效果。其三，在信息化时代，学校、社会、家庭与学生的脱离，使学校德育更多时候处于孤军奋战的状态，没有更好地发挥社会、家庭及学生自身在德育中的作用。

## 三、德育内容、方式、途径与信息化时代新媒体传播规律不符

德育内容、方式、途径应在坚持社会主义核心价值体系指导的前提下，根据传播环境的变化有所调整，以提高教育效果。当前，德育内容、方式、途径与信息化时代新媒体传播规律不符，主要表现在：其一，对信息化时代新媒体空间的道德问题存在模糊认识。教育者缺乏对信息化时代新媒体虚拟空间的道德问题客观存在的理性认识，无法确立正确的德育观念。虚拟行为和虚拟空间的出现并不代表网络是独立存在的，事实上，网络必须与国家制度、文化、有形的基础设施建设并存。虚拟行为和虚拟空间也有它的客观存在性，作为意识形态的信息化时代新媒体伦理道德，是不以人的意志为转移的一种客观存在，是现实道德在信息化时代新媒体领域的延伸，而德育工作者一般将虚拟空间的道德与现实道德区别或割裂开来。其二，对信息化时代的德育的特点把握不准确。信息化时代新媒体道德是一种自主自律型的道德，在虚拟的信息化时代新媒体空间中，直面的道德舆论抨击难以进行，个体的道德自律就愈发显得重要。现代社会的走向要求个人逐渐抛弃他律型的道德选择方式向自律型道德选择方式过渡。信息化时代新媒体道德是一种多元开放型的道德，自由、开放是信息化时代新媒体空间的一大特点，不同的文化和道德观念、不同的道德意识和道德行为都可以在这里交会，产生冲突、碰撞和融合，使信息化时代新媒体道德

呈现出多元、开放的异彩纷呈的特点。德育只注重学生表面的行为表现，忽视了对学生道德价值、道德选择的引导，忽视了深层的道德观念的教育，使得教育内容不深入，教育效果不佳。其三，信息化时代新媒体空间的德育内容有待拓展。信息化时代新媒体不仅改变了德育工作的渠道，也改变着德育工作的内容。德育除了传统的道德规范、身心健康、法律法规等教育内容外，还应增加信息化时代新媒体文明教育、信息素养教育等方面的内容。其四，虽然信息化时代新媒体空间的德育传播途径多样化，但是教师与学生缺少有效互动。信息化时代新媒体传播的途径多种多样，但德育工作者在开展德育时运用最多的还是网络课程、专题学习网站等以发布信息为主的传播途径，互动较少，而受教育者较喜欢通过QQ、MSN这种交流互动型的途径进行学习。信息化时代新媒体使师生之间的交流更加便捷，但如果缺少互动，网络运用的意义就只停留在方便发布信息的层面上，很大程度上会阻碍信息化时代新媒体空间德育的健康发展。

## 四、德育的队伍建设不到位

信息化时代的德育队伍应该包括教育、宣传等政府部门，社会网站等信息化时代新媒体企事业单位和学校三种机构的相关人员组成。从当前状况来看，这三支队伍的信息化水平、综合素质、运用信息化时代新媒体开展德育的意识都没有跟上信息化时代新媒体发展的步伐。其一，社会网站虽然信息素质和能力较强，但是德育意识较为淡薄，把追求商业利益放在首位，有时为了利益还做有损道德的事情，自觉宣传主流意识形态的意识较弱，对学生产生了不好的影响。其二，教育、宣传行政部门人员和高校德育工作者具备较高的素质，但信息化水平较低，不能很好地运用信息化时代新媒体开展德育工作，有时还从思想上排斥这些新生事物。教育行政部门和高校对德育工作者的信息化培训没有跟上，使得他们的信息化水平提高较慢，不适应信息化时代的德育工作。所以目前的总体情况是，具备较高信息技术的人缺乏理论水平和德育经验，具备德育经验的人信息技术水平低，这是制约信息化时代新媒体空间的德育发展的一个现实的原因。其三，没有重视信息化时代新媒体舆论引导队伍的建设。由于信息化时代新媒体传播的特点和传统“把关人”作用的弱化，信息化时代新媒体传播的信息难免优劣并存，信息化时代新媒体舆论多元化的特点容易造成社会舆论过于分散，要保证信息化时代新媒体舆论沿着正确的方向发展，就要对其进行适当的引导和调控，因此迫切需要一批信息化时代新媒体舆论引导人员。而信息化时代新媒体舆论引导队伍的建设没有引起重视，目前的信息化时代新媒体舆论引导大多数时候处于自发的状态，还没有走向自觉和常态化的状态，往往在新闻和舆论事件发生之后，国家和政府才进行积极干预，这不利于信息化时代新媒体环境的优化发展。

## 五、信息化时代新媒体管理机制不健全

信息化时代新媒体管理一直是个出现问题较多、争议较多的问题。木美子的出现、凤姐的走红、网络水军背后的利益链等都反映出信息化时代新媒体管理中存在的问题。传统媒体在中国是作为新闻单位存在的，我国对新闻单位的管理实行许可证制度，这对坚持正确的舆论导向、维护意识形态的安全发挥了重要作用。而信息化时代新媒体则不同。信息化时代新媒体在一定程度上是“自媒体”，每个人都可以借助网络把自己的所思、所想、所感、所观的东西通过文字或视频发送到网络上，让全世界的人与自己分享，而不需要任何机构或人员的“把关”。这就带来了信息化时代新媒体监管的问题。目前我国的信息化时代新媒体管理体制机制不健全，政府的信息化时代新媒体管制权过于分散。信息化时代新媒体管理政策的制定和实施滞后，重内容规范管理，轻产业发展推进，侧重信息整治和安全，与信息化时代新媒体整体价值失衡。这些问题都影响和制约了信息化时代新媒体环境的优化及信息化时代德育的创新发展。

## 六、德育的评价机制不健全

我国对德育的评价大多通过教育主管部门对学校进行德育评估的方式来实现。在信息化时代新媒体的环境下，现行的德育评价存在如下问题：其一，德育评估只是教育行政部门对学校德育进行评价的方式，较少体现社会、家庭在德育评价中的参与度。国家没有对社会网站在文化建设、道德风尚引领方面所做的工作给予评价，因此，社会网站可以丝毫不顾公众利益而只顾经济利益。由于家庭没有参与德育评价，这使得许多学校的德育与家庭教育脱钩，而把教育学生的责任几乎全部推给了学校，致使学校德育不能承受，难以取得预期的效果。其二，教育行政部门对学校的德育评价多重视现实德育的开展情况而忽视信息化时代新媒体空间德育开展的情况，或者仅仅把信息化时代新媒体作为开展德育的载体和手段来考量，而没有把现实德育与虚拟空间德育作为统一的整体进行考量，因此，把虚拟空间的德育作为一个附属的可有可无的部分来看待，也造成了学校对虚拟空间德育认识的不足。其三，学校对各二级学院（部）德育工作的考核仅以现实德育的开展情况为主，多考虑较显性的成绩如学生成绩、宿舍卫生成绩等，而对隐性的、较难体现成绩的虚拟空间的德育则很少考虑，这也使从事基层学生工作的辅导员不愿下大力气去建德育网

站、德育博客，影响了德育工作者运用信息化时代新媒体拓展德育的积极性。其四，信息化时代大学生德育评价机制的标准和方法有待进一步完善。现在，虽然信息化时代新媒体显示出了它独特而重要的作用，但是对大学生德育的评价标准和方法还比较滞后。教育评价指标体系的设计缺乏坚实的科学依据，操作性较差，而且体系过于庞杂，在方法上也相对单一，对信息化时代新媒体的关注和利用显得片面，这些都影响了德育评价的信誉度和有效性。

## 第三节　信息化时代大学生德育创新的重要性

信息化时代新媒体的飞速发展，使其成为影响高校德育的重要方面，给大学生德育带来挑战与机遇。德育创新是其应对信息化时代新媒体环境挑战与机遇的必然选择，是信息化时代实现德育意识形态功能的必然要求，也是信息化时代促进大学生全面发展和实现德育现代化发展的自身需求。

### 一、应对信息化时代新媒体环境挑战与机遇的必然选择

德育的创新总是与社会发展紧密相连，信息化时代新媒体作为一种传播媒介，其快速发展影响了社会发展，更使大学生德育的环境发生了较大的改变。信息化时代新媒体创设的虚拟与现实交叉并存，传播信息良莠不齐，价值观多元化的环境为大学生德育带来了挑战与机遇，德育创新是其应对信息化时代新媒体环境挑战与机遇的必然选择。

#### （一）信息化时代大学生德育的挑战

信息化时代新媒体传播因其与传统媒体的不同，为大学生德育带来了挑战，主要表现在以下几方面。

第一，传统德育的理念受到信息化时代新媒体传播的冲击和挑战。其一，传统德育“一元主导”的理念受到信息化时代新媒体多元文化环境的冲击。我国传统德育坚持马克思主义“一元主导”的理念，这在物理空间环境中较易做到，而在信息化时代新媒体环境中则没有那么容易。身处网络中的大学生必然面对东方文化与西方文化、民族文化与外来文化的矛盾与冲突，甚至要接受西方强势文化与文化霸权的挑战，这对传统德育“一元主

导”的理念造成冲击和挑战。其二，传统德育“教师主体”的理念受到信息化时代新媒体的挑战。传统德育普遍坚持“教师主体”的观念，在网络时代到来之前，教师被公认是教育过程的主体，由于他们掌握的知识和技能比学生多，因而处于主体地位，而学生由于在知识与信息掌握上处于劣势，思想行为与社会要求存在一定差距，在教育活动中处于被动的地位。在信息时代，学生可以通过信息化时代新媒体获得大量思想德育的信息，导致教师的信息优势被弱化，教师甚至有时处于信息劣势的境地。尤其是信息化时代新媒体的互动性，更使教师的主体地位受到冲击，使师生处于平等交流的状态。

第二，传统德育过程的单向性受到信息化时代新媒体互动性的冲击。传统德育主要是一种单向的灌输式的教育，即由教育者对受教育者施教的单向过程，注重道德知识灌输与宣讲，较少关注学生的情感与心理，较少与学生进行平等的沟通。德育的重点放在防范、纠正和惩罚学生的错误行为上，由于学生的主体性被漠视，需要和情感被忽视，造成学生对德育的一种抵触心理。信息化时代新媒体提供了交互性的平台，使传统德育过程的单向性逐步被互动交流的德育方式代替。

第三，现行的道德约束手段与信息化时代新媒体的隐匿性之间存在落差。传统德育往往注重阶段任务的完成，忽视了学生自身成长过程中不同时期的不同需要，忽略了德育的个性化。这种完成任务式的德育不能解决价值观多元的大学生的思想道德问题，学生的道德素养也难以通过现行的道德约束手段如批评教育、舆论监督等得到提高。大学生在信息化时代新媒体传播环境中的活动具有匿名性，他们出于好奇、好玩等心理或受利益驱使，可能做一些不负责任、违反道德的事，而现行的道德约束手段很难对此发挥有效的作用。

第四，学校德育在学生成长环境中的主导地位受到冲击。长期以来，学校德育借助可控媒介的单向传输，形成较大的舆论优势和时空优势，在学生成长环境中居于主导地位。随着信息时代的到来，高校德育工作者有目的、有组织经营的德育环境与信息化时代新媒体广泛复杂的环境交织在一起，信息化时代新媒体巨大的信息资源拓宽了大学生的认知渠道，学生不再轻易地接受教育者的单向灌输，并质疑教师的权威性。在这种情况下，学校德育在学生成长中的主导地位受到冲击。

第五，信息化时代新媒体为大学生思想道德带来挑战。信息化时代新媒体对大学生思想道德产生了较大的影响，信息化时代大学生的思想意识、价值观念、伦理道德个性化、多元化、复杂化的特征十分明显，给德育发展带来空前的挑战。大多数大学生运用网络、手机等信息化时代新媒体，信息化时代新媒体使大学生价值观念多元化。由于信息化时代新媒体是一个没有边际的世界，各种不同的价值观念汇集交织，西方价值观念对大学生产生较大的影响，造成大学生在思想上困惑和迷茫，在价值取向和价值判断上出现偏差。32.3%的大学生认为因为上网而受西方价值观的影响。信息化时代新媒体使大学生在伦理认知、伦理情感、道德意志、道德行为方面面临挑战。信息化时代新媒体创设了一种困惑重重的伦理环境。伦理是一个社会的道德规范系统，赋予人们在动机或行为上的是非善恶判断之基准。伦理是一定社会经济基础和社会生活的反映，是在特定的人类交往活动中形成并随着生产、生活方式的变化而变化的。信息科技的发展使社会的发展与时空结构起了根本的变化，信息化时代新媒体使全球化加剧，各种文化冲突日益表面化和尖锐化，伦理的冲突与矛盾日趋显现。

信息化时代新媒体环境中伦理相对主义的强化、无政府主义的泛滥、伦理基本矛盾的冲突易导致大学生伦理认知的冲突。伦理相对主义即“你想怎样就怎样”或“怎样都行”，互联网无中心的设计思想为伦理相对主义提供了技术基础，数据化和符号化的人际交往推进了伦理相对主义的实现；由于信息化时代新媒体传播中言论控制相对较难，信息化时代新媒体环境中的无政府主义、滥用自由而不承担义务和责任，给主流道德建设带来麻烦；信息化时代新媒体成为当今世界不同社会意识形态和思想文化进行交锋和竞争的重要场所和渠道，为不同社会意识形态和思想文化形式扩展自己的空间和影响提供了便利，也为不同社会意识形态和思想文化的斗争提供了便利。由于不同国家和民族之间的价值观念、伦理道德标准的不同，会产生一些冲突。西方国家利用信息化时代新媒体向我国输出其意识形态、价值观念，对大学生产生较大的影响。在调查中发现，32.3%的大学生认为因为上网而受西方价值观的影响，22.9%的大学生认为网络会影响社会的整体道德水平。15.4%的大学生认为在网上同时拥有几个恋爱对象是道德的，31.3%的大学生在网上浏览过色情内容，38.1%的大学生接到过黄色手机短信或内容暧昧的手机短信，19.7%的大学生转发过黄色手机短信或内容暧昧的手机短信。这些都影响了大学生的道德认知。

信息化时代新媒体环境中人际情感的缺损、人际交往的间接化易导致大学生伦理情感的疏远与隔阂。人际情感是需要人与人的社会交往来维持的，而对于在信息化时代新媒体上的交流来说，人的言谈举止被转换成二进制的语言，与现实生活中的人与人的直接交往相比，人与人之间的隔离增大了。信息化时代新媒体空间的虚拟性、开放性、交互性，便于人们以平等的身份进行交往，使人与人之间的交往既直接又间接。直接指信息化时代新媒体提供许多聊天或交谈渠道，人们可以借助网络进行同时性谈话。间接指大部分谈话是通过屏幕上的字母和语句来完成的，听不到对方声音和语气，看不到表情。因此，这易导致大学生伦理情感的疏远与隔阂，有时表现为人机关系和谐亲密，但人际关系淡漠。

信息化时代新媒体使大学生的伦理决断力和道德意志面临挑战。由于信息化时代新媒体信息过滤得不严格，有用的信息与无用的信息同时被生产，一人一机的信息接收方式使人可以建立自己的天地，使人在不自觉中患上“精神麻木症”，丧失有效的道德判断力。主流的伦理观念已淹没于散沙式的个人追求中，自觉的道德追求已隐匿于信息的随意接受之中。个体伦理无法使个人的行为保持全方位的确当性，公共伦理无法使社会维持相互协调的人心秩序。信息时代大学生的伦理决断力面临考验，信息化时代新媒体环境中信息伦理是多元化的，这使大学生的伦理决断力和道德意志面临挑战。

信息化时代新媒体环境中大学生的道德行为存在一些问题。建立在现实社会中的道德规范由于不适应信息化时代新媒体运行的新环境，形同虚设，而一时又没有形成新的道德规范，这使得一些信息化时代新媒体传播中的行为既不受旧规范的制约，又无新法可依。调查发现，48.6%的大学生认为大学生的网络道德状况还可以，8.6%的大学生认为较差，5%的大学生认为非常差；关于目前大学生网络道德缺失现象的主要表现，32.8%的大学生认为是网络黑客，48.5%认为是网络剽窃，50.6%认为是网络诈骗，21.2%认为是其他；关于网络上的哪些行为对大学生的负面影响较大，38.4%的大学生认为是网络交友不当，34.5%认为是网恋，67%认为是上网成瘾，60.4%认为是网络游戏，11.8%认为是其他。

第六，信息化时代新媒体对德育队伍的现代化素质提出了更高需求。在信息社会里，教师不可能再像过去那样，被看作是某种知识的唯一拥有者，他只需传授知识即可。从某种意义上说，他成了集体知识的合作伙伴，他应果断地站在变革的前列，对这种知识加以重组。然而面对信息化时代新媒体的传播环境和变化着的教育对象，德育队伍表现出很多不适应，突出表现为知识储备的不足和知识结构的单一、信息化时代新媒体知识和运用技能的缺乏、运用信息化时代新媒体进行德育的主动意识不强等。因此，加强德育队伍建设，造就一支高素质的德育工作队伍，是信息时代德育发展面临的一项严峻的挑战。

第七，信息化时代新媒体为我国传统伦理道德带来挑战。一是信息化时代新媒体为传统伦理所依存的生活世界带来改变。中国传统社会是以小农经济为基础、以宗法血缘关系为纽带、家国一体的社会，中国传统伦理是“亲人伦理”“熟人伦理”。以Web2.0信息网络技术为基础的信息化时代新媒体，冲破了地域阻隔，形成了跨越时空的网络交往。这种网络交往是一种陌生人群中的交往，社会交往模式由“人—人”为主变成了“人—媒介—人”为主。信息化时代新媒体正在解构我们所熟知的传统的日常生活世界，对“私德主导、公德不彰”的传统伦理造成了严峻挑战。二是信息化时代新媒体对传统伦理价值的解构。信息化时代新媒体所蕴含的信息网络技术的兴起，促使社会财富和权力、地位流向代表现代科技发展方向的群体和个人，打破了传统社会等级差序结构和封闭的组织方式及相应的“门第观念”等制度与观念。三是信息化时代新媒体促进伦理相对主义和伦理多元化的强化，对中国传统伦理造成冲击。在中国道德文化历史发展中，儒家道德一直处于主导地位，中国传统伦理可以说是在长期封闭状态下的一元化的道德文化。在中华人民共和国成立后，我们以马克思主义为指导，在继承中国传统道德文化积极因素的基础上进行了公民道德建设，我国道德文化的基调仍是以儒家传统文化为主的。而信息化时代新媒体由于其去中心化的传播特点，全球性的广泛参与，使伦理相对主义和伦理多元化强化，使中国传统道德面临与开放的多元道德文化并存的挑战。

第八，信息化时代新媒体为我国现有的媒体管理带来挑战。信息化时代新媒体是一个高度自治的空间，在信息化时代新媒体环境中只有协议，如HTTP协议、TCP/IP协议等，没有管理“中枢”机构，各种虚拟社群、虚拟社区都是基于参与者相同或相近的兴趣、爱好及互补的利益需求而自发形成的。信息化时代新媒体环境依靠协议管理和运作着各自的非正式组织。而且，信息化时代新媒体一方面扩大了受众接受信息的主动权和受众的信息发布能力，另一方面，信息化时代新媒体的开放性、隐蔽性、匿名性等特点，使得管理者对信息化时代新媒体环境中的流动信息很难控制。现实生活中的社会舆论的他律作用在信息化时代新媒体中不复存在或大大减弱，我国现有的网络管理文件、手机管理文件与信息化时代新媒体技术的飞速发展相比明显落后。

## （二）信息化时代大学生德育的机遇

信息化时代新媒体在为大学生德育带来挑战的同时，也因其互动性、开放性等特点为大学生德育创新带来很好的机遇，主要体现为以下几点。

第一，信息化时代新媒体为德育提供了新的载体。载体是德育系统不可缺少的重要组成部分。德育载体是指承载、传导德育因素，能为德育主体所运用且主客体可借此相互作用的一种德育活动形式。在信息化时代新媒体中，德育信息承载具有如下优势：一是信息化时代新媒体技术使教育内容从平面化走向立体化，由静态变为动态，从现实时空趋向超时空；二是信息化时代新媒体的超大信息量丰富了教育内容，增强了教育内容的可选择性；三是较高的文化与科技含量将教育信息的政治性本质隐含在历史文化知识和现代科技信息之中。通过信息化时代新媒体这一载体进行德育，我们可以扩大教育的覆盖面和影响力，使大学生通过信息化时代新媒体获得广泛社会信息的同时，接受德育信息，受到德育的影响，从而提高道德素质。而且这种教育形式对其他载体的德育影响构成一种补充和相互作用，形成全方位的德育态势，因而增强德育的影响力和有效性。

第二，信息化时代新媒体为德育知识和价值传播创造了有利条件。从传播学角度看，德育是阶级社会的一种特定的社会信息传播现象和活动，是以道德观念、道德规范为核心的德育信息的传播行为和过程。在此过程中，教育者向受教育者传递信息，是开展德育的起点。较之过去的德育信息传播，信息化时代新媒体信息传播具有明显的优势，这对德育知识和价值传播非常有利。其表现为：吸引力更大，信息化时代新媒体将文本、图画、声音等信息集为一体，能调动学生获取信息的主动性、参与性；感染力更强，信息化时代新媒体的立体动画及仿真画面对人的影响力大大增强；更快捷方便，学生可在任何一个终端，随时高效获取知识和信息；更加开放，信息化时代新媒体为大学生提供了更大范围的学习和社会实践环境，促使他们在社会化过程中趋于成熟。

第三，信息化时代新媒体可以促进德育的互动及主体性的发挥。在德育中，教育者和受教育者的行为和活动需要互动，这种互动表现在信息传递、接受和反馈的过程中。以往的德育采用较多的是单向灌输的方法，忽视受教育者的需求和接受能力，抑制了受教育者的主动性和创造性，使受教育者处于从属地位。信息化时代新媒体为人们提供了一个开放的平台，使大学生主体意识迅速觉醒并不断增强。在信息化时代新媒体传播中，交往对象的社会角色通常是虚拟的，交往对象没有心理负担，这使交往者保持相对平等的心态，有利于宽松的人际关系的建立。角色还是可以互换的，在浏览网页选择和吸收德育信息时，参与者是以受教育者的身份出现的，而在参与信息的制作、发布等活动，将自己的思想传播出去时，参与者又成为教育者。在信息化时代新媒体互动平台上，德育者与受教育者关系上更具有融洽性，双方都能较好地发挥其主体性。因此，从传播学角度看，信息化时代新媒体德育信息传播的主体不仅是教育者，还是受教育者，教育者与受教育者的关系是两个主体相互依存、相互制约的互动过程。

第四，信息化时代新媒体有利于增强德育效果。检验德育是否有效及效果的大小，其主要依据是德育的目的和意图的实现程度。教育者把社会要求的道德观念和规范作用于受教者的知觉和记忆系统，引起其信息量的增加和信息内容构成的变化，即受教育者对德育的认知；作用于受教育者的观念和价值体系而引起情绪和情感的变化，即社会主导价值的内化与维护；这些变化通过受教育者的言行表现出来，即行为习惯的养成。这三个层面中，第一、二层面叫“内化”，第三层面叫“外化”。三个层面体现了效果形成的不同阶段，从认知到态度再到行动是一个效果积累、深化和扩大的过程，要取得德育的最佳效果，内化是关键。从信息化时代新媒体的传播特征来看，信息化时代新媒体为促进大学生内化提供了新的契机。信息化时代新媒体空间中丰富的共享信息，为开展德育提供了充足的资源；信息化时代新媒体信息传输的快捷性和交往的隐匿性，利于迅速了解学生的思想情绪和所关心的问题，增强教育的针对性；信息化时代新媒体主体的平等性和交往的互动性，有助于受教育者主动参与对话交流，有利于把教育转化为受教育者的自我教育，提高教育的时效性。

第五，信息化时代新媒体有利于形成德育的合力。教育学领域中的教育合力，是指学校、家庭、社会三种教育力量相互联系、相互协调、相互沟通统一，形成以学校教育为主体，以家庭教育为基础，以社会教育为依托的共同育人的力量，使学校、家庭、社会教育一体化，以提高教育活动的实效。学校教育的合力，是指来自学校内部各方面的教育达到高度的一致，从而达到最佳教育效果。大学生德育合力就是指大学生德育系统内各构成要素及其与环境系统相互作用，在运行过程中所产生的综合力。信息化时代新媒体的超时空性，通过德育网站、博客、QQ群等形式，可以使学校、家庭、社会都参与到学生的教育中，突破了过去教育中存在的时间和空间的障碍。在学校德育中，由于信息化时代新媒体的广泛参与性，广大专职教师、管理干部都可以通过博客、QQ、网站留言等方式与学生互动交流，扩大了德育的参与面，同时由于信息化时代新媒体参与者的匿名性和平等性、互动性，可以充分发挥学生自我教育的积极性和主动性。因此，在德育中运用信息化时代新媒体，有利于形成学校、家庭、社会、学生四位一体的教育体系，易于形成教育合力。

第六，信息化时代新媒体对大学生思想道德产生一定积极影响。信息化时代新媒体有利于大学生新的价值理念的形成。共享、平等、效率、开放是信息化时代新媒体所蕴含的价值理念。信息化时代新媒体的虚实两重性、平等交互性、大众化等特点容易使信息化时代新媒体上的交往打破社会等级的观念，有助于学生平等意识、共享意识的形成。信息化时代新媒体运行的快捷性、简便性，有利于培养大学生的效率观念。信息化时代新媒体的广容兼容性，有利于学生开阔思想，增强了学生的开放意识、全球化意识和多元化意识。

信息化时代新媒体有助于培养大学生的创新性思维方式。传统教育受多种因素的影响，大学生个体创新性思维方式的发展受到限制，信息化时代新媒体拓展了大学生广阔的思维空间，使学生可以接触到世界上先进的思想理论、科学技术，为培养他们的超前思维和创新思维提供了条件。

信息化时代新媒体的自主参与性、高度自治性，使信息化时代新媒体空间的道德主要依靠参与者的自律，有利于培养学生的道德自律；信息化时代新媒体信息的繁杂、价值观的多元化，为学生创造了道德认知、道德判断的环境，有利于培养和提升学生的道德判断能力；信息化时代新媒体空间秩序的维护主要依靠一些管理规定和自律协议，学生在信息化时代新媒体空间的道德行为是一种基于个人道德认知、道德判断基础上的自主选择，因此，信息化时代新媒体空间的优良道德行为有助于学生的现实道德行为和品质的养成。

第七，信息化时代新媒体传播促进了我国公民社会的发育，为我国传统道德实现适应社会发展的现代转型创造了条件。中国传统伦理有着优良的传统，是中国传统文化的重要组成部分，尤其是仁、义、礼、智、信的儒家伦理，为中国人的道德修养提供了价值标准，影响了中华民族几千年的发展。但是随着时代和社会的发展，中国传统伦理也存在适应社会发展的现代转型问题。信息化时代新媒体传播促进了中国公民社会的形成，孕育了开放、民主等现代伦理精神。从伦理学的角度分析，公民社会是公民作为社会主体的社会，信息化时代新媒体传播使广大民众积极参与到公共事务中，公民社会趋向与公民伦理诉求成了当代中国的基本社会存在境况。信息化时代新媒体把中国公民社会的发育置于全球化的背景中，决定了中国传统伦理向现代公民伦理演进的方向。信息化时代新媒体使受众具有全球化的特征，中国全球化的际遇为中国公民社会精神气质与民众的公民意识的生成提供了可资借鉴与汲取的精神文化资源。

## 二、实现德育形态功能的必然需求

关于意识形态的内涵，马克思和恩格斯把它作为经济形态相对应的重要范畴，指反映特定经济形态从而也反映特定阶级或社会集团的利益和要求的观念体系。在现代西方，意识形态被定义为一种由特定社会集团使用来解释世界的概念框架，是一种“世俗的宗教”。总之，意识形态一词都有反映或体现特定社会集团利益的含义，是一种与“科学意识”不同的东西。

马克思主义伦理学认为，道德的本质蕴藏于社会生活之中，道德是一种特殊的社会意识形态，受着社会关系特别是经济关系的制约。道德是在一定社会经济基础之上产生的一种社会意识形态，道德反映着社会和人类发展的要求，反映着特定阶级的利益。道德作为社会意识，要发挥作用就必须有特定的实际附属物，道德必须借助于社会舆论、宣传教育及相应的实施机构等，并将它们包容于自身之中，成为社会上层建筑的一部分。德育是道德发挥意识形态功能的重要形式，在阶级社会里，德育无法保持中立的立场，道德的价值与原则具有意识形态性，德育旨在把占主导地位的阶级所提倡的道德准则和要求内化为广大民众的自我道德要求，承载着传播主流意识形态的职能。因此，德育最根本的一项功能即其意识形态功能，或者说，导向功能、保证功能、育人功能、开发功能都是其发挥意识形态功能的不同表现方式。

以马克思主义为指导的社会主义意识形态在我国占主导地位，社会认同度是影响意识形态地位的重要因素，占主导地位的意识形态必须是社会认同度和社会普适性高，在社会意识中起支配作用的意识形态。由于信息化时代新媒体传播的全球性、开放性、交互性、个性化、反权威性及多元化等特征，它颠覆了传统传播时代的信息流动方式，削弱了国家对信息生产和传播的控制能力。随着信息化时代新媒体在我国生活中的普及，主流意识形态受到了来自信息化时代新媒体传播的强烈冲击。信息化时代新媒体将全世界各个国家联系起来，不同的文化形态、思想观念在信息化时代新媒体空间交融或冲突。由于信息化时代新媒体发端并兴盛于美国，其技术构造方式乃至资讯传播格式等带有美国社会的烙印并符合美国文化的特点。实际上它也要求任何一个信息化时代新媒体使用者适应美国式的思维方式和熟悉美国的文化，而且西方社会通过信息化时代新媒体在意识形态方面对我们进行渗透，这种渗透变得更加隐蔽、尖锐、现实和复杂。

因此，创新信息化时代的大学生德育，坚持德育主导性，运用红色网站、德育网站、德育博客等形式，加大信息化时代新媒体环境中对以马克思主义为指导的社会主义意识形态的宣传和灌输，加大对社会主义核心价值体系的宣传和灌输，将社会主义意识形态所体现的内涵和价值诉求转化为大学生的自觉追求，才能使社会主义意识形态得以弘扬，从而巩固并提升社会主义意识形态的认同度。

## 三、促进大学生全面发展的必然选择

“每个人自由而全面地发展”是马克思所认为的未来社会的基本特征之一，也是我们奋斗的目标，信息化时代新媒体为大学生的全面自由发展创造了有利条件。

### （一）人的全面发展理论

马克思、恩格斯对人的全面发展做了如下规定：全面发展是人的本质的对象化，全面发展的主体是社会的所有成员，全面发展最终将成为人的根本权利。由于人的本质具有多方面的规定性，人的全面发展在马克思那里也表现出多方面的规定性，即作为类存在物时，人的劳动活动的全面发展；作为社会存在物时，人的社会关系的全面发展；作为完整的个体的人时，人的个性和潜能的全面发展。这些规定的具体的含义如下：其一，人的劳动活动的全面发展表现为活动的内容和形式充分达到丰富性；其二，社会关系的丰富发展意味着个人与广义上的他人发生相互关系，表现为个人关系的普遍性的发展和个人关系的全面性的发展，个人与他人之间形成各方面、各领域、各层次的社会联系，人们的经济、政治、法律、伦理、文化等关系变得丰富、开放、全面，并且得以协调和谐发展；其三，人的个性的发展是指个人生命有机体的各构成要素的均衡协调发展，以及认知、情感、意志等心理因素的发展和完善。人的个性的发展首先是人的需要的全面发展，人的需要除了物质需要外，还包括社会关系、精神生活的需要，以及自我实现和发展、超越自由的需要等。人的个性的发展其次是人的能力的全面发展，即发展自己的体力和智力、自然能力和社会能力等，并在实践活动中发挥他的全部才能和能量。人的个性发展还包括主体性水平的全面提高及个人独特性的增加和丰富，主体性主要表现为能动性、创造性与自主性，人的主体性的全面发展不但指其特殊属性的充分发挥，而且指人成为自然界、社会和自我发展的主体。以上三个方面的规定性是依次递进的关系，作为完整个体人的个性自由发展是人的全面发展的重要内容和根本标志。

### （二）信息化时代新媒体的发展为大学生全面发展带来了机遇与挑战

信息化时代新媒体的发展为大学生全面发展既带来了机遇，也提出了挑战。

首先，信息化时代新媒体为大学生全面发展创造了有利条件。其一，信息化时代新媒体为大学生全面发展提供了一定的物质条件。人的全面发展以社会生产力的高度发展为前提，信息化时代新媒体的诞生是社会生产力高度发展的成果。在信息化时代新媒体环境中，大学生摆脱了过去由于生产力落后所带来的时间和空间的束缚，信息化时代新媒体环境扩大了人的活动范围，催生了新的生产方式、生活方式，为人的全面发展奠定了基础。其二，信息化时代新媒体为大学生全面发展提供了文化条件。信息化时代新媒体促进了社会文化的发展繁荣，信息化时代新媒体环境具有的一系列特征催生了新的思想方式、行为方式，形成了充满时代特色的信息化时代新媒体文化，必将推动我国先进文化的建设，包括道德水准的提高和科学教育的发展。全面发展的人首先应具有高尚的道德情操，能够正确地认识和处理个人与他人、个人与社会之间的关系，具有正确的世界观、人生观和价值观，信息化时代新媒体环境有利于大学生解放思想、更新观念、提高素质。其三，信息化时代新媒体为大学生社会关系的丰富发展创造了条件。

信息化时代新媒体的发展使个人可以与世界上任何地方的任何人发生虚拟或真实的关系，使个人从狭小的空间走向世界的舞台，信息化时代新媒体促进了人的个性自由发展。信息化时代新媒体的虚拟性、自主性、开放性、互动性、自治性，使大学生可以在信息化时代新媒体中展示更加真实的自我，一定程度上满足了学生的社会关系、精神生活的需要，以及自我实现和发展、超越自由的需要，为学生能力的发展、主体性水平的提高创造了条件。

其次，信息化时代新媒体为大学生全面发展带来了挑战。信息化时代新媒体的虚拟性、超时空性，有时使大学生与他人的关系陷入虚拟的误区，造成人机关系、人与人之间虚拟关系的广泛而现实空间的封闭，从而影响学生的全面发展。信息化时代新媒体的发展使大学生人与人交往的模式很多时候变成了“人—机—人”的交往模式，人与人的交往通过数字化的符号，减少了人与人交往的感情色彩，有时不利于人们之间全方位关系的形成；信息化时代新媒体空间内信息的繁杂性，为大学生的思想观念、价值观的形成带来挑战。信息化时代新媒体传播的开放性、全球性，造成信息监管难度大，使得信息化时代新媒体空间内的信息较为繁杂，中西方文化相互碰撞，价值观多元化，主流价值观受到冲击，这对于大学生思想观念、价值观的形成带来冲击。

### （三）信息化时代的德育创新是大学生全面发展的需要

人的全面发展是信息化时代大学生德育的现实出发点和最终归宿。运用信息化时代新媒体进行大学生德育的核心是做人的工作，通过调动和发掘学生的主动性、积极性和创造性来实现学生自身和社会的全面发展。它通过开阔学生的眼界、活跃学生的思想、增强学生的交流来充分调动和发挥学生的积极性、主动性和创造性，为学生和社会的发展创造物质和精神条件。促进学生的全面发展，是信息化时代大学生德育的出发点和终极归宿。

基于人的全面发展决定了信息化时代德育的着眼点和侧重点。只有从人的全面发展出发，信息化时代的大学生德育应从满足学生的需要着手，因为需要是学生从事各种行动的动机的基础，德育工作者应研究学生的需要类型，并在信息化时代创设各种条件去满足学生正常的需要，如安全需要、人际交往需要和尊重的需要等。由于信息化时代新媒体环境的开放性、平等性、互动性、虚拟性等特点，信息化时代新媒体环境中人与人之间的关系被极大地丰富和发展了，这种交往关系的全面和普遍是信息化时代新媒体的最大特色，也是应着重注意的方面，大学生在信息化时代新媒体中的广泛交流可能会造成学生自我的迷失。信息化时代大学生德育应侧重学生健康人际关系的建立，从而促进学生的健康发展。

基于人的全面发展决定了信息化时代新媒体德育必然要与现实德育相结合。人的全面发展是指人性中的各种属性都得到全面发展，不是其中一种属性得到发展。人性中不仅有现实性，也具有虚拟性。我们在实践中的误区是往往将信息化时代新媒体德育与现实德育分离，忽视了二者的融合与配合。只有从人的全面发展出发，在虚拟和现实之间保持合理的平衡，做好信息化时代新媒体德育与现实德育的结合，我们才能促进学生的全面发展。

# 第四章　信息化时代大学生德育模式的创新

德育模式对于德育而言具有根本的、全局性的作用，德育模式必须与德育环境及德育主体、客体、介体的情况相融合。信息化时代新媒体的发展给传统的大学生德育模式带来了挑战，信息化时代新媒体使得德育的环境、主体、客体、介体都发生了变化。因此，我们应根据这些变化，坚持整体育人理念，建立信息化时代新媒体虚拟空间德育与现实德育相结合，信息化时代学校、社会、家庭、学生相结合的立体德育模式。

## 第一节　建立虚拟空间与现实空间结合的德育模式

信息化时代新媒体为德育创设了虚拟与现实共存的环境，德育应在整体育人理念的指导下，建立信息化时代新媒体虚拟空间与现实空间结合的德育模式，以适应信息化时代新媒体环境的需要，提升德育效果。

### 一、明确虚拟性与现实性的关系

信息化时代新媒体的发展使人们越来越多地在虚拟空间中生活，虚拟空间已成为现代人的又一个生存场所。虚拟空间的本质就是其虚拟性，是指人的活动从以往以物质实体和能量载体为基础的活动平台，转移到以信息网络为基础的活动平台后所实现的一种生存性状。与虚拟相对应的是现实性，是指人的活动在以物质实体和能量载体为基础的物理时空（现实世界、现实社会、现实空间）中所表现的生存性状。虚拟空间的出现使人们在更大范围内演绎着现实中的社会关系，虚拟性与现实性之间的关系存在既有区别又有统一的两个方面。

首先，认识虚拟生存的特点。虚拟生存具有间接性、流动性、隐匿性、平等性、开放性和共享性等特点。在虚拟空间中，人们的交往形式以间接为主，交往手段符号化、数字化，交往内容以信息为主，摆脱了现实社会中交往的直接性和时空局限性；虚拟生存具有流动性、隐匿性，虚拟交往无须见面，上网人可以隐匿自己的身份、年龄、性别、行为目的，可以从事着与其扮演角色相应的各种活动。现实社会中的人有时为了某种利益，戴着面具做人，使人的心理产生压抑。在虚拟社会中，人都是匿名、隐形的，有利于更真实地表现自我；虚拟生存具有平等性，信息化时代新媒体提供了人和社会沟通的平台，让每个人都能地位平等地参与公共生活，彼此之间是一种平等的伙伴关系。这种交往是一种较单纯的精神交流，对交流双方不会产生心理上的负担；虚拟生存具有开放性和共享性，过去由于各种限制，大众传播媒介只能提供给人们相对有限的自由表达的空间。信息化时代新媒体的开放性使得言论自由更加具有普及性。信息化时代新媒体传播的全球化开启了跨文化交流的新时代，信息化时代新媒体为不同国度、不同地域的任何一种文化提供了生存的土壤，也为人们的知识共享提供了平台。

其次，虚拟性与现实性的区别。虚拟性与现实性的区别体现在人们生存的时空特性、社会存在方式、社会存在和发展的深度和广度等方面。一是人们生存的时空特性发生变化。虚拟空间是时间、空间极度压缩的状况，在时间上实现了信息的即时传递，在空间上，广阔的世界被压缩在一个小屏幕上，这与现实的时空特征存在根本区别。现实主体的存在及其活动都以时间和空间为定位标志，人们可以感知其存在，社会也据此直接或间接地对主体及其活动进行控制。在信息化时代新媒体虚拟空间中，主体可以异地、异时开展活动，消解了主体的具体时空特性，也消解了现实社会中时空对主体和事件的定位功能。二是人类社会存在方式不同。虚拟生存以虚拟的方式存在，现实生存则以物质实体的方式存在。三是社会存在和发展的深度和广度发生变化。现实社会中，人们的活动主要局限于民族、国家的范围，在社会发展中虽然存在多种可能性，但这些可能性由于受到现实的限制，不都能转化为现实性。虚拟空间以虚拟的方式运行和发展，人们可以通过虚拟方式把社会发展的种种可能性展示出来，转变为虚拟现实，使社会发展可以在多种可能性中进行多种虚拟的选择。四是现实生存的国家独立与虚拟生存的无国界的区别。现实社会中，每个国家都有自己的领土、历史文化、社会制度和法律形式，而虚拟社会是一个没有地域区分的场所，信息跨地域、无疆界、全球性自由流通。发达国家比发展中国家具有信息优势，西方发达国家将本国的社会价值观和社会意识形态通过信息化时代新媒体传送给其他国家，为一些国家的传统文化带来较大冲击，会导致文化霸权主义的产生。五是现实生存高度社会化与虚拟生存充分个体性的区别。在现实社会中，科技的发展使社会各部门、各行业连成一个整体，个体利益的满足与实现依附于一定的集体或集团群体性的利益角逐。在虚拟社会中，每个人基于资源共享、互惠合作等一定的利益和需求自觉自愿地互相联系起来，每个人既是参与者，又是组织者，每个人凭自己的意志决定自己的生命形式。六是现实生存中人际交往、情感的需要与虚拟生存中人机交流导致人际关系淡漠的区别。社会性是人的本质属性，它依赖于人与人之间的直接交往，从而交流感情和结成群体。信息化时代新媒体改变了人际交往的模式，人与人的交往变成了人机交往，人们之间的直接社会交往减弱，有可能导致人际关系的疏远，导致个人产生紧张、孤僻、冷漠等问题。

再次，虚拟性与现实性的统一。随着信息化时代新媒体技术的发展，最恰当的选择是对虚拟世界和现实世界并驾参与，不能因为信息化时代新媒体的便捷而放弃现实生活。虚拟性和现实性两者是统一的。

一是虚拟性要还原到现实性。虚拟性离不开现实性，虚拟性要还原到现实性，现实社会决定虚拟社会，现实社会是虚拟社会存在和发展的基础。虚拟社会的基础是现实社会。数字化虚拟不过是借助于现代技术使信息化时代新媒体中的交往具有多向性和直接的互动性，信息化时代新媒体空间中主体关系的特点是现实社会部分特征扩大化的表现形式，人们在信息化时代新媒体空间中的关系在整体上没有也不可能超出现实社会所规定的范围。虽然信息化时代新媒体空间中人与人之间的关系有其自己的特点和规则，但这些特点和规则不可能构成与现实社会相并列的社会。虚拟社会的主体仍然是现实社会中的人，信息化时代新媒体主体关系中的自我是真实自我、想象自我和多元自我的综合体，表现了主体的人格的多样性。在现实生活中，人格的一些特性因受制约没有或较少表现出来，而人格在信息化时代新媒体中表现得比较充分，但信息化时代新媒体主体关系的主体仍然是现实社会关系中的人。从本源看，没有现实社会关系的主体，就没有信息化时代新媒体中关系的主体。无论信息化时代新媒体如何虚拟化，置身于虚拟空间的人和创设虚拟空间的人都是现实存在的人。信息化时代新媒体是虚拟的，人在其中投入的感情和产生的生存体验又是真实的。现实社会关系在本原上决定虚拟关系，现实社会关系决定信息化时代新媒体中的主体关系，限制、克服或消除信息化时代新媒体关系中的各种弊病，使其健康发展，归根结底取决于现实社会关系的发展。从本质上看，信息化时代新媒体关系是现实社会关系的复杂性在虚拟社会的折射、投影、延伸。从法的角度看，关于信息化时代新媒体关系的立法是以虚拟主体是否侵害了现实社会主体的利益为尺度的，最终受惩罚的是某些虚拟主体承担者的现实社会的主体。从道德的角度看，信息化时代新媒体中出现的道德问题并没有超越现实社会中出现的道德问题，信息化时代新媒体关系的调整和信息化时代新媒体关系主体的改造最终取决于现实社会关系的调整和现实社会主体的改造。但是，信息化时代新媒体对现实社会的法和道德规范确实提出了挑战，如信息化时代新媒体虚拟主体的身份、行为方式、行为目标的隐匿性和不确定性，使有些不道德行为难以追查和定罪。虚拟社会要接受现实的最终检验，虚拟社会的最终目的是指导现实、检验现实、接受现实的最终检验，这样才能保持虚拟现实的科学性、规范性。

二是现实性要反映到虚拟性。虚拟社会相对独立于现实社会，人们在信息化时代新媒体中的实践活动及观念意识都是对现实社会生存的自我突破和发展。虚拟生存对现实生存有影响，是现实生存的必要补充，并与现实生存相互转化。虚拟社会的发展反作用于现实社会，虚拟社会的发展必然作用于现实社会，形成现实社会新的特点。虚拟社会以人与人的关系为主导的社会关系改变了现实社会人与自然关系为主导的社会关系体系，导致了现实社会主导关系的转变。虚拟社区的许多思想可以修正现实社会管理和制度中的某些缺陷，虚拟社区产生的思想某种程度上能净化和提升现实社会中的精神、文化品位。从道德角度分析，网络伦理对现实伦理将产生新的推动。虚拟社区的虚拟性和前瞻性为僵化的现实社区展示了一种发展模式。虚拟社会是对现实社会的丰富，虚拟世界可以把在现实世界中尚未实现的变成虚拟的现实，原先在物质世界中物质质料与功能统一的局面被打破了。功能从质料中被抽离出来，行使了单独的职能。虚拟社会中，人与人之间的交往带有“去现实化”、弱社会性的特点。虚拟生存可以美化、幻化现实生存，把现实生存理想化。信息化时代新媒体给丰富的人性提供了充分的释放空间，使人际交往变得更加自由和轻松。

最后，应坚持虚拟性与现实性的辩证统一。虚拟生存和现实生存共同构成人类基本的生存环境。人的生存应以现实生存为基础，以虚拟生存为媒介，二者共同作用。其一，只有虚拟性，没有现实性，不能体现人的社会本质。如果人们不能在现实与虚拟之间实现角色的转换，保持现实生存与虚拟生存之间的张力，就会造成心理错位和行动失调。虚拟生存只是现实生存的一部分，但不能完全取代现实生存，不能完全独立于现实生存。如果离开现实性谈虚拟性，就会把人看成是纯粹脱离现实的抽象物。其二，只有现实性，没有虚拟性，不能体现人的历史特点。在信息化时代新媒体快速发展的信息时代，人们被抛入一个“数字化生存”的处境之中。我们也要历史地看待人的发展，站在信息时代看人的社会本质。在这样一个虚拟性盛行的社会中，谁也不能摆脱虚拟性而真实地存在。人不应该完全地依赖于虚拟世界，不能把虚拟生存方式当成生存的唯一。人的生存应以现实生存为依托，以虚拟生存作为延展，二者交织互动，共同构成人类基本的生存方式。

因此，我们应关注虚拟社会与现实社会、虚拟生存与现实生存即“虚实”的关系，实现其虚实共生、和谐互动的良性循环。随着信息化时代新媒体虚拟空间的发展，人们对虚拟世界的依赖性增大，必须适应虚拟社会的特点，形成新的虚拟社会的管理体制。

## 二、把握好信息化德育与现实德育的关系

信息化时代新媒体德育有两种内涵：一是信息化时代的德育，二是基于信息化时代新媒体的德育。前者是对信息化时代新媒体德育的广义理解，指的是在信息化时代新媒体的社会环境下，传统的德育从理念到内容、手段、机制与组织方式如何发展和创新，是一种德育全面体系的构建问题；而后者是对信息化时代新媒体德育的狭义理解，指的是把信息化时代新媒体作为德育的新阵地、新工具、新方法，用以加强和改进德育，是德育局部体系的构建问题。如果我们把信息化时代新媒体德育看成是一种虚拟德育，一种利用信息化时代新媒体所进行的网上德育，我们可以把面向现实生活所进行的传统德育和网下德育看成是一种现实德育。就信息化时代新媒体德育与现实德育的关系而言，它们是辩证的统一，既相互区别，又相互联系、相互补充。

首先，信息化时代新媒体德育与现实德育的区别。信息化时代新媒体德育与现实德育的性质和目的是相同的，都是以马克思主义意识形态为主导的、促使人们形成符合社会发展需要的思想品德的实践活动。信息化时代新媒体德育与现实德育相比较，德育主体、客体、介体、环境发生了许多变化。

一是德育主体的身份角色不同。信息化时代新媒体德育与现实社会传统德育在主体身份认同上存在差异，现实社会德育主体身份的确认总是与一定的社会地位、性格特征等因素直接相连，相对简单和直观。对于信息化时代新媒体德育来说，交往主体是未知的。交往者的国籍、社会地位、性别模糊不清，给信息化时代新媒体交往带来了新的不确定性。信息化时代新媒体空间中的角色与现实生活中角色的关系也是一个新问题，信息化时代新媒体空间中的角色可以自由地想象和设定自己，可以自由地抒发内心的感受或想象的感受，但无论信息化时代新媒体空间中的角色多么理想化，虚拟毕竟无法取代现实。这种反差导致了对既有文化和制度的不满，可能造成主体身份认同或辨认方面的错置。

二是德育的主客体关系发生了变化。在现实德育中，主体与客体有时也相互转化，但总的说来，主体往往处于主导、权威者的位置，其主体性地位往往强于客体的主体性，客体的主体性较难发挥。信息化时代新媒体德育在主客体关系上则更多地强调主体客体化、

客体主体化，强调主客体之间的互动和平等交流。在现实德育中，主体着重指以培训教育对象的思想品德为活动指向的人，包括各级党的组织、政府机构、群团组织及各级各类企事业单位的专、兼职人员。主体对客体的教育是有目的的、自觉的。但在信息化时代新媒体德育中，教育主体不具有特定的身份，目的性、自觉性并不明显。现实德育的客体具有一定的确定性，主体对客体的情况大体掌握，而信息化时代新媒体德育的客体具有不确定性，客体之间存在较大的差异。信息化时代新媒体德育的受教育者在教育活动中，主动性大于被动性，整体上呈现个体性、虚拟性、自主性和参与性的特点。

三是德育的相关道德要素不同。从道德的角度看，除了道德主体不同外，相关道德要素也存在着差异。信息化时代新媒体社会中的道德意识比传统道德意识淡化，人性趋于自然，交往较少受社会因素的影响，信息化时代新媒体社会中的主体道德关系具有不确定性且更简单化。信息化时代新媒体给人们提供了一些新的道德活动方式，如聊天、电子邮件等。这些活动具有独特性、随机性，使人们的交往不必考虑空间距离和文化差异等因素的影响。

四是德育的介体不同。教育介体主要包括教育内容、方法和手段等。在信息化时代新媒体德育中，多媒体技术使教育内容形态变为立体化的、动态的、超时空的，教育内容变得丰富而全面，更具客观性和可选择性，但是存在一些负面信息。与现实德育相比，信息化时代新媒体德育具有更快的传递速度和更广阔的时空，原来相对狭小的教育空间变成了全社会的开放性的教育空间。

五是德育的环境不同。德育环境包括德育对象所处的环境和德育活动的外部条件两个方面，指的是影响人的思想品德形成和发展、影响德育活动运行的一切外部因素的总和，主要包括自然环境、社会环境和精神环境，起决定作用的是社会环境。信息化时代新媒体迅速改变着教育环境，使社会环境发生了深刻变化。传统社会由于人际交往面窄，在一定意义上是“熟人社会”，依靠熟人监督、道德他律手段，传统道德得到相对较好的维护。在信息化时代新媒体空间里，道德主体消除了现实生活中外在的他律性规范的制约，进入了一个完全由陌生人组成的世界，成为一种虚拟存在。传统“熟人社会”中道德他律的外力在信息化时代新媒体空间失去了作用，道德主体是否遵从道德规范，不易被察觉和监督，不像现实社会中的道德要靠社会舆论、传统习惯、内心信念三者同时来维持。信息化时代新媒体技术与德育的结合使信息化时代新媒体环境获得了许多优势，教育信息共享有利于收集和传播教育信息，教育信息交流平等、自由、全面、及时，有利于学生进行自我教育，各领域、各层次德育相互联系与沟通，有利于形成教育合力。

六是德育的物质基础不同。现实德育的基础是物理空间，它的运行主要依靠人们的是非观和社会评价。而信息化时代新媒体德育的基础是电子空间，与传统的德育相比，建立在网络信息社会基础之上的信息化时代新媒体德育，必将呈现出自主、开放、多元等一系列新的特点和优势，更加合乎人性，更能促进人和社会的自由全面发展。当前看，信息化时代新媒体德育的特点和优势还需人们去创造和发扬。

七是德育的侧重点不同。现实德育中，传统的德育注重培养和造就比较定型的、有着确定模式的理想人格。理想人格是通过个人与他人、与社会发生直接的联系表现出来而被人们认识的。信息化时代新媒体德育不仅要求学生接受道德规范，形成信息化时代新媒体空间的理想人格，而且注重为受教育者提供帮助和指导，培养学生的道德主体性。这种道德主体性表现在自主选择判断、自主自律、自我约束、自身责任意识等方面。

其次，信息化时代新媒体德育与现实德育的内在联系。现实德育是信息化时代新媒体德育的基础。离开现实德育，信息化时代新媒体德育会成为无根基的德育，会走向现实德育的反面，更无助于人类道德水平的提高。其一，只有以现实德育为基础，信息化时代新媒体德育才不至于成为无根基的德育。传统德育往往反映的是社会存在和发展的客观规律的要求，信息化时代新媒体德育以传统德育为基础，可以在信息化时代新媒体空间中体现客观规律的要求，否则信息化时代新媒体德育就可能变成空想和虚妄。其二，只有以现实德育为基础，信息化时代新媒体德育才不至于走向现实德育的对立面。在信息化时代新媒体中体验虚拟生活的人，在一定程度上摆脱了现实生活中传统德育的束缚。如果信息化时代新媒体德育中有与传统德育相悖逆的成分，就会强化他们对传统德育的否定，可能践踏传统德育准则，使得信息化时代新媒体道德关系出现混乱，甚至导致现实社会的失范加剧。其三，只有以现实德育为基础，信息化时代新媒体德育才能最终促进人类伦理道德水平的提高。信息化时代新媒体是以服务现实社会为目的的，建构信息化时代新媒体德育的目的之一就在于它能够巩固和促进传统德育。信息化时代新媒体德育只有以传统德育为基础，才能与传统德育保持一致。其四，信息化时代新媒体中主体关系的基础是现实社会。信息化时代新媒体中的主体仍然是现实社会中的人，现实社会关系在本源上决定信息化时代新媒体中的主体关系，限制、克服或消除信息化时代新媒体关系中的各种弊病，促进其健康发展，决定于现实社会关系的发展。信息化时代新媒体德育是现实德育在信息化时代新媒体上的延伸和发展，现实德育居于支配地位，起着决定作用，信息化时代新媒体社会在虚拟的实践条件和环境中形成的判断和观念，必须回到现实社会实践中去考察和检验。

信息化时代新媒体德育是现实德育的拓展、创新和延伸，促进了德育的现代化。其一，信息化时代新媒体德育对德育的拓展。信息化时代新媒体的开放性拓宽了德育的空间，信息化时代新媒体的互动性增强了德育的针对性，信息化时代新媒体的便捷性增强了德育的时效性，信息化时代新媒体的多样性增强了德育的吸引力，信息化时代新媒体带来的积极因素，促进了教育手段的现代化，更促进了教育观念的现代化。其二，信息化时代新媒体德育是现实德育的创新发展。信息化时代新媒体的虚拟不仅是对现实的虚拟，而且是对可能和不可能的虚拟，信息化时代新媒体不仅帮助别人理解既存的世界，更构造出一个可能的世界。信息化时代新媒体以再现现实、再造情境对现实德育进行创新。信息化时代新媒体突破了德育的时空界限，扩大了大学生的自我教育空间，有利于现实德育的发展。其三，信息化时代新媒体空间的道德关系是现实关系的反映和表现。道德关系作为精神关系，植根于现实社会人的社会关系，主要是物质关系、利益关系之中，信息化时代新媒体空间的道德关系也是现实社会关系间接的、模拟的、曲折的反映和表现。信息化时代新媒体空间的人人虚拟道德关系不是对人及其道德关系的机械的原本模拟反映，而是对其进行再创造，将旧人性赋予新人性，并渴望人性的矛盾和冲突得到解决、调节、缓和。信息化时代新媒体空间的人人虚拟道德关系是现代科学技术发展的产物，其中的人是具有主体性的能动创造者。信息化时代新媒体空间的人人虚拟道德关系既是社会历史条件发展的必然过程，又是道德关系的革命、解放和进步。但是如果信息化时代新媒体的人人关系处理不好，会容易使人养成依赖性，依附于自己的虚拟人格、网络科技而丧失独立性、主体性和创造性，造成新的奴役和封闭，使人成为工具人、经济人而非文化人、社会人。因此，我们应妥善处理虚拟道德关系与现实道德关系，做到两者的协调一致，做到信息化时代新媒体德育和现实德育相互补充。

## 三、建立信息化德育与现实德育相结合的有效模式

在信息化时代创新大学生德育，应以现实德育为基础，以信息化时代新媒体德育为拓展，实现两者在教育目的上的统一、教育内容上的融合、教育手段上的互补。

首先，在信息化时代新媒体飞速发展的时代背景下，强调德育以现实教育为基础，使信息化时代新媒体德育成为现实德育的有益补充。在加强信息化时代新媒体德育的同时，现实德育只能加强，绝不能削弱。由于信息化时代新媒体对高校和社会的影响和渗透，其潜在的建设和破坏能量伴随着不断创新的技术逐渐释放和显现，与大学生的价值观形成越来越显著的互动和冲突。因此，在加强信息化时代新媒体德育的同时，现实德育只能加强，并且要注重信息化时代新媒体德育与现实德育的统一、融合与互补。信息化时代新媒体极大影响了大学生的学习和生活方式，但是信息化时代新媒体取代不了学校、家庭、社会的教育功能，特别是大学德育的教育方式离不开言传身教、耳濡目染、激励、群体活动等，信息化时代新媒体德育可以成为现实德育的有效补充。德育工作者在鼓励大学生通过

信息化时代新媒体获取信息的同时，要引导大学生立足现实世界，正确理解信息化时代新媒体世界，使信息化时代新媒体空间丰富的信息成为培养大学生全面素质和良好道德品质的有效补充。就思想理论课的教学而言，我们要努力实现高校思想理论课教学的现代化、多媒体化。同时，高校德育应从“灌输信息”为主转变为“引导选择”和“灌输信息”并重，把信息化时代新媒体法制教育和信息化时代新媒体德育、媒介素养教育作为德育的新内容，引导学生分析信息的价值，有效地利用信息，在道德判断的基础上进行道德选择，提高道德素质。

其次，实现信息化时代新媒体德育与现实德育教育目标的统一、教育内容的融合、教育方法的互补。其一，在教育目标上，信息化时代新媒体德育与现实德育是一致的。其最终目标都是培养社会主义合格建设者和接班人，其基本目标都是将社会主义核心价值观内化为学生的道德观念，外化为自觉自愿的道德行为。但二者的侧重点、教育方法和手段有所不同。现实德育侧重于培养学生的理想人格，信息化时代新媒体德育不仅仅要求学生接受道德规范，形成信息化时代新媒体空间的理想人格，而且注重为受教育者提供帮助和指导，培养学生的道德主体性。信息化时代新媒体德育目标内容建设应包括运用信息化时代新媒体技术实现现实德育目标，适应和驾驭信息化时代新媒体社会的价值目标的构建。这一目标的建设重点之一是把媒介素养教育融进德育系统之中，其中媒介道德、媒介法规意识和媒介能力教育是媒介素养教育的重点。其二，在教育内容上，信息化时代新媒体德育与现实德育应实现融合。现实德育与信息化时代新媒体德育都应以社会主义核心价值体系教育为主导和主要内容，同时应加强伦理意识和道德责任感教育、网络道德规范教育、网络法制教育、网络安全教育、网络生态文明教育、媒介素养教育。信息化时代高校德育的着力点应定位于通过加强教育提高大学生信息化时代新媒体道德意识，使大学生认识信息化时代新媒体道德及其特点，自觉遵守信息化时代新媒体道德；教会学生选择，提高大学生的道德判断力；倡导“慎独”，增强道德自律能力；培养网德，形成大学生良好的网上行为习惯；培育大学生健全的网络人格，提高大学生的媒介素养。根据教育内容的不同，确定在信息化时代新媒体德育和现实德育中不同的教育方式，对于适宜讨论、互动的话题，可以放在信息化时代新媒体德育中进行，发挥信息化时代新媒体及时、互动的优势。其三，在教育方法上，信息化时代新媒体德育和现实德育可以互补。现实德育多运用传统的教育方法，如灌输法、情理交融法、说服教育法、互动讨论法等，实践证明这些都是非常有效的方法。信息化时代新媒体德育方法是教育者根据国家的德育目标，结合信息化时代新媒体传播特点和规律，有目的、有计划地对受教育者施加思想道德方面影响的过程，是实现信息化时代新媒体德育目的的必要条件，是传统德育方法的一种全新拓展和延伸。

而一些基本的方法，如理论教育法、自我教育法、社会实践法等，是现实德育与信息化时代新媒体德育共用的方法。而且许多教育方法在信息化时代得到了创新，如传统的说服教育法向信息化时代新媒体的情景陶冶法递进。信息化时代新媒体德育除了具备传统德育方法的特点之外，还具备信息化时代新媒体自身的特点，注重针对性，突出隐蔽性。而理论教育法、情理渗透法、典型教育法、隐性教育法、自我教育法在信息化时代新媒体的环境下都得到了很好的继承和发展。总之，根据不同的教育内容选择相应的教育手段和方法，通过现实德育方法与信息化时代新媒体德育方法的有机结合，可以更好地提高德育效果。

再次，实现信息化时代新媒体德育对现实德育资源的整合。虽然信息化时代新媒体德育具有一些新特点，但它所遇到的问题往往是德育学的老问题，有很多在现实中早已存在，只是网络的虚拟性和非实体性加大了其后果的影响力。信息化时代新媒体德育可以借助传统德育的理论和原则，对我国来说，在坚持社会主义核心价值观的前提下，中国传统道德规范、西方道德的有益因素等应当成为信息化时代新媒体道德整合的资源。中国传统道德文化的主流思想——儒家伦理是中华民族的精神传统最深层的东西，信息化时代新媒体不能脱离本民族深厚的文化背景，应以科学务实的态度对传统伦理道德思想进行价值选择，根据时代的发展，按照取其精华去其糟粕的原则，将其中积极的成分进行新的转化，使之适合信息化时代的社会发展现实，并对社会发展起到一定的推动作用。

最后，重新审视虚拟与现实的关系，建立虚拟世界的实践干预策略。在德育环境的建设中，我们要把虚拟社区的管理与现实社区的管理结合起来，把信息化时代新媒体内部德育资源的开发与信息化时代新媒体外部社会实践的支持系统建设结合起来，使社会实践活动成为信息化时代新媒体德育的重要途径。参与信息化时代新媒体之外的社会实践活动，可以培养学生接触社会、了解社会的兴趣，可以使学生获得最直接的社会实践经验，有助于学生形成正确的道德判断力，并且通过信息化时代新媒体体验与现实生活的对照，可以使学生更清醒、更理智地看待虚拟世界里的活动。

## 第二节　建立信息化时代多维度的立体德育模式

创新德育模式使学校、社会、家庭参与到大学生德育中，发挥教育的合力作用，已经是学者和教育工作者普遍认可的问题，而在信息化时代如何发挥教育的合力作用，却是一个摆在学者和德育工作者面前的难题。信息化时代新媒体传播创造了虚拟与现实共存的德育环境，拓展了德育的主体、客体、介体，为发挥教育的合力作用创造了条件。因此，我们应根据信息化时代新媒体的特点，建立信息化时代学校、社会、家庭、学生相结合的立体教育模式，充分发挥德育的合力作用，提升德育的效果。

## 一、教育合力与综合教育论

所谓教育合力，就是在一定的时间内和一定的条件下，实施综合教育所产生的综合作用。这种综合作用，并不是综合教育中各个单项教育作用的加和，而是比单项教育作用大得多的新的教育力量。

陈秉公教授提出了“综合教育论”，他认为，思想教育过程的结构是“三体”（即教育者、受教育者和教育环境）、“一要素”（媒介—教育目的、教育内容、教育手段、教育活动）组成的。他强调在充分调动和发挥“三体”“一要素”的综合作用上下功夫。

笔者认为，“综合教育论”是对如何发挥教育合力的进一步阐释，更具有参考和借鉴价值。德育的综合结构是指德育是由特定的体系和要素所组成的，具有特定结构和运行机制，并能发挥最大教育功能的综合教育体系。它不是指各种教育体和要素的随意加和，更不是指各种教育活动的外在的机械拼凑和叠加，它是一种具有内在特定结构和运行机制的有机系统，具有独特性。德育的综合结构表现出两大特性：其一，空间结构的协调性，即德育的体和要素结构合理、运行协调，能够围绕实现教育目标和谐运转，发挥出最大的功效；其二，时间结构的有序性，即各项教育活动按照一定的方向和计划，分阶段地、连续地指向教育目标。

## 二、德育主体的内涵

德育主体是指在德育过程中的主动行为者，是具有主动教育功能的组织或个人。在德育过程中，教育者和受教育者都是主动行为者，都具有主动教育功能，因而都是德育过程的主体。受教育者在接受教育过程中，也具有主动教育功能，因而既是教育的客体，又是教育的主体。从狭义的角度说，德育的主体——教育者包含两个方面：一是进行德育的机构，二是从事德育的人员。从广义的角度说，在德育过程中，教育者（主体）既可以是单个的人，也可以是由多个个人组成的全体（多个教育者、教育者的组合或单位）。因此，从广义的角度说，学校、社会、家庭、学生都是教育主体。

德育主体——教育者（主要指社会和学校中的德育机构和从事德育的人员）在整个

德育过程中，负责搜集信息、决策、实施、反馈和调节等各个环节，引导和控制全过程，教育者在德育结构中居主导地位，起决定作用。教育者具有教育功能、管理功能、协调功能、研究功能。

家庭作为教育主体主要通过潜移默化的影响来教育和引导学生，学生自身通过发挥自我教育的主体能动性来发挥作用。

## 三、学校、社会、家庭共同创设了教育环境

环境是人格形成的必要条件，人的思想意识是人对环境的反映，人的品德和心理是环境熏陶的结果。德育环境是指德育所面临的环绕在教育对象周围并对其产生影响的客观现实，社会环境、单位环境（学校环境或工作环境）、家庭环境和社交环境相互联结、相互制约，共同组成了德育的环境系统。德育环境系统具有广泛性、直观性、动态性、渗透性、特定性、部分可创性等特征。环境对人施以各种环绕力。这种力的作用能使人习染成一种符合环境的特性，并被环境同化，形成人格。环境的环绕力具体表现为三种力量：推动力、感染力和约束力。

社会环境主要包括社会、社会文化、社会风气等。社会由经济基础和上层建筑构成，具有整合功能、传讯功能、继往开来的功能和导向的功能。社会文化是人类在社会发展过程中所创造的物质财富和精神财富的总和。社会风气就是社会风尚和习气，以强大的社会舆论和社会习惯势力的形式制约着人们的言论和行动，对人的思想和行为具有潜移默化的影响；学校在引导学生尊重既有的社会秩序，传播统治阶级的价值观念，培养情感和传授知识技能方面，具有特殊的重要作用。学校环境主要包含校风、学风和师德等几个方面；家庭环境主要包括家风、家庭关系、家庭的文化素质；社交环境仅指由情况相近的经常交往的朋友组成的社交环境，即同辈群体的“朋友圈”。同辈群体的“朋友圈”对人的思想品德和心理形成影响巨大，在“朋友圈”中，人们的社会地位、兴趣爱好、文化水准相仿，易于产生“平行影响”。

## 四、信息化时代德育环境、主体、客体和介体的变化

信息化时代新媒体传播因其与传统媒体不同的特点，对德育环境、主体、客体和介体都产生了较大的影响，其中有些影响具有划时代的意义。

第一，信息化时代新媒体在很大程度上影响了德育环境。20世纪90年代以来，信息化时代新媒体以多媒体的特征、交互性的功能，融合各种媒介于一身，成为人们了解外部

世界的新媒介工具，也成为德育所处媒介环境的一部分。以作用的空间大小为标准，可以把学校德育的外部环境分为四个部分：宏观系统—社会经济、政治、文化和社会心理；中观系统—社区；微观系统—家庭；中介系统—大众传媒。当前，信息化时代新媒体已深入社会生活的每一个角落，信息化时代新媒体对德育环境的影响是客观存在的不容置疑的事实。从宏观讲，信息化时代新媒体影响了社会经济、政治、文化和社会心理，使开放、自由、平等、独立成为信息化时代新媒体时代社会环境的主要特征；从中观讲，信息化时代新媒体创造了比现实社区更加广泛的虚拟社区，使虚拟社区与现实社区共同成为人们的生活和精神家园；从微观系统讲，信息化时代新媒体影响了家庭，使得人们的家庭观念、家庭意识及家庭成员的交流方式发生了变化；从中介系统讲，信息化时代新媒体对传统媒体产生了具有实质意义的划时代的影响，使得大众传媒成为广大民众可以自由参与的公共的平台，也使得舆论环境更为复杂。同时信息化时代新媒体传播使得传授双方在一定程度上成为一体，也改变了传统德育的教育者与受教育者的关系，为德育创新创造了条件；随着信息化时代新媒体的发展，信息化时代新媒体环境不仅成为影响大学生思想观念、价值取向、思维方式、行为模式、个性心理的重要因素，而且成为影响高校德育发展的重要方面。信息化时代新媒体创设了多元的文化环境、潜隐的政治环境、非控的舆论环境、缺乏理性的环境、困惑重重的伦理环境。信息化时代新媒体环境对目前学校德育理念和德育模式的冲击，校园网建设在学校德育应对信息化时代新媒体环境冲击中的作用，信息化时代的教师教育能力等都是值得关注的问题。

第二，信息化时代新媒体对大学生产生了较大影响。信息化时代新媒体的技术特点，使其从一开始就具有自由、共享、民主、开放、平民化、世界性和多样性的“互联网精神”。信息化时代新媒体环境除了带来一系列社会问题，凸显了目前德育的弊病之外，这种网络精神为传统德育带来更深层次的挑战，这种精神塑造了新型的信息化时代新媒体主体。信息化时代新媒体创造了网络文化，对大学生产生了深刻影响。信息化时代新媒体将培养大学生在讨论中的平等价值观，由此培养出“平等文化”，网络文化是注重创造的“创新文化”，是一种“权力分散文化”。信息化时代新媒体扩大了青少年的交往范围，打破了空间距离造成的地域集群观念，注重网络社区，创造出超地域的“虚拟社区文化”，具有交互性和协同性。信息化时代的青少年是更加自主、自由的一代，是首次掌握教育主动权的一代，是信息化时代新媒体道德和网络文化的重要建设者。信息化时代新媒体在给人们带来便利的同时，也带来了不可避免的负面影响。信息化时代新媒体对大学生人生观、价值观和世界观的潜在威胁，对大学生道德意识的弱化，对大学生社会化进程的阻碍，导致交往的符号化及由此引起的社会适应不良等，给德育提出了新的课题。

第三，信息化时代新媒体正在改变教师与学生的关系。作为文化现象，信息化时代新媒体具有虚拟性和真实性并存的特征，信息化时代新媒体的这些特征吸引了越来越多的大学生，形成“信息化时代新媒体—学生”这种新的信息机制，同时弱化了传统的“教师—学生”信息机制。在信息化时代新媒体发展的初期阶段，形成的“信息化时代新媒体—学生”是一种缺乏教师参与的信息机制，大学生信息摄取较个体化、隐蔽化，接受信息的自主性越来越强，在信息的理解上变得多角度化，不再按照教育者制定的目标去理解信息，而是将信息进行分析归纳，得出自己的认识，化为自己的思想进而指导自己的行动。这种机制显然具有促进学生自我教育的优点，同时又有很大的随意性与盲目性，并不是完全意义上的德育信息机制，因为它缺少教育的主体。随着信息化时代新媒体的迅速发展，必然要建立一种教师参与下的“教师—信息化时代新媒体—学生”信息机制，与传统的“教师—学生”机制实现互通、结合使用的交互模式。

第四，信息化时代新媒体对家庭教育提出了新的要求。家庭教育一直是人们非常重视的课题，面对信息化时代新媒体时代的新的社会环境，作为社会细胞的家庭也面临新的挑战和机遇。信息化时代新媒体上大量不健康内容的存在冲淡了部分大学生的民族观念和爱国情感，西化倾向日趋显现，道德多元化日益明显，这些对家庭教育提出了新的挑战。家庭对大学生运用信息化时代新媒体的影响，最直接地表现在大学生除了在学校外能否在家里获得网络资源。这将影响到学生上网地点的选择以及上网时间的长短，家庭因素又会影响到大学生接受网络的深浅和在网上的活动，进而对其接受网络道德影响的程度和方式产生影响。目前我国东部地区、中部地区及西部地区学生家里的联网率差异巨大，这将对学生接触和运用信息化时代新媒体带来一定影响，会造成不同地区的学生在接受信息化时代新媒体价值影响的程度、途径、类型等方面的差异。父母的文化程度越高、能运用信息化时代新媒体与学生交流，则会对学生给予积极的指导，对学生的思想品德形成产生积极的影响。

第五，信息化时代新媒体使社会德育愈加重要。信息化时代，社会德育成为人们关注的焦点，被寄予了来自社会各个方面的厚望。信息化时代社会道德问题的出现本质上是虚拟世界道德问题的现实转化，信息化时代的社会道德问题根源和具体表现相对复杂，既有学校德育的社会延伸部分，也包括具体信息化时代新媒体社会环境和社会因素直接促成的问题。主要表现有以下几点：一是社会范围内的道德水平下降和道德信仰的危机。二是信息化时代新媒体空间不良信息泛滥，污染了社会风气，毒害了大学生的心灵。三是信息化时代新媒体活动导致了学生道德人格的异化。四是信息化时代新媒体管理和监督的乏力，导致了严重的网络犯罪和网络过错行为。信息化时代社会道德问题的激增，对当今社会德育提出了严峻挑战。一贯以传统理念和既定模式运作的社会德育，面对突然变化了的德育环境时常处于两难的境地，表现为：信息化时代社会道德规范与传统道德规范之间的矛盾，政府对信息化时代新媒体的法律监控与信息化时代新媒体开放、自由特性之间的矛盾，信息化时代新媒体的价值多元化与中国传统道德文化之间的矛盾，个体道德自主选择意识与选择能力之间的矛盾。信息化时代，社会德育存在如下问题：教育观念陈旧，教育方法和教育内容的呈现形式落后；信息化时代新媒体社会管理的方法滞后，政府管理乏力，缺少权威性和威慑力；社会各个层面的教育力量整合不够，未能建立一个家庭、学校、社区等多种教育力量协同作用的立体化社会教育体系；德育的实施者“信息化时代新媒体素质”低下，影响了社会德育的具体实施；社区的信息化时代新媒体德育几乎是空白，缺少信息化时代新媒体德育的社会支持系统。

第六，信息化时代新媒体拓展了教育介体。体现在以下几方面：信息化时代新媒体极大地丰富了德育资源和内容，教育者可以借助信息化时代新媒体及时获取丰富的德育资源。信息化时代新媒体促进了德育手段和模式的现代化，拓展了德育信息的获取渠道，优化了德育信息的传播方式，提高了德育信息的传播效率。

## 五、创建信息化时代学校、社会、家庭、学生相结合的立体德育模式

信息化时代新媒体环境带给德育的挑战之一就是教育影响的多极化和由此产生的教育环境的泛化。信息化时代新媒体的自由与开放性打破了以往家庭、学校、社会教育之间的界限，使各种教育形式在功能、性质和影响效果与影响机制上变得更加模糊。信息化时代，迫切需要整合社会各方面的教育力量，构建一个立体化协同作用的教育体系，形成信息化时代的德育合力。

第一，充分发挥学校德育的主渠道作用，主动适应信息化时代新媒体环境的挑战。其一，信息化时代大学生德育的重新定位。我国德育实效较低，主要原因有以下几个方面：重教轻育，重认知轻践行；德育目标的顺序倒错，造成道德主体对高层次的道德未必接受，低层次的社会公德和文明行为也没有养成；重视集体活动，轻视个人修养，个体缺乏内在的道德自律和自觉，其根本原因在于忽略了学生的道德主体性。而在信息化时代新媒体空间中，学生基本上处于道德任意状态，他们的自主判断、选择、自主行为表现充分，

更显示出其道德主体地位。学校德育应顺应信息化时代新媒体的传播特点，遵循尊重、信任的原则探索德育的新方法，以社会主义核心价值体系为指导，注重培养学生正确的价值观、道德判断力及道德自制力，培养具有自主、理性、自律的道德判断和道德实践的个体，促进学生形成完善的、健康强大的人格。其二，学校德育内容的优化。信息化时代新媒体既是德育的手段，又是德育的内容。学校德育应从德育目标出发继续优化德育内容。在原有内容的基础上突出价值观教育，使学生树立社会主义核心价值观，使学生能够“辨别真伪、追求真理、慎于判断”。增强道德意志力的锻炼和道德选择教育，使学生的道德认知与道德实践相统一。增强关于信息化时代新媒体的信息素养教育，尤其是信息化时代新媒体德育，让学生掌握信息化时代新媒体道德行为规范，强化其信息化时代新媒体道德意识和责任感。其三，运用信息化时代新媒体优化教育方式。根据本人对驻济高校大学生所做的调查显示，有44.8%的学生选择通过网络等信息化时代新媒体对外通信、联络，与人交流。信息化时代新媒体是大学生较乐于接受的沟通和交流工具。学校德育工作者可以运用博客、微博、论坛、在线交流、QQ聊天等方式与学生交流，可以通过建立德育网站、德育博客等方式对学生进行潜移默化的教育。其四，运用信息化时代新媒体开发新的学校德育资源和渠道。信息化时代新媒体拓宽了学校德育的渠道，提供了丰富的德育信息资源。运用信息化时代新媒体进行德育，可以达到德育内容表现形式的优化和德育时空的拓展，可以充分运用多媒体、超媒体技术，使德育内容动态化、形象化；通过信息化时代新媒体的信息传递方式，可以将德育延伸至学生的日常生活，突破时间的限制；运用信息化时代新媒体，可以把学校的德育空间与信息化时代新媒体博客空间、虚拟社区等开放式的德育空间整合，使德育冲破空间的限制，还可以实现学校、社会、家庭、学生之间的良性互动。

第二，充分发挥信息化时代社会德育的作用。信息化时代新媒体环境的特殊性增加了新形势下社会德育实践探索的难度，新形势下的社会德育必须在实践层面进行革命性转变，以应对信息化时代新媒体的挑战。其一，完善信息化时代新媒体的立法机制，强化政府的管理职能。在信息化时代新媒体的社会管理中，立法机制和政府部门管理是其中最重要的方面。在信息化时代新媒体环境的建设中，除了加快信息化时代新媒体立法进程，完善各种政府管理职能外，我们还必须结合信息化时代新媒体环境变化的新特点，着重解决法律具体执行过程中的可操作性和政府监督管理的针对性问题，突出体制与具体化方面的创新。笔者认为政府应加大以下几方面的工作力度。

加强对虚拟社区的管理，尤其是BBS和网上论坛的管理，加强各论坛和主题聊天室的管理；加大对大的门户网站的监督和管理力度；注重管理中技术手段的使用。在信息化时代新媒体环境中，以往行政命令的管理较难奏效，必须以高科技手段应对各种运用信息化时代新媒体技术进行的违规经营，如程序监管技术、设置信息化时代新媒体审计标准、预设防范“滤网”、埋设跟踪程序等，通过技术控制使信息化时代新媒体控制具有实用性和可操作性。其二，建立信息化时代新媒体德育的社会支持与辅助系统。信息化时代的德育除了正规的社会教育机构参与之外，还必须有社区和公共服务机构的协作与支持。作为一个社会分支单位，社区特指一定地域范围内的具有归属感的人群及社会性活动和现象的总称。随着城市化进程的加快，社区的影响在逐步加大，社区正成为大学生接触社会、参加社会实践的重要途径，大学校园也逐步成为相对独立的社区。大学生参加社区的义务服务和公益劳动，有助于大学生养成服务社会、关爱他人的优秀品质，抵消因虚拟交往而带来的道德人格和社会情感方面的消极影响。社会支持和辅助系统是面向社会的信息咨询机构和心理危机的求助体系。社区应加大对学生因迷恋网络等信息化时代新媒体而带来的角色混乱、人际疏离、道德情感冷漠、网络依赖等心理问题的救助力度。其三，注重社会人文精神的重建，加大人文教育的力度。信息化时代，社会道德规范体系的脆弱表现反映出的是一定程度上文化的缺失。长期以来，工具主义和科学至上主义的大行其道，严重削弱了人文科学在构建整个社会价值体系中的作用。人文精神和人文科学的缺失必然导致社会道德价值取向的失落和人生境界的低俗与信仰的功利。因此，信息化时代的德育观念必须重新唤起社会范围内对人文科学的关注，加大人文科学在德育内容中的比例，提高大学生的人文科学水平。

第三，充分发挥信息化时代家庭教育的作用。信息化时代新媒体的发展为发挥家庭在德育中的作用创造了条件，但家庭却往往是信息化时代新媒体运用管理比较薄弱的地方。一些父母由于这方面知识的欠缺，无法对学生进行必要的指导，也不能与学生通过信息化时代新媒体进行交流，这使得学生与家长在信息化时代新媒体交流方面存在障碍。要提高家庭运用信息化时代新媒体对学生进行教育的实效，协调家庭、学校和社会的教育力量，必须加强家长信息化时代新媒体知识的普及。因此，我们可以酌情对家长进行一些信息化时代新媒体知识方面的指导，提高家长的知识和意识，运用信息化时代新媒体平台建立家长与学校定期沟通交流的机制。比如建立家长电子信箱或留言板，使学校教育与家庭教育有机结合起来。

第四，充分发挥信息化时代学生自我教育的主体作用。德育实效性较低的根本原因在于忽略了学生的道德主体性。而在信息化时代新媒体环境中，在没有道德人格的信息化时代新媒体面前，学生基本上处于道德任意状态，这更加显示出学生的道德主体地位。因此，在信息化时代，我们应结合信息化时代新媒体开放、互动、虚拟隐蔽的特点，注重发挥学生在德育中的主体作用。在信息化时代新媒体环境中，学生的主体性特征表现为选择自主性、参与主动性、自发创造性、目标自控性。在信息化时代新媒体德育中，学生无论作为信息化时代新媒体的主体，还是作为德育过程中“主体化”的客体，都表现出鲜明的主体性。发挥好、引导好学生的主体性是信息化时代新媒体德育取得成效的关键。笔者认为我们应从以下几方面着手：其一，转变观念，尊重学生的主体地位。德国教育之父洪堡认为，教育必须培养人的自我决定能力，去唤醒学生的力量，以便能使他们在目前无法预料的种种未来局势中自我做出有意义的选择。学生作为信息化时代新媒体主体，其自我特征就是通过独立性、主动性、自尊性表现出来的，这就要求教育者摒弃传统的以教育者为主，受教育者被动、服从的教育观，形成教育者与受教育者相互平等、自由的关系，建立互动、平等的师生关系。以往师生关系有两个基本特点，一是教师—学生的单向关系，二是师生关系的居高临下特性。在这样的师生关系中，教育带有一定的强迫性。我们应充分运用信息化时代新媒体交互性、主体平等性的特征，加强师生的互动交流，建立双向和多向的师生交流关系，把以往被动的道德灌输变为学生主动的道德学习，提高德育的实效性。其二，增强学生的主体意识。自我意识是对自我存在的认识，是对自我的认识活动和实践活动的认识和评估。强化学生的自我意识是运用信息化时代新媒体育人的前提，学生自我意识的强弱一定程度上决定了在信息化时代新媒体中自知、自控、自主的程度，决定着其主体性的发展水平。信息化时代新媒体德育应定位于唤起和提高学生自我意识的教育，即增强学生自我教育的意识。我们在信息化时代新媒体德育中要使学生认识到他们有权利、有义务进行自我教育，引导他们勇于承担责任，正确认识个人与社会、个体与群体、自身与他人之间的对待关系和结构关系，使他们肯定他人的主体性，使自身主体性的发挥始终有利于增强集体的主体性，始终有利于推动社会的发展。其三，塑造学生的主体人格。主体人格是人作为主体所具有的思想品德、心理素质和行为特征的综合。信息化时代新媒体活动中，人格的稳定需要主体内在的自觉、自控，由此决定了德育必须重视培养以自律力为核心的信息化时代新媒体道德，引导学生遵守信息化时代新媒体行为准则，引导学生遵守信息化时代新媒体道德规范，引导学生在信息化时代新媒体与现实的结合中提高自律性。其四是在德育过程中充分发挥学生的主动性和创造性，增进平等互动教育。师生关系的革新、教育过程的生动使学生能够轻松地学习，有利于激发学生的主动性和创造性。在信息化时代新媒体环境中，学生可以随意发表自己的意见，甚至可以以自己为中心选择与人交流，无形中得到了极大的尊重与重视。因此，我们应充分运用信息化时代新媒体的特点，在教育过程中充分尊重学生的主体性，使学生成为道德学习和道德选择的主人。

第五，加强信息化时代新媒体资源建设，为形成学校、社会、家庭、学生四位一体的立体德育体系搭建平台。虽然建立学校、家庭、社会德育相结合的大德育体系概念早已为人熟知，但实践中学校仍然是德育的主要承担者，而信息化时代新媒体为构建学校、社会、家庭、学生共同参与的立体德育体系创造了条件，学校应顺应形势，运用信息化时代新媒体的特点，主动建设信息化时代新媒体德育平台，构建学校、社会、家庭、学生四位一体的立体德育体系。学校应担负起德育主要力量的重任，在信息化时代新媒体德育资源建设中发挥主导作用，学校可以和有关教育部门联系起来，建设类似的德育资源网站，以学校为中心向周围辐射，形成学校德育、社会德育、家庭德育、学生自我教育相结合的大德育体系。

# 第五章　信息化时代大学生德育内容的创新

新媒体对大学生德育变革提出了新要求，我们应根据新媒体带来的新变化，在坚持社会主义核心价值观的基础上，实现德育内容的现代化。我们应将社会主义核心价值观内化为学生自身追求的价值观和内在的行为准则，并根据新媒体对公民伦理道德的推进，注重大学生的公民德育，针对信息化时代的多元价值观对学生的道德选择能力提出更高要求的实际情况，注重培养和提高大学生的道德选择能力。

## 第一节　信息化时代培养大学生德性与德行的统一

由于信息化时代价值观的多元化对大学生道德意识和道德行为产生了较大冲击，因此，我们应加强大学生社会主义核心价值观教育，使之内化为学生自觉的价值追求，并外化为学生的道德行为，实现大学生高尚德性与德行的统一。

### 一、德性与德行的概念及其关系

德性是道德的本质规定，是道德的灵魂。德性概念可以从文化人类学、人学、伦理学角度来理解。德性概念的文化人类学内涵即内在化。在词源学意义上，“德性”有两个意思：一是使客观的、外在的东西主观化或内在化，二是优秀或卓越。在中国先秦时期，“德”具有“内得于己，外得于人”的含义，“性”指万事万物的性质和特点。在西方文化中，亚里士多德认为德性泛指使事物成为完美事物的特性或规定，到了近代，德性概念指一种人在获得尘世的成功方面的功用性品质，或者指一种履行道德原则和规范的个人秉性和品质；德性概念的人学内涵即人性之“善”。中国传统思想认为德性是指人的品质、品性，指人的自然至诚之性。在西方文化中，德性是人的一种内在的、稳定的“善”品质；德性概念的伦理学内涵即从品德到美德。从伦理学意义上看，德性是指个体所具有的理解、内化与践履伦理原则和道德规范的秉性、气质和能力。对德的规定有质的区分，品德意指众多种类、不同等级的德性。美德是得到比较普遍的尊崇、在一定意义上具有普遍和永恒价值的那些品德，是最高的德性境界。

马克思主义认为，人的本质属性是其所拥有的社会关系的总和。德性有赖于后天的修养，是知、情、意、行相互作用的过程，其基础是社会实践。德性具有以下特征：它是规范的内化和积淀，道德主体的主观与客观的统一，自主性、自律性与他律性的统一，是自觉不自觉塑造道德人格的过程，是一种目的和归宿。德性具有内在价值和外在价值。德性作为人格主体自身的价值，决定了德性是生命价值之源，这是德性内在价值的根本所在。就德性的外在价值而言，德性的实现根本上不是孤立的个人活动，而必及于家国天下。德性蕴含了构成一个社会所必应当有的基本规则，德性的社会价值不专属于某个具体的生活领域，而渗透于人类的一切活动领域。

德行即道德行为，是一种复杂的行为。从伦理学上讲，人的行为只是指自觉的、有目的的行为。道德行为不同于一般行为的规定就在于它是自觉的、出于道德准则的，并且是与他人的意志具有本质联系的行为。其一，就德行的特征而言，道德行为是基于自觉意识而做出的行为，是自愿、自择的行为，它不是孤立的个人意志的表现，而是与他人意志有着本质联系的行为。其二，就德行的机制而言，道德行为是有意识、有目的的行为。就行为本身来说，道德行为是由道德意识支配的行为，是道德意识内容的外化、客观化的过程。道德行为具有两个方面：行为的道德意识和行为活动本身。道德意识是道德行为的主导方面，在这里就是道德行为的内在方面，构成道德行为的内在机制和动因。道德意识作为主体化的意识，表现着主体自身的欲望、动机、情感、意志、信念、理想等因素的作用和相互关系。所有这些因素的作用和相互关系，就构成行为主体的价值意识。其三，就德行的过程而言，道德行为是一个复杂的过程，它是主体与客体、主观与客观、内面与外面的统一。这一过程包含着一系列相互联系的环节，其中最基本的环节就是动机与效果、目的与手段、理智与情欲、选择与责任、自由与必然。道德行为就是这些环节的运动、整合的过程。人的道德行为是自觉选择的行为，行为选择不但要受到行为主体的主观方面的限制，而且要受到来自客体的限制。人有选择自己行为的相对自由，同时也要对自己的行为选择承担道德责任，不仅要对自己的内心希求负责，而且要对外部行为结果负责。要做出正确的、恰当的行为选择，不仅要按照正确的选择标准，采取对行为负责的严肃态度，而且要正确处理选择过程中的各种关系，即正确处理动机与效果、目的与手段、理智与情感、选择与责任、自由与必然的关系。主体的道德行为能力主要是行为选择的能力，而行为选择的能力就在于正确认识和处理这些关系。

德性与德行是紧密联系的。在人们的道德生活中，一定的德行总是以一定的德性为基础的，而人们的德性又总是由一系列的德行铸成的，德性与德行存在着统一与不统一的复杂关系。其一，德性是自觉、自主的行为过程。人的德性是一种道德生活习惯或习性，更是一种凭借意志选择而获得的行为习惯。其二，德性是在行为整体中表现出来的稳定特征和倾向。道德行为整体包含两方面含义：一是指构成个别道德行为的主观方面和客观方面的统一，二是指一个人的一系列的道德行为的综合。人的德性不但体现在他的某个持续进行的行为中，更充分体现在他的一系列行为所构成的行为整体中。维系人的德性之质需要道德实践来检验。道德实践是德性外化为德行的“行善过程”，只有内在的德性外化为实在的良好的德行，才会对现实生活具有积极影响。其三，德性与德行存在着统一与不统一的复杂关系。德行之优良选择不仅仅完全取决于德性结构上的“我应当”之自律保证，因为道德行为的发生决定于特定的道德情境，决定于社会伦理秩序给予支持的程度，决定于个人对当时道德情境的利害考量等因素。德行可以是情境性的，也可以是倾向性的，因而这使得德性与德行的不一致在主体的权衡中变得复杂起来。德性与德行的复杂实践关系表现为四对具体德性与德行的统一关系：高尚德性与高尚德行之间的协调统一；卑劣德性与卑下德行之间的协调统一；高尚的德性可能表现出卑下的德行；卑劣德性可能呈现出高尚德行。

德性与德行的统一与否，一定程度上决定着德育是否取得了最终的效果，一个人只有具备了高尚的德性，并达到了德性与德行的统一，才具备了高尚的道德品质。要实现德性与德行的统一，须从两个方面做起。首先，化内在德性为外在德行。任何知与行的统一均表明德行受到以下两个因素的直接影响：一是德行产生的外在不稳定情境因素，二是德性内在的相对稳定的结构因素。情境因素在很大程度上会影响一个主体的德性之稳定。德性对德行的担保要取得实效，关键在于对社会主流意识提倡的道德行为付出代价应给予补偿，进而形成支持高尚德行的社会伦理氛围和社会伦理秩序保证。其次，由德性而德行的中间环节——常德的培养。在社会伦理的建构中，无论是东方还是西方的学者，都不同程度地忽视了由德性而德行的中间环节——常德的培养。常德源于德性，在人性规定性上是无数个体之性趋于完善的集合体，无限接近于天地之性，却远远高于个体人的初端德性，它已具有一定社会集体性的遵循原则和规范要求。德行是在常德指引下的实际行动，体现着人们做事的自觉性、规律性和目的性。德性、德行、常德三者的关系表现为：一方面，德行是常德的真实反映，是德性的社会性活动；另一方面，常德是德行的前提，德行是常德的显现，二者保持高度的一致性，而且，由常德见诸德行，需要实践活动。在人类社会伦理建构中，从德性、常德到德行是一个连贯的进展过程，常德的培植至关重要，起到承前启后的作用。

## 二、使社会主义核心价值观成为信息化时代大学生的德性目标

在马克思主义看来，德性建构的基础是社会发展的客观需要。某种道德品质要成为全社会崇尚的德性，必须满足以下条件：首先，该品质与现实生活的整体性、同一性、普遍性相关联，因而能够增进社会的和谐与稳定，有可能被全体公民认可；其次，该品质有助于社会的发展，因而具有不容争议的合理性。

从伦理学意义上讲，社会德性建构的目标指代表社会成员的道德理想，具有普遍和永恒价值的那些品德。在信息化时代，东西方文化的聚集，价值观多元化趋势的显现，新媒体开放、平等、包容的环境，较宽松的规范和制度，为大学生自由选择价值观和道德文化提供了较大的空间，但也带来了易被西化、价值观混乱等问题。因此，我们更应提倡社会成员普遍遵守的德性目标，而在当前我国政治、经济社会现实状况下，社会主义核心价值观应成为我国社会成员普遍遵守的德性，更应该成为大学生自觉追求的德性目标。社会主义核心价值观是社会主义核心价值体系的重要组成部分，具备成为社会德性的条件。其一，社会主义核心价值观不是某一个阶级或阶层的价值追求，而是全社会的价值追求和应遵守的道德规范，具有普遍适用性；其二，社会主义荣辱观包含着特定的道德规范，也蕴涵着特定的道德德性，“八荣八耻”体现着中华民族的传统美德，是确立价值取向、做出道德选择、判断行为得失、分清是非荣辱、明辨善恶美丑的基本准则。社会主义核心价值观体现了新时代我国社会的道德追求，应成为社会成员普遍遵守的德性。

用社会主义核心价值体系主导新媒体文化。在新媒体传播环境中，东西方文化思潮的交会、碰撞更为直接，传统与现代文化交织，新媒体使用者以更自由、开放的姿态更真实地表达自己的文化和价值取向，新媒体传播环境是一种多元文化交织的、多种思想碰撞的相对复杂的文化环境。新媒体由于传者与受者的广泛性与主动性，传统媒体有效的调控手段，如封锁信息源、控制传播渠道、筛选信息流等手段很难实现。用社会主义核心价值体

系主导新媒体文化是优化新媒体传播环境的需要，也是社会德性建构的需要。我们应创新发展社会主义核心价值体系在新媒体文化中的内容和表现形式，充分把握新媒体传播的特点，将核心价值的内容和表现形式平等化、具体化、形象化，推动我国优秀传统文化的数字化、网络化。运用议程设置、沉默螺旋效应等传播学原理和手段，强化社会主义核心价值体系的主导作用。新媒体传播融大众传播、人际传播、组织传播于一体，有广泛的互动性，而且在时间的快捷、内容的丰富、深度的拓展上比传统媒体有优势。新媒体传播促进了公共领域的形成。理想的公共领域是在国家与社会之间进行调节，从而更好地保障社会整体利益的场所，具备公共性、独立性和自主性等特征。新媒体由于其互动性、平等性、开放性、超越时空性等特征，形成了较理想的公共领域，是一种全民参与、网状辩论、空前多元的公共场所。它拓展了传统公共领域的内涵，关注内容不仅指向社会政治事务，还指向与现实生活相关的事情。根据新媒体形成的公共领域的特点，合理进行网络议程设置，在BBS、网站、博客上通过设置议题、邀请专家做论坛版主等方式，可以加强社会主义核心价值体系的主导作用。

## 三、实现信息化时代大学生德性与德行的统一

加强德育，应提升信息化时代大学生的德性，增加大学生道德实践的机会，并注重大学生的道德自律，促进形成信息化时代大学生德性与德行的统一。

首先，加强德育，提升信息化时代大学生的德性。德育是道德活动的一种重要形式，一种道德能够在何种范围和程度上为人们所接受，很大程度上取决于它的传播程度，取决于德育实施的好坏。我们应根据新媒体环境的变化，加强和改进大学生德育的内容和方式、方法、手段。根据新媒体的特点，在坚持社会主义核心价值体系的主导下，对学生进行社会主义公民德育、媒介素养教育、新媒体德育，提升学生在信息化时代的道德意识和水平。运用立体、多面的德育方法，确立现实德育与虚拟社区的德育相结合的指导理念，使现实德育与新媒体虚拟社区的德育在内容、方法、手段上互补与融合。创新德育的方法和手段，将教育内容数字化、形象化地展现在新媒体空间里，吸引学生参与并在参与中受教育。

其次，增加信息化时代大学生道德实践的机会，为德性与德行的转化与促进创造条件。德育具有强烈的实践性，其中包括德育必须适应当时社会实践的客观状况和客观要求，必须引导受教育者实际地践行道德义务。只有让受教育者多参加实践，在实践中接受锻炼和考验，才能促进其德性与德行的统一，整体提升道德水平。在信息化时代，我们必

须增加大学生在新媒体空间及现实中道德实践的机会，使其受锻炼、提素质。通过建立德育网站、德育博客，开通德育微博、BBS等方式，引导学生通过参与论坛辩论、博客留言、微博交流等方式，参与热点问题、新媒体运用道德等问题的讨论，引导学生在新媒体环境中，在两难的或多难的情景中进行道德选择和道德判断，促进形成正确的世界观、价值观、人生观。鼓励和支持学生参加现实中的实践锻炼，比如以奉献为主题的社区服务、三下乡社会实践、义务进行新媒体知识普及等活动，引导学生在实践中加深道德认知，培养学生在实践中的道德判断和道德选择能力，提升德性修养，促进德性与德行的统一。

最后，注重信息化时代大学生的道德自律。自律是道德发展的最高境界。新媒体使用者的道德自律包括个体自律和业界自律，主要指新媒体使用者自愿认同新媒体规范，以自觉的道德意识对新媒体运用行为进行自我约束和自我完善。加强大学生道德自律是新媒体环境中德性建构和促进德性与德行统一的有效途径，在道德自律、技术支持、法律规制三位一体的网络立体管制体系中，技术与法律只是手段，大学生的道德自律才是根本，其主要内容包括：树立主体意识和规范意识，做到自我约束和自我完善。

# 第二节　信息化时代塑造大学生现代公民人格

公民社会是指一种与私人、独立经济及民主等概念相联系的，不同于国家的社会形态的，一种文明化的、世俗化的社会存在形式，这个社会由具有自由人格的公民构成并具有自治能力。公民德育是指一定国家和社会为了培养具有基本公民道德素质的，国家、社会所需的良好公民，从公民与国家、公民与法律等角度入手，对公民施加系统的、多元的和制度化的德育活动，将一定社会的基本道德原则和规范内化为公民基本道德素质。

## 一、信息化时代大学生公民德育的意义

信息化时代大学生公民德育是中国公民社会发展的需要。全球化、市场经济、以新媒体传播为主导的信息化为中国公民社会的发展创造了条件，推进了中国公民社会的发展进程，也对加强大学生的公民教育、公民德育提出了新的要求。我国传统道德文化是建立在农业社会族缘、地缘基础上的，以人伦秩序为代表的“熟人伦理”，存在着“私德主导、公德不彰”、上下等级差序较明显等问题，与公民社会所需要和提倡的民主、平等、

自由等道德文化存在着较大的差异。随着全球化的推进，市场经济和民主政治的逐步发展完善，公民社会的兴起已经成为一种不可逆转的趋势，而新媒体的飞速发展又成为我国公民社会发展的强大助推力。在西方发达资本主义国家，公民社会的构建已经比较成熟，而在我国却仍是一个薄弱环节。构建现代公民社会，关键是要培养具有现代意识的公民。我们必须着力培养国民的现代公民意识，我国家庭公民教育的淡化，使得大学生公民教育的重要性更加显著。家庭教育是公民教育的第一步。目前在家庭生活中，家长对孩子的教育还停留在传统的德育范畴内，在对孩子的主体意识、国家意识、权利意识、义务意识、法律意识、环保意识等方面的教育上还存在许多盲点。因此我们要着力培养大学生的公民意识，加强大学生的公民教育，尤其是公民德育。新媒体的发展提升了民众的参与意识，使民主、平等的现代伦理道德观念更进一步深入民众和大学生的心里，为培养大学生的公民意识和公民道德创造了条件。因此，信息化时代大学生公民德育是适应中国公民社会发展的需要。

信息化时代大学生公民德育是构建社会主义和谐社会的需要。中国社会是一个熟人社会、关系社会。在一体文化圈内部，群体片状分立，这种文化模式给予个体良好的私德，却导致了公德淡漠。这些一直影响到今天的中国社会，对于我国当前社会主义和谐社会的构建是巨大障碍。新媒体的发展促进了公民对国家公共事务的参与，促进了民主政治，但新媒体自主参与的特征，加之新媒体管理中存在的漏洞，“把关人”在一定程度上的缺位，使得公众舆论导向较难控制，使得一些社会问题被扩大化，为构建和谐社会既带来了机遇也提出了挑战。在信息化时代构建和谐社会更应该加强公民德育。现代社会的构建是基于国民的普遍福利之上的，在本质上是与熟人文化相悖的。公民社会是根植于现代政治理念上的，内在地追求公民个体的平等，以对公民权利的维护和对公民义务的明确规定为特征。现代公民教育的使命是吸引个体构建良好的个体道德，给予个体以平等的视角和民主的行为方式。和谐社会的构建是当前我国的建设目标和努力方向，和谐社会中的道德主要表现为公民道德，我们必须从培养公民道德入手实现和谐社会。信息化时代大学生公民德育对构建社会主义和谐社会的作用与意义主要体现在公民人格的养成、社会私德与公德的和谐接轨、公民道德法治国家构建的基础、社会公共精神的养成等方面。

信息化时代大学生公民德育是大学生自身健康成长的需要。加强大学生公民教育能促进大学生自身健康发展。大学生思想道德的主流是积极向上的，但是部分大学生对公民概念理解模糊，重权利轻义务，法治意识不强。尤其在新媒体环境中，学生的公民责任意识不强，有的大学生甚至见利忘义。笔者以为，公民教育要让“中华人民共和国公民”的概念植根于大学生的心中，培养学生的平等意识和公共精神等公民伦理观念。信息化时代大学生公民德育是改进大学生公民道德现状的需要，目前大学生存在着道德理论认同与具体实践、日常行为脱节的问题，大部分大学生在思想上能认同公民德育的内容，但不能认清自己肩负的道德责任，在进行道德行为选择时会产生偏差。尤其在新媒体虚拟空间里，在无人监督的状态下，大学生的公民道德自律、自觉状况还不令人满意。

## 二、信息化时代大学生公民德育的内容与取向

公民所需要的是某种丰富的品质，包括自律、义务、礼貌、宽容、公平和慷慨等德性。信息化时代公民德育应根据新媒体的特点、公民社会的需求确定教育内容和取向。

首先，信息化时代大学生公民德育的内容。党的十八大报告指出，公民道德建设应坚持以为人民服务为核心，以集体主义为原则，以爱祖国、爱人民、爱劳动、爱科学、爱社会主义为基本要求，以社会公德、职业道德、家庭美德为着力点，使“爱国守法、明礼诚信、团结友善、勤俭自强、敬业奉献”二十字的基本道德规范深入人心，使建设有中国特色的社会主义思想观念和道德要求成为广大青年的行为规范。信息化时代，开展大学生公民德育应包括如下几方面内容：公德教育，通过社会公德教育，大学生形成符合社会需要的道德品质；公民文化教育，通过公民文化教育，大学生明确公民的权利和义务，培养参与社会公共事务的意识和行为习惯；新媒体伦理德育，让学生了解使用新媒体时应遵守的道德规范，本着无伤害、互惠共赢、坚持正义、爱国守法等原则，文明使用新媒体，自觉维护新媒体空间的文明秩序；规则教育，通过道德的规则教育，学生对规则、规范形成正确认识。

其次，信息化时代大学生公民德育的取向。公民德育不属于私人道德的范畴，而是公民在参与国家活动、公共生活时表现出来的公共性要求。信息化时代大学生公民德育的基本取向包括三个方面。

其一，以公民拥有独立的人格为前提。公民社会要求造就适应现代市场经济和民主政治的新型社会成员，由于我国的国民受封建臣民观念的影响较大，因而提高全民文化和观念、改造我国的国民性成了一项极其艰巨的工程。公民德育的基本取向就是培养社会成员的公民意识和公民能力。新媒体的开放、自由、互动、无中心的传播特点，使全民参与社会公共事务，为加强大学生公民教育、培养公民独立人格创造了条件。

其二，以权利和义务统一为基本的教育取向。中国传统社会是差序格局的社会，人们作为社会成员主体存在的意识较弱，依赖性较强，主动性较差。公民社会将人们在社会生

活中的一切差异都消除在法律这一平等的理论起点上，人们可以在法律许可的空间里获得行为自由。而新媒体传播更使得人们的交往范围扩大到全世界，并从现实领域走向了虚拟领域，人们在法律许可范围内的虚拟与现实领域获得了广泛的自由，也对人们的权利和义务的统一提出了较高的要求。公民德育必须以追求公民权利与义务高度统一的自由境界为教育取向，公民权利与义务的统一是公民社会的本质要求，这一要求面向全体公民，体现在道德、政治、法律各个层面。因为权利与义务构成了社会的规范体系，也是保障社会成员获得公正地位的前提。在新媒体这一强调高度自治的虚拟领域，我们必须对大学生加强权利与义务对等的教育。

其三，以合法性为底线。公民社会是以一种普遍的契约关系和契约精神建立起来并保证其良性运转的，契约关系的最高表现就是国家法律，公民社会中国家的权力、人们间的权利义务关系都在法律规范中得到体现，公民社会建立的基础、自由市场和民主政体存在的前提是法律化的契约关系。新媒体空间中汇聚了来自世界各地、不同民族、不同文化的人们，只有在坚持遵守法律的前提下，才能保证大家公平、自由地参与交流，并能够互相尊重、包容不同的文化和传统，否则将无法保证新媒体空间的秩序。

## 三、塑造大学生的现代公民人格

人格是由外在的社会环境赋予的，是社会价值精神在人身上的内化和人的“类”本质在个体性上的体现，是人作为活动主体的精神品质和性格气质特征。公民人格就是公民社会价值范式与精神生态在公民个体身上的内化与展示，公民伦理的价值范式与精神从根本上塑造了公民人格特征。信息化时代的大学生德育要顺应我国公民社会发展的要求，培养大学生的现代公民人格。现代公民人格的内涵体现在以下几方面：

首先，主体性与主体间性的统一。公民身份和公民伦理的基本前提与本质特征就是公民的主体性价值与地位、公民权利不可剥夺和权利与义务的统一。主体性原则与特征是公民人格成立的基本前提和首要条件。黑格尔指出：人格一般包含着权利能力。哈贝马斯认为：正是黑格尔发现了现代性的基本原理和理念乃是所谓的主体性。主体性从根本上把现代人（公民）与传统人（臣民）区分开来。公民人格是人类社会发展到现代工业社会后，在市场经济条件下生成的独立人格形态，公民人格最本质的价值规定就是独立性、主体性。公民人格除了强调主体性，还强调其所应当承担的社会义务和对他者主体权利的尊重，公民人格既包含主体性，还包含主体间性。马克思认为人的本质是一切社会关系的总和，公民人格的价值蕴含不仅停留在个体独立性、自主性，还包含个体对社会义务的承诺与认同、对他人权利与独立主体性的承认与尊重。公民人格是存在于主体间的交往互动中，通过主体间性的尊重来实现主体性价值的，公民人格主体性的实现以其尊重主体间性为前提。新媒体的传播特点决定了学生在交往中的独立性、主体性，同时广泛的、无中心化的、陌生人之间的交往又决定了他们必须在坚持自己的独立性、主体性的同时，尊重他人的主体性权利，从而实现主体性与主体间性的统一。

其次，契约精神和德性价值的统一。契约精神作为公民伦理的基本价值范式，它是平等主体在同一生存平台上为了尊重相互间的主体地位与权利而达成的契约和规则的精神凝结。契约精神一方面揭示了公民社会中的契约、规则和制度具有优先性和不可毁损性；另一方面指公民人格要摒弃人们由于出身和社会关系的差异而产生的人格不平等，具有普遍的平等性。契约精神从根本上说就是一种公民道德品格中的规范意识，是一种现实人格、底线人格。契约精神揭示了公民人格的基本特征，但公民人格并不排斥它应有的德性精神的价值面向。德性精神是一种道德价值信仰，是原发于主体内在情感世界的对美德与崇高人格范型的追求。契约精神是一种内化了的道德观念与品格，公民社会对规则过分倚重，易导致对契约、规范的片面强调而忽视公民德性价值，最终导致人情冷漠和生活世界被割裂的现象。因此，现代公民人格在优先强调契约精神时，也应重视德性精神的作用。新媒体环境要求人们遵守规范，在遵守规范的前提下，推崇德性精神，倡导建设高尚、和谐的新媒体文化，因此，新媒体环境对培养大学生契约精神与德性价值的统一提出了要求，也创造了条件。

再次，多元范型与一元价值的统一。公民社会是一个在充分分化基础上形成的社会，社会主体的个体差异和社会价值评价体系多元。在多元的人格状态及其价值取向中，各种人格范型之间以一种平等的身份存在，并在法律规范范围内交互生存，这就决定了公民社会的人格范型的自由性和多样性的外在特征。人格范型及其价值的平等和多元必须确立这样一个前提：自由人格和多元价值之间有一种为各方共同接纳和信奉的一元价值标准，这就是作为底线道德的制度认同与法治精神。新媒体的高度开放性，使全世界各民族的道德文化充斥其中，由于没有根本的利害冲突而能够和谐共存，人们须遵守的一个基本规则是对制度与法制的认同。新媒体空间中多元的文化对大学生的价值观带来冲击，我们应注重对大学生进行社会主义核心价值观教育，使其牢固确立社会主义核心价值观，坚持在此基础上的多样化。

最后，多元价值中的共生性独立人格。培养主体的共生性独立人格是信息化时代德育的根本要求。共生性人格具有以下特征：其一，个体是一个独立性的存在，个体以形成独立人格为前提；其二，这种独立性是以承认他人的独立性，人与人之间的平等、公正为其规定性的；其三，共生性是一种新的人的结合关系，它不是依附型关系的加归，而是它的否定之否定；其四，这种共生性不是追求完全的同质性，它更多的是一种异质文化之间的“和而不同”。共生性主体的生成体现了民族文化自觉与价值导向建构这两个过程的统一。一方面，它体现了民族文化自觉得以实现。共生性主体具有在多元文化中依据本民族主导价值观进行自我选择、自我发展、自我超越的能力，这种能力使价值观认同的困境在社会层面和个人层面都得到解决，使民族文化自觉得到实现。另一方面，它体现了中国特色社会主义价值导向内化的完成与共生性主体的出现。共生性主体能够在多元文化中保持自身的统一性，因而具有坚持并发展本民族文化的能力，这种能力是民族文化自觉的具体表达，它推动了中国特色社会主义的内化，促进了共生性主体的形成。新媒体传播为共生性主体人格的形成带来了挑战和机遇，也创造了促进其生成的条件。新媒体的开放环境将大学生置于一个价值观多元化的环境中，教育者有意识的、不着痕迹的引导，在新媒体空间中坚持社会主义核心价值观的主导，有利于培养大学生的民族文化自觉，有利于其核心价值观的确立。

## 第三节　信息化时代提升学生的整体道德能力和水平

道德选择是人类活动中最重要的选择形式之一，新媒体空间道德多元化的环境对大学生的道德选择能力提出了新的要求，因此，我们应注重信息化时代的道德选择教育，提升学生的整体道德能力和水平。

### 一、道德选择的机制、自由与实现

道德选择是人在一定的道德意识支配下，根据某种道德标准，在不同的价值准则或善恶冲突之间所做的自觉自愿的抉择。道德选择体现人的价值取向，又是价值观的表现形式，它以心理活动和行为活动的形式把人们内在的价值观念、道德品质等呈现出来。

首先，道德选择的机制分析。我们可以从道德选择的心理机制和社会机制两方面来分析。

道德选择的心理机制。道德选择首先来自认识的选择性。其表现在主体的信息感知模式、认知定式和期待及人的注意。认知定式和期待使人能认识到特殊的对象，从而有选择地接受信息；注意犹如在黑暗中打起的一束光，它指向哪里，哪里就会显现出来。正是注意的不断变化，才使我们的认识面逐渐扩大。道德选择又依赖于情感，情感是人类道德发生的直接心理基础，也是道德选择的重要心理依据。情感包括理智感、审美感和道德感，是广义情感中的最高层次，其选择作用最为突出；意志是一种直接的、现实的选择机制。意志就是自觉确定目的，根据这一目的来支配、选择、调节自己行动的心理过程，是知识和情感相互作用而形成的一种活动能力，是把主观的东西见之于客观，把内部的倾向变为外部的活动。意志通过自己的活动，使主体形成一定的倾向和目的，这种活动就是意志的决定和选择。

道德选择的社会机制。道德选择的社会机制就道德选择是怎样在社会结构中进行的。一方面，多层次和多方面的道德要求为道德选择奠定了客观条件。另一方面，在社会关系和社会制度确定的前提下，个人身份和地位的确立是通过选择来实现的。道德选择不仅在多种可能性之间进行，而且要在价值冲突中进行，价值冲突增加了道德选择的困难。价值冲突表现为两种性质不同的形式，即同一价值体系内部的不同道德要求之间的冲突和不同价值体系之间的对立。在价值冲突中做出正确的选择需要提高选择主体的选择能力，确立选择的标准，认清选择所要达到的社会目的。冲突要求人们思考、选择，这就是道德选择的社会机制。

其次，道德选择的实现分析。道德选择的实现由道德选择的自由、道德选择的尺度、道德选择的规定性、道德选择的过程等部分组成。道德选择必须有一定的前提，这个前提就是自由，道德选择的自由表现为两种形式，即社会自由和意志自由。社会自由是道德选择的外在可能性，人的意志自由是选择的内在自由，也是较为重要的道德选择前提。道德选择的自由是社会自由与个人自由的统一，是必然与自由的统一。道德选择以自由为前提，以道德责任为结果，主体在自由地选择对象的同时，也自由地选择了责任。

道德选择的尺度。道德选择总是依据一定的标准进行的，这个标准就是道德选择的尺度。道德选择的尺度具有确定性与不确定性、主观性与客观性、功利性和超功利性。道德选择的确定性是指任何道德选择都是根据一定的尺度进行的，该尺度在价值体系中的地位是确定的；不确定性是指尺度的确立依赖于主体的认识，尺度的作用取决于它在道德体系中的地位，尺度的价值存在于具体的选择之中；主观性决定了选择尺度都是具体的；客观性决定了尺度都是普遍的；功利性是指道德选择尺度的确立，都是为了达到或实现某种利益的；超功利性指选择的尺度虽然来自利益关系，但又具有相对独立性，与利益关系并没有直接的决定关系。选择的尺度反映社会整体的利益，而不是个人利益，而且选择的尺度往往需要人们做出个人牺牲。

道德选择的规定性。道德选择并不仅仅是理智的事情，还必须有意志的参与，意志与理智相结合构成了道德选择的规定性，体现在自主、自决、自控三个方面。自主是道德选择的基本规定性，它使道德选择成为选择主体的活动，而不是外在的活动。自主性的第一个含义是说，道德选择是有目的的，这个目的就是“善”。自主性的第二个含义是说，道德选择是“我”的选择。自主性的第三个含义是说，道德选择从一开始就是一种主动的选择。自主性从出发点和性质上规定了道德选择的内容，而这一内容就是意志的自决。只有自决的意志才是现实的道德意志，这种自决使选择成为自主的选择。自决建立在明察、深知的基础上，是根据道德的本性、客观的规律和现实的条件做出的决定。它着眼于长远的目标、理想的境界，把每一次决定都看作道德攀登的一步、自我完善的一种形式。道德选择在性质上是自主的，在内容上是自决的，而在过程上则是自控的。自控是道德选择的基本规定性之一，是保证选择顺利进行的机制。道德选择的自控性表现为选择开始时的控制、选择过程中的控制和选择结果上的控制。

道德选择的过程。道德选择是道德行为的前奏，道德选择的过程就是道德行为形成的过程，表现为道德动机的选择、道德目的的选择、道德手段的选择等。任何行为都是有动机的，动机就是直接推动个体活动以达到一定目的的内部动力。人们之所以能够选择动机，不但是因为人有自由选择的能力，而且是因为动机本身提供了选择的可能。动机的好坏对行为的善恶往往起着决定的作用，几种动机共同发生作用形成了某种行为；目的不同于动机，动机是行为的原因，而目的则是人们预定通过行为所要达到的结果。目的是行为的灵魂，规定着行为的方向，选择正确的目的是道德选择的关键环节和主要使命。目的不仅仅是主观的东西，它是客观的关系在人们头脑中反映的结果，其本质是主客体的统一。选择目的既是选择活动自主性、自决性的突出表现，也是道德责任的主要依据；目的和手段是密切相关的。在目的既定的情况下，手段的选择具有极为重要的意义。一是正确地选择手段可以尽快实现目的，只有目的和手段在性质上一致时，才能有助于目的的实现。二是选择手段可以强化道德选择的责任。动机和目的都是为主观的东西存在的，对它们的选择是一种思想斗争，对于形成人的品质极为重要，但由于还没有表现出来，选择的责任尚不明显。只有经过手段选择之后，目的、动机才开始由观念形态向现实形态转化，从而表现出一定的道德责任。三是道德手段可以扩大人的自由。选择自由是人的一种能力，这种能力是由不断积累选择经验而形成的。在众多的手段之间进行抉择，既表现了选择者现有的自由，又为选择自由的增长奠定了基础。

## 二、道德选择教育的特征

道德选择教育以强调人的主体性为根本特征，以允许道德选择为前提，以实现对人的本质、主体性、社会理性的充分尊重为本质内涵，以提升道德认知能力、判断能力、意志力和道德实践能力为核心内容，以实现人的主体人格的完善为最终目标，是新的德育的理念和实践形式。道德选择教育的特征表现为以下几点。

首先，道德选择教育注重“以人为本”。德育的对象是人，德育的目的也是使人成人。道德选择教育反对德育的功利主义，功利主义是我国德育的一个弊端，表现为德育急功近利，教育课程随社会要求变动较多，重说教，强调理性、公正而忽视关怀品质的培养，导致德育信度的丧失、效度的缺损和地位的下降。道德选择教育承认学生是具有独立人格的完整的人，尊重学生的人格和需要。

其次，道德选择教育融入“生活世界”。道德与生活相融一体，“生活世界”是道德选择的源泉和基础。但是我国的学校德育却存在着重知识教育、与生活世界脱离的现象。道德选择教育是一种回归“生活世界”的德育，道德选择要在生活中展开，道德选择教育要以贴近大学生生活的方式进行。

最后，道德选择教育注重道德选择能力的提高。传统的德育对现实的认识和理解存在着误区，德育主旋律的声音很响，但很难得人心，没有很好地利用现有的道德现实的资源优势。多元的价值观念、多样化的道德体系可以为道德主体提供选择的可能，有比较才能有判断和抉择。传统的德育形成的道德观念、道德意识容易发生变化。道德选择教育强调对道德现实情况的充分运用，最为关注的结果是道德选择能力的提高。

## 三、信息化时代大学生道德选择教育的价值取向

人们的道德选择教育是以道德价值为基础的。马克思主义认为，价值是一个关系范畴，它体现着主体与客体的利益关系。道德价值作为道德主客体价值关系的反映，体现着一定的社会道德现象（客体）对于个人、群体和社会（主体）的意义。对个人来说，道德是自我肯定、自我发展和自我完善的必要形式。对社会来说，道德是发展生产力和科学技术的精神动力，是巩固和完善经济关系的精神条件，是上层建筑的精神内核，是社会文明的精神向导，是培养社会主义新人的精神要素。从总体上看，道德的价值就在于能促进个人和社会的相互改造、相互超越、共同发展和完善。

道德选择教育的基础是道德价值。道德选择教育一方面是一种理性的选择，体现着人

们对事物发展客观规律的认识、利用；另一方面又是一种价值选择，体现着主体的利益和需要，牵动着主体的感情、心绪，影响主体的意志，具有强烈的主体性。与人类一般的选择活动相比，道德选择教育具有明显的利他性和超功利性，即道德主体在利益矛盾的选择中，对道德的践行仅出于对道德准则的认同、尊重和诚服，不是以获取个人的某些外在私利为条件的。这种行善超越了行为者自身的外在私利，无疑具有超功利性。然而，道德选择教育作为一种价值选择无疑也具有个人功利性，功利主义或幸福论的一个合理之处在于它们对人的行为动机和动因的分析，揭示了人的道德选择教育的功利性。道德选择教育是对人们之间利益关系选择优化的过程，在一般情况下，道德主体在进行道德选择教育时，总是自觉地利用主体自身的利益来衡量客体属性对于主体道德需要所具有的意义。信息化时代大学生道德选择教育的价值取向体现为以下几点：

首先，确定道德价值的等级序列。作为道德选择教育尺度体系的第一层次，它包括两方面内容：一是社会生活所必需的、最简单、最起码的公共生活规范，如守信诚实、尊重人的价值和尊严等。二是以“整体协调”的原则，评判那些人与环境、与集体发生关系时的行为和思想的道德规范。这些道德规范主要用于审度人与事、人与群体发生关系时的道德行为和思想。

其次，坚持正确的道德价值导向。任何社会都必须有一些共同的道德价值目标和道德标准，这是社会存在和发展的基本前提。根据社会实践发展的需要，每个社会在每个时代都有占主导地位的道德价值和规范。在我们当代中国，社会主义核心价值体系是主导的和基本的道德价值和规范，我们应坚持以社会主义核心价值体系来影响和教育人们。

再次，允许多种价值观念存在，尊重人们不同的价值选择和追求。在现时代，人们的价值取向和道德标准越来越多元化。在法律和社会共同的生活准则范围内，我们应尊重人们不同的价值选择和追求。在信息化时代，在坚持社会主义核心价值观的前提下，我们尊重个人的不同选择。

最后，做好传统道德观念的现代化。在现实生活中，传统道德观念与市场经济发展、信息化社会的道德要求不相适应，使人们易产生道德困惑。我们应根据时代和社会实际情况的变化，在发扬中国传统道德优秀因素的基础上，促使其增加民主、平等的现代因素，实现其现代转化。

## 四、以提高道德选择能力为道德选择教育的核心

信息化时代大学生道德冲突的特点决定了道德选择教育的核心是提升其道德选择

能力。

一般来说，道德冲突的类型有三种：一是同一道德体系内不同道德原则、道德要求之间的冲突，二是不同道德体系、原则规范之间的矛盾和冲突，三是个体道德心理上的冲突。第一种冲突往往发生在同一文化语境中；第二种冲突时常发生，突出表现在社会变迁迅速之时。由于新媒体传播的高度开放和自主性，全球化的进一步推进，使得新媒体空间充斥了各种文化和价值观，使大学生受到多元价值观的影响和冲击，在面临道德选择时经常处于不同价值观冲突的两难或多难境地。第三种冲突表现在个体心理之中。一是个体所扮演的不同社会角色所承担的不同的道德规范之间的冲突。在新媒体环境中，个体经常扮演着各种不同的虚拟角色，有时性别与年龄都是虚构的，这使得学生在道德选择时经常处于迷茫、冲突之中，甚至淡化了责任意识。二是个体人格中的自我冲突。弗洛伊德用“本我”“自我”和“超我”来说明人格在动态发展中的矛盾与冲突。“本我”是道德心理结构中最底层的部分，即本能冲动，它的唯一机制是趋乐避苦，“本我”是无意识、非道德的东西，是社会发展和人类生存的潜在的危险力量。“自我”是后天形成的意识结构，是一种理性的道德机制，它既不违背和对抗社会的伦理道德要求，又想方设法找到实现个人欲望的合理途径。“超我”是个体道德心理结构中的最高层次，是传统的道德观念和善恶标准在个体身上的内化。“超我”按至善原则行事，目的是为至善至美而奋斗，在内容上与本能冲动对立。三者密切配合，使人能有效地与外界现实进行交往，满足人的基本需要与欲望，同时也为社会所允许和接受。但是这三者常常发生冲突，当社会化的“我”面对“本我”“自我”和“超我”的同时要求时，强烈的道德冲突就产生了。在新媒体环境中，由于人们隐去了真实的身份，可以不受现实中的身份、地位等制约，人们更乐于表现真实的“自我”，应该说“本我”的成分更多，所以会较多地遇到三个“我”之间的冲突。

创新信息化时代的德育方式，促进学生道德选择能力的提高，主要有情感型、渗透型、环境型、互动型等德育方式。

情感型道德选择教育模式。大学生道德选择教育不仅要以理服人，而且要动之以情、以情感人。在信息化时代，教师应积极运用新媒体平台与学生沟通交流，达到情感的共鸣，促进学生自觉接受主流价值观念，并内化为自身的道德意识，外化为道德行为。一是情感投入式。情感是开启学生心灵的钥匙，情感是学生将其自身的认识转化为行为的必不可少的因素，是德育工作实现内化的中间环节。情感投入提升德育诸要素的反应速度和水平，情感的投入可以对德育工作起一种价值评估的作用，情感投入体现着德育主体行为选择是否协调进行和谐发展。二是平等谈心式。现代教育的发展和社会进步为民主、平等的师生关系提供了基础，新媒体的发展为师生平等交流搭建了平台，由于新媒体的虚拟性、平等性，教师可以隐去身份，与学生直接交流。

渗透型道德选择教育模式。渗透型德育模式就是教育者运用有教育意义的知识学习和进行有培养价值的组织活动，使学生潜移默化地在思想、道德、价值观等方面受到感染、熏陶和陶冶。一是人文知识长效渗透。新媒体环境的多元化对中华传统文化、人文氛围产生较大冲击。高校德育要认真研究人文教育的内涵和特征，丰富现代德育的内涵，充分运用新媒体平台，形成人文知识长效渗透的德育模式。二是科学精神重点渗透。所谓科学精神，是指从科学中凝练和提升出来的文化精髓和价值观念体系。科学精神的重点渗透德育模式一方面要教育学生脚踏实地、刻苦钻研，另一方面要教育学生以开放的眼光、宽广的胸怀、敏锐的洞察力去认识世界和掌握世界大势。三是制度规范强化渗透。要把社会主义核心价值体系、新媒体管理法规和道德规范的内容，借助新媒体平台，通过数字化的形式对学生进行强化渗透。同时，高校要根据党的教育方针和培养目标形成指向明确的制度规范。这些制度规范必须坚持社会主义的办学方向，坚持爱国主义和集体主义的价值取向，体现社会主义的本质要求，为形成积极、健康、高尚的校园环境和成才氛围发挥规范作用，制度规范强化渗透具有诸多功能，包括教育功能、约束功能、导向功能、塑造功能等。

环境型道德选择教育模式。现代教育思想十分重视环境因素在德育中的作用，许多教育家认为德育环境和德育内容同样重要。新媒体环境对于大学生产生了深刻的影响，通过加强社会网站和校园网的管理，建设以社会主义核心价值体系为主导的、健康高雅的新媒体文化，会对大学生产生积极的影响。同时要加强校园文明建设，校园文明建设总的目标要求应是较高的文化品位、浓郁的人文氛围、浓厚的学术色彩和高雅的文化景观，通过优良的新媒体环境和校园文明建设，发挥环境育人的作用。

互动型道德选择教育模式。社会互动理论认为，任何客观的社会组织形式都是由个体之间的社会互动构成和维系的。在社会互动的过程中，个体具有解释社会互动符号的能力，从而判定情景，使社会互动顺利进行，只有通过解释人们在微观社会联系中的社会互动性质，我们才能真正理解社会结构及其变迁。这一理论对德育的意义主要在于德育工作本身具有社会互动的特性。而新媒体的广泛的、去中心化的互动交流传播模式，更为互动型道德选择教育提供了绝佳的平台。教育者可以通过在线交流、网络聊天、论坛等方式与学生进行广泛的交流。一是思想互动。这不只是在简单意义上强调教育者与受教育者简单的相互对立的“你”“我”都成为互动的主体，而且更强调“你”“我”都作为完整的精神实体而相通。二是活动互动。从认识论上看，活动是社会互动的重要形式。实践活动是连接参与者与教育过程的媒体，因此，通过活动互动方式，把思想从运用要求转变为选择行为理论，具有重要意义。三是教育互动。教育互动贯穿在思想、活动互动过程中，对两个互动过程发挥指导作用，是德育互动的方向。教育互动包括理解和接受两个过程。在德育的互动中，德育双方的理解过程不是独自进行的，而是在一定的情景活动中发生的，交流过程是一种教育形式。接受是活动互动反映的自然或精神客体与认识、实践主体之间的相互作用关系，是德育工作中的接受主体对教育的选择、整合、内化的过程。教育互动模式体现为三种基本方法：一是价值澄清法。在我国社会的整体转型、新媒体传播带来的价值观的多元化给学生的价值观带来混乱的情况下，迫切需要培养他们的价值观澄清和选择能力。价值观澄清法的最大特点是把学生放在主体性的地位上，充分调动起学生的积极性、主动性，使他们根据自己所持有的价值观，通过主体思考和分析，对自己的行为和他人的行为进行判断与评价，并且审慎地做出自己最终的选择。二是自我教育法。自我教育法是教育者引导学生主动地去自觉学习、自我反思、自我锻炼，通过思想转化和行为控制来形成正确价值观的方法。信息化时代自我教育法是比较适合的方法，通过培养学生的价值认识、价值判断、价值评价和价值选择能力，他们能够根据正确的价值观念去分析、判断和评价现实生活中所遇到的人与事，并做出相应的价值选择。三是角色扮演法。所谓角色扮演法，就是教育者引导学生把自己置于别人的角色上，通过体验他人的价值承担，培养学生对他人处境、需要的敏感性，以及设身处地地为他人着想的移情能力。新媒体环境中，我们可以创设不同的场景，让学生扮演不同的虚拟角色，这为学生多种体验创造了条件，但由于虚拟与现实存在一定差异，所以也需要现实中的社会实践活动、青年志愿者活动等与虚拟空间的角色扮演相互补充，对学生进行全方位的教育。

## 五、以提高新媒体道德与现实道德的转化能力为德育的着力点

道德是调整人和人之间及人和社会之间关系的一种特殊的行为规范的总和。新媒体道德就是在新媒体环境或新媒体条件下调整人和人之间、人和社会之间关系的一种行为规范，是对信息化时代人们通过新媒体而发生的社会行为进行规范的伦理准则。

### （一）新媒体道德的特点分析

新媒体道德的特点表现为：其一，新媒体道德的发展从“依赖性”走向“自律性”。与传统社会人们的道德意识与道德行为相比较，新媒体道德更少依赖性、更多自主性，为

人们道德主体意识的觉醒、道德主体地位的确立创立了条件。在新媒体社会里，人与人的交往具有匿名性，这使现实社会道德主要依赖于周围外在力量约束推动的实现机制在新媒体社会失灵。新媒体社会需要的是自主、自律型的道德，是一种他律与自律结合、更多依靠自律的道德。其二，新媒体道德的发展从“一元”走向“多元”。现实社会的道德是一元的，与现实社会相比较，新媒体世界里各主体自由交流、平等对话，不同地区、不同种族的人们自由交往，彼此不同的道德意识、道德观念碰撞和融合，由于没有实质性的利益冲突而共存，新媒体道德是多元性与开放性的统一。其三，新媒体道德的发展从“滞后性”走向“超前性”。“超前性”是指道德作为人类的一种价值目标，往往蕴含着比现实更高的理想成分。“滞后性”是指道德作为一种能够在人类意识中长期积淀的传统，往往表现出自己的保守性或惰性。新媒体道德中“超前性”和“滞后性”并存交叉，人们在新媒体空间中表现出的道德观念总体上趋向于更宽容与平等，反映了人类道德文明发展的趋势，表现出“超前性”。同时新媒体的高度自由和开放，使得新媒体空间的信息和道德表现良莠不齐，而新媒体管理法规与规范亟须进一步完善，新媒体对人们行为的自律性要求比现实道德的要求更为苛刻和严格，新媒体道德表现出与技术相比的滞后性。

### （二）新媒体道德与现实社会既有道德的关系分析

道德被认为是在人类社会交往活动中形成的调整人与人之间社会关系及行为的规范和准则。由于人类社会交往空间的不同，新媒体道德往往被从两个角度进行阐释。一种观点认为，新媒体道德是现实社会道德在新媒体社会中的延伸和应用，是人们在新媒体空间活动中应遵循的行为规范和道德准则。另一种观点则认为，新媒体道德与现实社会道德存在明显区别，新媒体道德其实并不像传统的道德那样，是靠舆论来约束、规范个人行为的，它是以新媒体使用者自身的素质为特征的道德自律。这就将不同社会空间中的道德依赖的基础做了区分：现实社会道德依赖他律，新媒体道德依赖自律。以上这两种观点都有可取之处。新媒体道德是现实社会道德在新媒体社会中的延伸和应用，是人们在新媒体空间活动中应遵循的行为规范和道德准则。由于新媒体道德所处环境的特殊性，社会舆论对新媒体空间的道德基本起不到监督作用，因而维系新媒体空间道德主要靠法律、新媒体管理规范、新媒体使用者的自律。因此，新媒体道德依赖他律和自律的结合。

新媒体道德与现实道德是紧密联系又是有所区别的。新媒体使用者是新媒体道德的实践主体，但人的思想、行为不可能脱离现实生活而完全虚拟化。因此，新媒体道德要反映现实既有道德的需求，保持一定的延续性，同时新媒体道德要反映新媒体这个特殊领域的特殊需求，具有自身的一些特点。

新媒体道德以现实道德为基础。新媒体建构的虚拟世界是在真实世界的基础上建立起来的，是真实世界电子意义上的延续。新媒体道德的设计以现实道德作为客观参照系，使新媒体道德与现实道德达到根本点上的一致，使新媒体道德既适应虚拟世界的特殊性，又不与现实道德发生根本的对立，并尽量发挥新媒体道德对现实道德的促进作用。

新媒体道德对现实道德的推进。现实道德是人们在长期的社会实践中形成的，而新媒体社会是现实社会的发展和延伸，人们的网上活动与现实社会的活动在本质上是一致的。这就决定了现实道德的一般原则同样适用于新媒体社会，新媒体社会为现实社会既有道德的实现提供了更为广阔的实践空间，新媒体社会的道德水平将影响到现实社会的稳定和文明水平。

新媒体道德对现实道德有反作用。新媒体道德与现实道德之间是互动的关系。由于新媒体的开放性、虚拟性，人在新媒体空间中的生活与现实社会不同，这就决定了新媒体道德具有不同于现实社会中既有道德的新特点，并动摇着现实社会既有道德的基础，对现实道德具有一定的反作用，表现在积极和消极两个方面。如果新媒体空间的秩序良好，人们习惯了比较讲道德和秩序的氛围，当其回到现实社会的时候，也会克服一切不良习惯，成为一个遵守道德规范的人。如果新媒体空间的秩序混乱，人们受到它的影响，在现实社会中也会延伸其不道德的行为。

### （三）新媒体空间中大学生的道德特点分析

新媒体空间中的大学生道德表现出与现实道德不同的特点，具体表现为道德意识的多元性、道德行为的反传统性、道德关系的草根性、道德人格的双重性。

道德意识的多元性。新媒体传播是一种网状式无中心的分散结构，不同国家、不同民族、不同团体的各种道德都融汇在一起，它们会产生强烈的碰撞与冲突。新媒体空间中价值观的多元化使得大学生的道德意识呈现出多元性的特点。

道德行为的反传统性。新媒体空间交往的匿名性，使得大学生在新媒体交往中形成的虚拟关系比现实关系变得更加复杂和难以规范。传统现实社会的家庭关系、婚姻关系等在网上被颠覆和虚拟，造成一系列反现实、反传统的行为和倾向，如很多大学生认为在网恋中可以有多个恋爱对象，有时在贴吧或论坛里发表不负责任的言论，这些也会影响学生在现实社会的道德选择，给社会伦理道德带来新的困惑和挑战。

道德关系的草根性。人是社会关系的总和，现实社会里社会关系的建立往往需要比较长的时间，还会受到各种社会条件的制约和影响，但一旦建立具有相对的稳定性和延续性。而在新媒体空间，大学生很容易建立起各种“速成”的社会关系，但这种关系却很脆弱和松散，因为它抽空了社会关系所需要的社会内容，人们不必为虚拟空间的社会关系承担一些责任和义务，因而显得随意性较大。

道德人格的双重性。新媒体空间中多元道德、多元文化的存在，常使个体处于矛盾的道德选择中，给大学生道德人格的形成与发展造成挤压和扭曲。一些学生长期沉溺于网上交往，使得他们在网上交流很顺畅，但在现实生活中表现得性情孤僻，不会与人交往，这种道德人格使他们难以适应社会。

### （四）大学生新媒体道德与现实道德的相互促进与转化的路径

新媒体环境使学生在新媒体空间的道德与其现实道德存在一定程度上的不一致性，发挥新媒体道德对现实道德的促进作用，实现大学生新媒体道德与现实道德的良性相互促进与转化，是提高学生整体道德水平的重要手段。

从教育入手，实现新媒体德育与现实德育的有效结合。德育是培育理想人格、造就人们内在道德品质的重要手段。新媒体道德的超前性与滞后性并存的特点，使得大学生在新媒体空间的道德表现有时优于其现实空间的表现，有时低于其现实空间的表现。因此，我们应从教育入手，实现新媒体德育与现实德育的有效结合，在教育内容、教育手段、教育活动设计等方面，实现交叉与融合，促使学生将在现实中形成的稳定的、优良的品质呈现在新媒体活动中，将学生在新媒体活动中吸取的民主、平等、参与的积极因素应用到现实活动中，从而实现新媒体道德与现实道德的相互促进。

加强新媒体管理法律和规范建设，规范学生在新媒体空间的道德行为。规范是引导人们形成优秀道德习惯的必要手段。由于新媒体发展迅速，从世界范围看，新媒体管理法律与规范的制定落后于新媒体的发展，这就使得新媒体空间的一些行为处于无章可依的真空地带。比如，美国、英国等国家一向主张新媒体是一个自由的天地，这使得西方国家认识到新媒体对社会舆论引导、社会秩序的重要影响，认识到新媒体管理的重要性。因此，我们应加强新媒体管理法律和规范建设，规范学生在新媒体空间的道德行为，从而促使大学生形成新媒体空间中的优秀的道德习惯和道德品质，并使之促进整体道德水平的提升。

注重学生自律，促进形成虚拟空间与现实空间道德品质的统一。“慎独”是道德的最高境界，由于新媒体的开放性、匿名性、虚拟性，传统道德的舆论监督等手段在新媒体空间的作用较弱，新媒体空间的道德很大程度上依赖于个体的道德自律。新媒体既是大学生可以充分展现个性、抒发情怀的舞台，也为提升大学生的道德判断能力、选择能力，锻炼道德意志，提高道德自律能力提供了条件。因此，我们应注重加强学生的道德自律教育，通过在新媒体空间和现实生活中创设两难或多难的、无人监督的道德环境，让学生在无人监督的、充分自由的环境下进行道德选择，并注重加强学生在现实生活中的道德实践，促进形成虚拟空间与现实空间道德品质和道德行为的统一。

# 第六章　信息化时代高校德育教育方法创新

## 第一节　高校德育工作方法亟需创新

随着新时代的到来，我国各项事业发生了很大变化，政治、经济、文化、教育等方面取得了举世瞩目的成就。但是同时也要看到，我国高校德育也在发生变化，原有的方法已经无法满足社会发展的需要。因此，改变传统德育方法已经成为高校德育发展中刻不容缓的任务。通过论述高校德育方法的基本理论及创新价值，以及分析高校德育方法的现状及存在问题的成因，学习并且借鉴国外高校德育方法，从而探索高校德育方法创新的基本路径，这对于推动高校德育的整体发展，落实高校培养大学生全面发展的目标具有重要的实践意义。高校德育方法创新已经成为专家和学者普遍研究和关注的重要课题。

经济全球化、信息网络化等因素的影响使高校德育工作面临着新的挑战，高校德育工作在很多方面尤其是工作方法上长期处于一种陈旧单一、亟待解决却又无定论的尴尬境地，很多学者也都以此为题阐述过意见。众所周知，大学生是即将踏入社会并建设社会的一个群体，他们的成长不仅关系到将来其个人事业、生活的成败，更重要的是还涉及社会的各个方面，因此大学生的道德素质问题就显得非常重要。

### 一、高校德育内容与方法面临的挑战

#### （一）信息化时代高校德育工作环境的变化

21世纪世界进入知识经济时代，社会的生产方式、生活方式、管理方式、思维方式

等都已发生巨大的变化。人类历史的经验证明，尽管人的道德水准和文明程度可以获得提升，但人性的基本面是不可改造的。伴随由计划经济向社会主义市场经济体制的转轨带来经济的持续高速发展及由全面改革开放带来的西方的科学技术、价值观念，社会发生了深刻的变化。一方面，人们领略到了这场伟大变革所带来的社会生产力的彻底解放和物质财富的迅速增长；另一方面，人们也为社会生活尤其是道德生活中出现的一些“反常”现象所困惑，是偶然还是必然？是发展市场经济所必需的“代价”，还是社会机制运行本身所固有，抑或两者兼而有之？几十年的渐进性改革开放得益于一个“放”字。人们把容易做的事情做了，却把难做的事情留到了现在。所有这些，就学校德育而言，都意味着德育环境的变迁。而作为社会的一个子系统，学校德育一方面必须完成社会所交付的道德教化的任务，并在此过程中获得自身发展的基础和条件；另一方面，学校德育也不可能摆脱社会对其自身的制约。

**1.社会形势转型的三种特点**

一是世纪转换。人类已经跨入21世纪。在新的世纪里，我国要实现中华民族的伟大复兴，要全面建设小康社会，加快推进现代化的新的发展，成为富强、民主、文明的社会主义国家。当代大学生是完成这一历史任务的主力军，高校的德育工作就是培养德智体等全面发展的社会主义建设者和接班人，为经济发展和社会进步提供精神动力和智力支持。

二是社会转型。我国正处在从发展中国家向现代化国家的转型，从农业国向工业国的转型，从粗放型经济向集约型经济转型的转折期。要实现社会转型和经济发展的宏伟目标，最重要的是培养人才，培养掌握现代高技术的人才。高校德育工作的任务之一就是让学生了解和认识我国21世纪发展的宏伟蓝图，鼓励他们奋发向上、努力成才。

三是体制转型。我国正处在从计划经济向社会主义市场经济转轨的历史阶段，这对社会的经济结构、文化结构、教育结构及人们的思维方式、生活方式等都将产生巨大的冲击。高校的德育工作要帮助学生树立与市场经济相适应的现代观念和意识，改变学生中存在的各种非理性观念，正确认识市场经济带来的消极因素和负面影响，使大学生成为改造社会、促进社会发展的主人和动力。

**2.德育环境变化的两个方面**

一是社会环境发生变化。世界多极化和经济全球化的趋势继续在曲折中发展，科技进步日新月异，综合国力竞争日趋激烈。随着社会经济成分、组织形式、就业方式、利益关系和分配方式日益多样化，人们思想活动的独立性、选择性、多变性和差异性也日益增强，社会思想空前活跃，各种思想观念相互交织，各种文化相互激荡，各种思潮不断涌现，各种矛盾错综复杂，社会意识出现多样化的趋势。这种变化趋势从总体上讲是积极的，为青年学生的全面发展创造了更加广阔的空间，与社会进步相适应的新思想新观念正在丰富着青年学生的精神世界。但在这个过程中，面对国际背景、经济基础、体制环境、社会条件、传播手段的深刻变化，面对青年学生求新、求乐、求知、求助的各种需要，高校德育在思想观念、内容方法、管理运行诸多方面还不适应。高校德育要直接面对社会开放和价值多元的现实，认真研究新情况新问题，正视道德冲突，解决道德困惑，帮助学生分辨是非，学会判断和选择。

二是德育对象发生变化。当代青年学生出生在改革开放年代，成长于社会转型时期，他们的心理状况、接受能力、欣赏水平发生了很大变化，接受信息、学习知识、休闲娱乐的方式、方法、手段发生了很大变化，思想活动的独立性、选择性、多变性和差异性明显增强。青年学生思想、价值、观念、行为呈现许多新特点。

思想现实上，学生关心热点在减少，没有集中热点，舆论一律情况减少；政治意识、理想激情逐渐被理智、客观、冷静、现实的头脑所取代。观察问题、处理问题上往往表现出五个“更多”，即更多地采用生产力的标准，而不是意识形态的标准；更多地采用具体利益的标准，而不是抽象的政治标准；更多地采用市场经济的标准，而不是传统的道德标准；更多地采用批判的标准，而不是建设的标准；更多地采用“与国际接轨”的标准，而不是“中国特色”的标准。

## （二）信息化时代高校德育工作内容与方法面临的挑战

新时期国际、国内形势的新发展给在校大学生带来了思想观念、价值取向、文化生活的多样性。经济全球化、加入世贸组织、网络文化及我国高等教育大众化的趋势等都对高校德育工作提出了新的挑战。

市场经济中人的自我和人的物化倾向加剧，这使社会生活在一定程度上呈现出片面追求个人物质利益的倾向，人的物欲膨胀，使德育工作所宣传的理论和观念不容易被教育对象所接受。

### 1.高校德育工作面临着社会多元化带来的挑战

随着经济体制和政治体制改革的不断深入和发展，我国社会正面临着重大变革，社会呈现多样化的趋势，社会环境的复杂性和多样性大大增加，经济体制和社会结构的变革，多元化利益格局的产生和变化，导致学生道德观和价值取向的多元化。高校德育的对象呈现出新的特点：独立意识、自我意识加强；思想行为趋于个性化；学习动机多样化；价值取向务实化；等等。活动、行为习惯具有明显的个性特征和复杂的层次性。

当代大学生思想发展的特点和阶段性，决定了高校德育必须具有时代性和针对性，要根据时代发展需要和学生的思想实际，精心设置德育的内容体系，人道主义、科学精神、环境意识、全球意识、和平与发展意识、合作意识等全社会、全人类共同的一般行为规范教育，应成为德育的主要内容，要用市场经济强化现代观念，培养学生开拓、独立自主、冒险进取、爱岗敬业的精神，培养学生关心、同情、友善、宽容等美德。要结合当代大学生多层次、多样性的特征，加强大学生的心理咨询和心理承受能力的培养；要坚持中华民族优秀文化和优秀传统的教育，注意道德教育与人文精神交融。

### 2.高校德育工作面临国民经济快速发展的挑战

国民经济的快速发展加大了大学生生活方式的复杂程度，对学生思想教育工作提出了严峻的挑战。大学生的生活方式与其他职业群体及同龄青年的生活方式最明显的差异，就在于大学生的生活方式具有独特的“校园”特征。

首先，大学生是个相对独立的群体。他们长期学习、生活在校园里，接触的伙伴多是同龄人。无论是外地学生还是本地学生，家庭观念普遍淡化，在观念和习惯上都保持着一定的独立性，并形成带有校园特色的群体生活方式。

其次，大学生是社会中文化层次较高的群体。一方面，他们每天接触中外书籍，生活在各种文化信息最丰富的环境里，因此他们更多地受到各种文化思潮的冲击。另一方面，大学生又极其重视精神生活，喜欢探索社会、思索人生，好对各种事件评头论足，做出新的价值判断。在市场经济发展的过程中，求美、求乐成为年轻人的追求，一些人不仅注重物质享受，而且也非常讲究精神生活，文化消费于是产生。

## 二、高校德育工作方法亟需创新的构想

对高校德育工作进行梳理和反思，我们就会发现高校德育工作面临着很多问题，其集中反映出来的问题要求必须进行德育工作方法的创新；新的形势也需要高校德育工作从新的思维和新的视角，站在“人的全面发展”和“传承传统文化”的理论之上进行高校的德育工作创新。面对未来的种种挑战，高校德育工作的个性化、社会化、终身性等一系列实践创新活动仍需在正确的理念指导下不断探索。高校德育工作应当根据社会与经济发展的需要，借鉴和吸收现代文化和信息技术的积极要素，从计划经济时代传统的灌输型德育模式转向辨析型、引导型的德育模式，构筑起一种新型的互动关系，将树立正确的世界观人生观价值观教育、弘扬培育民族精神教育、公民道德教育和素质教育作为加强和改进大学生思想教育的主要任务。

## （一）信息时代高校德育工作方法创新思路

面对目前高校德育存在的问题，面对信息化时代的挑战，面对我国知识经济发展对思想教育的迫切需要，面对高校教育中德育工作的生命线地位，德育必须实现理论上的突破和实践上的创新。

### 1.德育意识的全员化和德育格局的全方位

全体教职工都负有德育工作的责任，要做到“三育人”即教书育人、管理育人和服务育人。全体教师应该更新教育理念，彻底改变只有德育教师才负有学生道德教育的责任这种错误思想，要高度重视和充分发挥每一位教师的育人作用。教师要树立正确的教育思想，做到言传身教，为人师表，以自己的行动感染学生，使他们受到道德的熏陶。要发挥各科教学的德育功能，结合教学相关内容和各个环节，在适当的时机对学生实施道德教育环节，在适当的时机对学生实施道德教育。例如在物理教学中，我们可以通过介绍我国古代的科学技术成就，让学生充分认识到中华民族的灿烂文化，树立民族自豪感；介绍我国现代科学技术新成就，弘扬中华民族的创造精神；结合物理知识的教学对学生进行辩证唯物主义教育，使学生认识到世界的物质性、运动性等。不仅在物理教学中，每一学科的教学中都蕴藏着丰富的道德教育资源，这就需要教师充分挖掘，将道德教育融于学科教学中，以期达到对学生道德教育的潜移默化的影响。

学校各项服务工作都应有德育功能，只是有的德育的因素比较明显，而有的则比较隐蔽。学校各项管理工作都应尽力与德育工作相互配合，注意与道德教育因素紧密结合，着眼于对学生的教育，从严要求，注意方法的使用，使之成为学校德育的重要补充途径，使学生从中受到感染、激励和教育。

### 2.德育目标的层次化

德育目标是通过德育活动所要达到的目的要求。我国还处在社会主义初级阶段，多种所有制形式、经营形式、分配形式并存，呈现了以社会主义道德为主体的多种道德并存的情况。与之相适应，高校德育必须打破传统的“大一统”的目标模式，大学生的道德水准呈现多层次、多规格的特点。根据大学生不同年级身心发展水平，针对学生人生观、价值观、道德观及思维方式上出现的新特点，根据社会发展阶段的要求来看，从培养时代新人着眼，从抓基础项目入手，分阶段分层次制定德育目标，形成目标系列。

### 3.利用网络把德育透明化

国家教育部门可以考虑借助网络方便快捷的优势，为每个学生建立道德档案。每个年满16岁的公民都在网络中建立档案记录。此记录主要包括以下内容：姓名，年龄，所受教育情况，以及最重要的一面——道德行为、道德素质记录。人的道德素质记录，也就是做人记录。在我国确实有必要建立这种负责机构，在核实事件真伪的基础上，将公民的道德行为记录在案。这种方式便于用人单位和相关人士进行查证，在用人选人时可以作为一个很重要的参考。当然，这只是一种参考作用。这也是针对现在网络诈骗的一个有效的应对措施，最重要的是，这种档案记录要起到一种激励作用，促进个人提高自己的道德素质，改变不当的行为习惯，按照社会的道德规则约束自己的行为，逐渐从他律走向自律，这才是建立道德档案记录的目的所在。

#### 4.德育方法多样化、层次性

德育方法是为完成德育任务所采取的手段。由于德育过程是一个多因素相互影响、多层次的发展过程，大学生思想品德的形成受到社会、家庭、学校及学生个人身心发展状况诸方面的影响，德育必须通过影响思想品德形成的各种条件的综合作用，才能奏效，这就决定了德育方法的多样性和层次性。德育方法从不同的视角可以分为不同的层次。如，从德育主体和客体的角度看，可以分为主体外部灌输和客体自我修养两个层次；从德育内容权重的角度看，可以分为理论教育、实践教育；从德育的类型看，可以分为氛围型、渗透型、情感型、审美型；从德育方法的特点和作用看，可以分为说服教育法、情感陶冶法、实际锻炼法、榜样示范法、修养指导法等。

### （二）高校德育工作方法创新的尝试性策略

创新是主体通过探索去解释和把握世界的规律，并遵循和运用事物的规律催生富有全新价值的新事物的过程和结果。创新是一个艰苦的过程，在这个过程中必须充分发挥主体的能动性。而这种能动性的发挥必须符合事物的发展规律，同时又受到客观条件的制约。因此，高校德育方法的创新不仅在其创新过程中面临着挑战，更重要的是这种方法的创新必须正确地应用于教育实践，并对实践产生预期的影响和效益。高校德育是一门科学，其知识体系要经得起现实生活的检验和历史的验证。一般来说，德育的有效性，主要表现为德育活动对其预设目标的实现程度。这是一个尝试性的过程，同时也是检验创新方法的科学性的过程。任何教育理论都不可能放之四海而皆准。因此，任何新的教育理论的实践都必须是谨慎的、尝试性的。

基于对现代道德教育的现状的分析，在今后的道德教育中，从指导思想和实际内容上都要有所改观。从大的方向上来讲，道德教育要做到以下几点：

首先，在高校高度重视道德教育。这显然不是一个创新，因为在我国各级教育目标中都明确把道德教育作为教育的首要任务和内容。但实际上在我国的高等教育阶段，道德教育并没有真正被提上日程，高校的道德教育实际上主要是政治教育和大学生日常规范教育。道德教育的真正意义已经丧失殆尽。因此，反思现阶段社会道德水平下降、道德信仰丧失的状况，高校德育必须反思自身，肩负起大学的责任，把大学精神真正落到实处。大学的责任不是仅仅授予学生一个谋生的证书和学历，更重要的是授予学生中华民族的优秀道德文化传统。

其次，德育内容的选择和安排必须以德育目标为依据，是根据社会主义教育目的、德育任务、当前的形势及青年学生的品德水平确定的。当代大学生思想发展的特点和阶段性，决定了高校德育工作必须有针对性，科学、系统地安排内容，不同的阶段有不同的侧重点。

中国自古以来都是以德治国，中华民族的优秀道德教育传统名扬天下，“礼仪之邦”是世界对中国的承认和赞誉。中国的传统道德教育应该是让人们引以为豪的。

## 第二节　高校德育方法基本理论及创新价值

高校德育方法创新是研究高校德育方法的系统体系，是研究高校德育方法如何创新的理论体系。新时期我国的高校德育取得了显著的成就，在一定程度上促进了高校德育方法的发展。但是，从总体上来看，高校德育方法在发展过程中仍存在一些问题与弊端，例如：德育的过程中，德育方法滞后于教育对象，方法陈旧，方式落后，致使高校德育方法滞后于时代的发展，在很大程度上影响着德育目标和德育任务的完成，阻碍了高校德育方法的创新，从而影响到高校德育的整体发展。随着国家各项事业的快速发展，特别是网络技术的普遍应用，传统的德育方法已经无法满足新时期的需要。

### 一、高校德育方法的基本理论概述

#### （一）高校德育方法创新的必要性

随着时代的发展，大学生的思想观念和思想动态发生了明显的变化，认真分析大学生出现的新问题，对于出现的新问题进行有针对性的教育，要认真总结出现问题的原因，并且解决大学生实际生活和学习中遇到的问题。以下我们从方法与德育方法的内涵及高校德育方法的内涵与特征中深入了解高校德育方法创新的必要性。

### 1.方法与德育方法的内涵

在我国，关于德育方法内涵的界定有许多种。而“方法”一词，源于希腊文，原意为沿着一定的路径，以一定方式或程序开展活动，从而达到目的。德育方法因此可以定义为教师和学生在德育过程中为达成一定的德育目标而采取的有一定内在联系的活动方式与手段的组合。在这一内涵的阐述中，德育方法与一定的方式与手段是紧密相连的，同一种德育活动方式与手段可以有不同或是多种的教育方法，但都是为一定的德育目标而服务的，是德育目标顺利达成的中介，起到“桥梁”的作用。

### 2.高校德育方法的内涵

高校德育方法是为促进高校德育发展，为实现德育目标而运用于教育者与受教育者之间的各种德育手段、方式的总称。从高校德育方法的内涵中我们可以看出，高校德育目标是为了更好对受教育者进行德育，从而促进高校德育的发展。高校德育方法是教育者与受教育者共同参与的德育过程所运用的手段与方式，起到衔接和“纽带”的作用。

### 3.高校德育方法的特征

高校德育方法的恰当运用，直接决定着高校德育的整体发展，决定着高校德育能否取得预期的效果。我们从以下几个方面说明高校德育方法的特征：

首先，高校德育方法的科学性。高校德育是对大学生进行德育的主要的思想阵地，以马克思主义的科学理论为指导思想，对不断变化和发展的新情况、新问题进行研究和总结，在一定程度上反映了高校德育方法的科学性，为高校德育沿着正确方向发展提供了有力保证。

其次，高校德育方法的应用性。高校德育方法在高校德育过程中有很强的应用性。任何问题的解决都需要有正确的方法，方法的正确选择，在于它可以帮助德育工作者正确认识出现的问题和有针对性地去解决问题。在高校德育的实践中我们应该把理论性和应用性结合起来，更好地为大学生服务。

再次，高校德育方法的针对性。德育工作者在德育实践的过程中改变传统教育中以批评教育为主的教育方法，针对不同个体的兴趣、爱好、心理状况的差异，对于出现的各种问题运用恰当的方法有针对性地解决，认真做好并且解决与大学生相关的德育问题。

最后，高校德育方法的系统性。高校德育是一个完整的教育系统，它包括诸多方面，高校德育的主体、客体、方法、手段、模式等都是高校德育内容。而高校德育方法的系统性体现为整体性和动态性。整体性，即高校德育方法系统依据一定的方式组成有机整体；动态性，由于高校德育方法面临的时代条件、形势、任务、对象和环境经常处在变化之中，这就决定了高校德育方法内部各要素之间，存在着密切的相关性。

因此，在社会主义各项事业高速发展的新时期，促进高校德育发展的任务紧迫，而作为“中介”和“桥梁”的高校德育方法的创新就显得尤为重要。

## （二）高校德育方法创新的紧迫性

### 1.由新时期的社会背景决定

随着我国综合实力的不断增强，各国之间经济贸易往来、合作的联系日趋紧密，面对这种严峻并且复杂的国际环境，作为高校德育工作者应该做好德育工作，在实践过程中运用恰当的、可行的德育方法，全面加强高校德育，提高抵御腐朽思想的能力。

新时期我国的经济、政治、文化、科技和军事等各项事业欣欣向荣，各项事业快速发展。广大人民生活方式发生了新变化，呈现多样化特点，大众的生活观念和生活态度多样化，生活观念趋向更加务实开放，生活兴趣和爱好更加广泛多样。通过大众传媒和人际交往，人们生活态度的相互影响程度在不断加深，同时也更加凸显自己的个性。但在多样化的同时，一些错误的或者是不文明、不健康的生活观念和生活态度也相继出现，拜金主义、享乐主义、极端个人主义等腐朽思想开始滋长蔓延；有的人生活态度消极平庸，缺乏精神追求。时代与社会的变迁与发展必然会反映到思想意识领域，高校德育作为意识形态的一部分，也必然打上时代的烙印，这些不良现象和影响在社会上的盛行必然会波及世界观、人生观和价值观正在成长中的当代大学生。在国内环境的影响下，高校德育中传统德育方法的弊端暴露得越加明显，它的传统性和滞后性已经越来越不适应时代的发展需要，要求高校要积极地改变传统的德育方法。在德育过程中，适应我国的发展变化，积极促进德育方法的创新，从而保证大学生在复杂的国际和国内情况下保持清醒的头脑。

### 2.由高校德育工作者的职业素质决定

高校德育工作者在德育工作中能否做到从实际出发、突出重点，直接决定着德育工作的成败。遗憾的是，实践中往往希望面面俱到，要求过于理想化，不能客观地把德育的核心目标层次化并与实际要求有机结合起来，无法主次分明、有的放矢和卓有成效地展开工作。高校德育过程中，往往存在着一些德育工作者自身的思想素质不高、专业知识不过硬、重理论灌输、轻社会实践，忽视大学生出现的思想问题的根本原因等情况，对于出现的问题只是进行理论教育和批评教育，忽视了大学生的主体性，使其被动地接受教师的教育，长期下去，造成的后果是大学生学习的主动性与积极性无法得到发挥，影响大学生的主体地位，使大学生产生逆反心理，达不到德育预期的效果。

因此，作为高校德育工作的主要力量的德育工作者的职业素质直接影响着德育的实效性，直接决定着德育方法在实践过程中能否有效实施。在激烈的竞争中，素质高、专业化和专家化强的德育工作者开展德育工作可以运用恰当有效的德育方法，针对出现问题的不同，采取不同的方法进行教育，这样既能充分调动大学生的主动性和积极性，又增强了德育工作者对待德育工作的主动性与热情，从根本上对于促进德育方法的创新发挥了积极作用。

## 二、高校德育方法的创新价值

第一，高校德育方法的创新，是提高高校德育实效的需要。高校德育实践的过程中，方法的正确与否直接关系到高校德育的成功与否。德育方法的正确选择可以对大学生产生积极的教育影响；相反，德育方法的不恰当运用就会使大学生产生厌恶的心理，容易造成严重后果。只有做到德育方法的有效运用，我们才能达到德育的目的。

长期以来，高校在德育的过程中，积累了丰富的理论经验与实践经验，在一定程度上对高校德育的发展起到了一定的积极作用。但是随着新时期的到来，新形势的发展变化，传统的德育方法已经不适用于高校德育的发展。要改变这种不利的情况，高校必须做到与时俱进，促进德育方法的创新，主要是因为：一方面，由于当前国际环境和国内情况的复杂多变，高科技的普及，拓宽了大学生获得信息的视野，从接受教师的理论灌输开始转向网络进行德育，一些西方国家的非社会主义的思想、价值观念和生活方式通过互联网的传播途径开始流入大学校园，冲击着传统教育，在大学生群体间产生了一定的影响；另一方面，随着新时期我国各项社会主义事业的不断发展，呈现出了以前没有的特点，如经济成分和经济利益多元化、社会生活方式多样化、社会组织形式多样化、就业岗位和就业形式多样化。在这种严峻形势下，高校德育面临着挑战。这就需要高校德育工作者站在时代发展的高度，重新审视高校德育。当前阻碍高校德育发展的首要问题就是高校现行的德育方法，已经成为影响和制约高校德育发展的主要因素之一。

而对于高校德育工作者来说，当前最主要的任务和最首要的任务就是要加快德育方法创新的步伐，改变传统单一的教育方法，做到理论教育与实践教育相结合，课堂教育与榜样教育相结合，批评教育与表扬教育相结合，因人而异，采取不同的德育方法，从根本上提高高校德育的实效性。

第二，高校德育方法创新，是新形势发展的客观需要。当今世界全球化趋势增强，和平与发展仍然是时代的主题，政治、经济、文化的多极化发展，科学技术的广泛应用，要求必须认清这一时代发展的主要特点，发展中国特色的社会主义事业。这就要求高校应该始终保持清醒的头脑，在借鉴国外先进的管理技术与管理经验的同时，要时刻警惕反动思想的传播，掌握高校德育的主流思想阵地。全方位、多方面地对大学生进行德育，抵制西方少数国家的“分化”思想，因此，在强调高校德育工作的重要性的同时，决定了高校德育方法必须创新，这是信息化时代高校德育发展的客观需要。

第三，高校德育方法创新，是保证大学生健康成长的需要。高校德育是为了培养“德”“智”“体”“美”各方面全面发展的高素质人才，学生是高校德育主要的受教育者。但是长期以来，我国的高校德育把学生看作是接受知识的“工具”，忽视了大学生的主体地位，在德育课堂上仍然沿用传统的教育方法，如单一灌输的教育方法、以“批评”为主的教育方法、“满堂灌”的教育方法。这些德育方法忽视了学生的主体作用，忽视了学生的内心需要，是一种外在的强制性教育，其结果是在一定程度上束缚了高校德育与高校德育方法的发展。因此，只有选择正确的德育方法我们才能增强德育方法的实效性，取得良好的德育效果，圆满完成德育任务。

因此，高校德育工作，一定要坚持教书与育人相结合，教育与自我教育相结合，坚持政治理论教育与社会实践相结合，坚持解决思想问题与解决实际问题相结合，坚持教育与管理相结合。只有有效地开展德育工作，我们才能更好地在德育实践的过程中尊重大学生的主体地位，彻底激发学生学习的兴趣，促进学生德、智、体、美全面发展，保证大学生积极、健康地成长，实现德育目标。

## 第三节　高校德育方法创新的基本路径

高校不仅肩负着为中华民族的伟大复兴和为社会主义建设培养素质高、专业性强的有用人才的主要任务，而且还肩负着传授知识、培养大学生各方面能力、使大学生自觉遵守法律法规，保证大学生服务于社会主义建设的重任。因此，我国高校的发展影响着整个高校德育的发展，乃至成为整个社会普遍关注的重要的课题，高校应制定出德育方法的创新路线，提高德育质量。

## 一、高校德育方法创新的原则

高校德育方法创新的原则是指在进行德育的过程中，德育必须坚持的原则。因此，研究高校德育方法在创新的过程中坚持的原则是一项比较重要的课题。高校德育方法的创新必须以正确的原则作为指导，结合高校德育发展的实际情况，专家学者提出了很多关于德育方法创新坚持的原则，从社会的发展情况看，根据所掌握的资料，有以下几个必须坚持的原则：科学性原则、主体性原则、层次性原则和有效性原则。

### （一）科学性原则

高校德育方法的科学性原则，要求德育遵循大学生思想活动的规律，遵循德育的客观规律性，遵循高校历史发展的科学规律性，克服盲目性与随意性。随着现代科学技术的发展，特别是互联网技术的发展，我国的政治、经济、文化、军事等社会各方面都产生了变化。互联网进入高校以后，对学生的思想观念、生活方式和身心健康等带来了潜在的、深远的影响。原有的德育方法在互联网上完全不适用了，只有及时把握现代科学技术发展的脉络，尽可能地把先进的技术运用到对学生的教育之中，我们才能跟上科技发展的步伐，也才能增强德育的效果。高校德育工作是对大学生进行教育的工作，因而高校德育工作者把正确的政治观点、政治立场和政治方法放在首位，在实践中接受互联网对高校德育工作的影响，改变传统的德育方法，为此，德育工作者要用科学的世界观、方法论武装自己，使自己具有正确的思想观点、政治立场、思维方法和教育艺术。只有这样我们才能使德育具有强大的感染力、吸引力、说服力和战斗力，提高大学生的德育水平。因此，高校德育方法一定要坚持科学性的原则，只有这样，高校德育才能沿着正确的路线不断向前发展。

### （二）主体性原则

人的全面发展，以一种全面的方式，就是说，作为一个总体的人，占有自己的全面本质。坚持贴近实际、贴近生活、贴近学生，努力提高思想教育的针对性、实效性和吸引力、感染力。

然而，当前高校德育与大学生的现实生活脱节，没有贴近大学生思想实际、贴近大学生的实际生活，这样就不能开展有针对性的德育工作，使德育工作无法取得良好的效果。

因此，高校德育方法坚持的主体性原则，应该把着眼点放到对教育对象的主体性培育上，培养大学生的积极性与主动性，知与行不能脱节，不能把德育看成是一种强制教育，应该把德育内化为大学生的德育品质，走出对德育者的依赖，从根本上增强德育效果。

## （三）层次性原则

人的发展是有层次的。由于当前国家的快速发展、改革开放的深入人心和普及高等教育，我国高校也发生了很大变化，由“精英教育”发展为“大众教育”，在德育的过程中，德育工作者要注重平时的积累，把握不同的教育对象所具有的不同特点，有的放矢，因材施教，坚持普遍性和特殊性相结合的工作方针，这对于高校德育工作者来说至关重要。

首先，根据受教育者各项综合素质的不同特点，找到适合学生德育的工作方法。伴随着高校大学生人数增多，一些大学生由于生活学习及社会、学校和家庭等各方面的差异，表现出各种不同的特点。从德育水平来说，大学生整体德育水平比较高，但是由于受到外界的影响，一些大学生对德育水平评价标准产生怀疑，因此，德育水平评价标准的随意性比较大；从互联网的影响看，由于互联网传播信息的方便与快捷，这种新的德育载体更容易被大学生接受，互联网在带来有益信息的同时，消极信息的纷至沓来冲击着一些思想不坚定的大学生；从身体素质和能力素质等因素考虑及从社会、家庭和学校等诸多因素考虑都可以造成学生之间各个方面综合素质的层次性。

其次，增强德育方法的层次性，应该区别教育对象学习目的的多样性。由于教育对象综合素质的层次性，不同教育对象的学习目的也就不同。在对大学生进行德育的同时，要分层次、有重点、循序渐进，努力贴近社会、贴近生活，充分调动各部分学生的积极性、创造性和主动性，使各种不同层次的大学生转变学习态度，真正去接受学习，从而向更远大的目标前进。

最后，认识教育对象的心理承受素质的差异性。由于高校学生群体表现出来的特点，大学生的心理承受能力在近几年也引起广大关注。这就需要高校德育工作认真地研究教育对象，把握教育对象表现出来的层次性的特点，有针对性地解决问题。

## （四）有效性原则

高校德育工作在德育实践中一定要注重有效性原则。在德育工作中，一些德育工作者没有充分重视有效性原则，没有利用有效的德育方法解决大学生的实际问题，其结果就会造成德育目标无法得到实现，德育任务无法完成。作为高校德育工作者，在德育过程中，我们需要及时发现大学生的问题，运用恰当的教育方法，及时解决问题。对待已经出现问题的大学生，更应该深入调查出现问题的原因，找到切实可行的方法，从根本上发现问题并及时解决问题。

高校德育工作是一项系统而又烦琐的工程，仅仅坚持以上四种原则是不够的，它需要各个方面的原则作为支撑，应该做到社会教育、学校教育和家庭教育三者的结合，共同促进高校德育工作的发展，改进原有的高校德育方法，从根本上增强高校德育的有效性。

## 二、高校德育方法创新的具体内容

### （一）坚持生活化教育方法

大学生的成长过程是一个漫长而复杂的过程，德育发展与时代的发展紧密联系在一起，在大学生的日常生活中渗透着德育，德育贯穿于整个大学生活。生活化的德育注重生活实践，因此，我们应从生活中来，到生活中去。当代高校的德育方法需要改变传统的单一灌输和说服教育的方法，善于突出学生的主体性，组织学生自我教育、自我管理，使高校德育工作真正做到贴近学生、贴近生活实际，引导学生正确地认识自己，不断改善自己的道德认识与行为习惯，在活动实施上突出保护自我心灵，发掘自我经验，关注自我行动，促进自我发展。

高校德育是与时代特点紧密相连的，德育工作者更应从大学生的生活实践中对大学生进行教育，关心大学生的生活，让大学生得到身心的全面教育，在德育课堂上利用“道德两难问题”去启发学生，让学生思考和检验自己的道德立场，反思自己的行为，让广大青年学生真正地从日常生活实践中得到教育。

因此，高校德育方法的生活化，是时代的发展，是社会的进步，是促进高校德育发展的条件。高校德育方法只有贴近现实，贴近生活，贴近社会，才能为社会的发展培养更多合格的高素质人才。新时期高校德育方法应该更加注重生活化的教育，在生活实践中潜移默化地教育广大青年学生，为社会培养德才兼备的高素质人才。

### （二）坚持隐性教育的方法

我国高校德育一直以显性教育为主。随着社会环境的复杂多变，仅仅依靠书本知识的教育是不够的，还必须注意在显性教育的影响之外运用一些潜移默化的教育，这样才能提高德育的实效性。

隐性教育作为和显性教育相对立的一个概念，是由西方学者首先提出并具体实施的。关于隐性德育课程，学术界还没有统一的定论。隐性德育课程是指广泛地存在于课内外、校内外教育活动中间接的、内隐的，通过社会角色无意识的，非特定心理反应发生作用的德育影响因素。简单地说就是学校通过一定的教育环境，对学生进行一种间接的经验的传递与渗透，使学生在潜移默化中接受教育。隐性教育以间接性与隐蔽性为主要特点，是一种潜移默化的教育。

高校德育工作必须以大学生德育品质的形成和发展为基础，大学生受到外界环境各种因素的影响，同时也受到一些环境因素的隐性影响，如社会政治环境、经济环境、文化环境等，对大学生德育的影响一般是非计划性、无目的的影响，虽然没有立竿见影的效果，但是却在无形中形成一种潜移默化的影响，高校环境建设包括物质环境和精神环境。物质环境包括学校的建筑、学校的配套服务设施等，这是保证学生基本的物质需要，是高校必备的物质基础设施。精神环境的建设包括教育者传授知识、校园文化的建设、校园网络管理等。而且随着网络的普及和发展，传播信息的方便性、灵活性、娱乐性和速度快的特点，更能吸引广大高校学生接受网络这个传播信息的新兴载体，更需要高校运用正确的教育思想占据学校的主流文化阵地，构筑健康的校园文化，使网络德育与网络德育方法紧密结合，更好地教育广大青年学生，提高他们辨别是非的能力。

作为高校德育工作者，在传授理论知识的同时，要根据时代的发展变化，开展具有时代特色、现实感和历史感特点突出的理论课程，强化历史观念和爱国情感，用事实和网络开展生动、鲜明的社会实践和理论讲座，从不同的学科去理解知识涵盖的不同意义。在不同学科的教育中渗入德育观念，培养大学生用积极、乐观的态度去探索知识，去对待学习、工作和生活，这是高校德育工作者肩负的重要责任。

因此，高校应该开展一些互动性和娱乐性比较强的文化活动，使大学生在耳濡目染中受到德育的熏陶和影响。另外，利用德育中的一些如大众传媒、网络载体，对大学生进行宣传教育，发挥德育的隐性影响，使大学生在德育品质、情感培养和行为方式等方面受到潜移默化的教育，从而完成德育任务，实现德育目的。

### （三）坚持自我教育的方法

自我教育法是受教育者按照思想教育的目标和要求，主动提高自身思想认识和道德水平及自觉改正自己错误思想和行为的方法，简单地说就是人们自己教育自己，自己做自己思想政治工作的方法。

大学生健康成长不仅需要外在的教育，还需要大学生自己对自己的约束和管理，不仅要接受课堂教育，还需要进行自我教育，即自我认识、自我监督、自我调适等方面的发展，也就是一个自我教育的过程。而自我教育恰恰就是为了提高自我约束、自我控制和自我管理的能力。

高校德育工作者的首要任务就是培养大学生自我教育的能力，为自我发展创造条件，增强德育的实效性，达到德育的目的，完成德育的任务。德育工作者在大学生的学习和生活中，应该采取自我批评、自我表扬和自我激励相结合的方法，充分发挥学生学习和参与实践活动的积极性与主动性，加强大学生自我管理和自我服务的能力。在实践中，德育工作者还要善于运用榜样的力量和先进事迹的影响作用，使学生既有奋斗目标又有赶超的态度，从而提高学生的自我教育能力。

# 第七章　信息化时代高校德育机制与理念创新

## 第一节　高校德育动力与德育动力机制创新

在研究德育动力机制之前，我们必须对德与道德，德育与道德教育、思想教育的概念进行辨析，把动力、动力机制与德育动力机制的内涵进行界定，然后对德育动力机制的动力结构，德育动力系统中可能存在的子系统，各子系统的组成元素，系统的功能与功能结构进行探讨，最后进一步研究德育动力机制的基本结构、基本类型及运作过程与手段。

### 一、德育动力机制的动力结构

对系统进行结构分析是系统研究的基础。一个复杂系统是由元素和子系统组成的。系统的结构，是指系统各组成元素和子系统之间关联方式的总和。元素是系统和子系统的组成部分，但具有基元性特征，相对于给定的系统它是不能也无须再分的最小的组成单元，元素不具有系统性，我们不讨论其结构问题。德育是个极为复杂的系统，对德育动力机制系统进行结构分析，既是研究复杂德育动力系统的前提，也对研究者研究的路向具有决定性作用。

#### （一）德育动力系统的子系统

划分子系统是结构分析的重要内容。一般而言，我们可以从不同的视角对子系统进行划分，如德育的主体动力系统结构，可以包括教育主体动力结构、受教育主体动力结构、社会主体动力结构、政治主体动力结构等；德育的组织动力系统结构，可以包括政治组织动力结构、经济组织动力结构、文化组织动力结构和社会组织动力结构等；德育的方法动力系统，包括德育研究的方法论系统和德育实践的方法论系统；德育的技术动力系统，包括德育的各种技术手段的使用。当然，德育动力系统是一个极其复杂的系统，根据研究需要，我们可以从不同方面把德育动力系统划分为不同的子系统，每个子系统又可分为不同的层次。虽然无论从哪个方面划分子系统，在复杂德育系统内部的联系还是交织一起的，但每一个子系统相对于母系统又具有一定的相对独立性。

德育动力系统依据不同的划分标准，可以划分为不同的动力系统类型，在不同的动力系统类型之中，其思想内涵可能有重叠性或交叉性。然而，德育动力系统是一个完整的整体，为了更加全面地认识德育动力系统，我们可以依据动力系统的结构性特征划分为内在动力构造要素、外在动力构造要素和整合动力构造要素所形成的动力系统类型。一是内生动力系统，是指德育内在过程的动力构成要素的结构与功能及其发生作用的动力系统。二是外生动力系统，指的是德育的各种外在动力构造要素的结构与功能及其发生作用的动力系统。三是联动动力系统，指的是德育发展各个过程、各个环节实现良性互动的各种有效协调和整合要素的结构与功能及其发生作用的动力系统。

### （二）德育动力子系统的组成元素

每个子系统都是由一定的元素组成的。有些子系统有多个元素组成，有些子系统只有一个元素组成。系统是一个整体，但系统之间、各子系统内部组成元素之间不是孤立的，相反，它们是相互联系、相互作用的有机整体。不同系统之间、各子系统内部组成元素之间的相互作用，在何种规则的控制下发生作用，如何作用，有何规律，这是德育动力机制结构演化的关键，也是探讨德育动力机制的基础。内生动力系统、外生动力系统和联动动力系统，都有各自的组成元素。

各子系统在一定的德育环境条件下彼此之间相互制约、密切联系，共同构成一个不断矛盾运动的德育动力系统，任何一个子系统的变化，都不可避免地会对其他子系统产生影响，从而对整个动力系统的效能发挥产生影响。因此，系统、全面地研究德育动力系统中的子系统及其构成要素，明确各子系统及其构成要素是如何作用于德育的，并且揭示其作用规律，对进一步优化德育动力系统结构，促进德育发展具有重要意义。

## 二、德育动力机制的运作机理

德育动力机制是指在德育动力产生和发展过程中，德育内部要素、外部要素与整合要素之间相互作用的机理与方式，是促进德育良性运行与协调发展的各种构造、功能和条件的总和。

## （一）德育动力机制的基本结构

根据动力机制的一般定义，德育动力机制由外围结构与内核结构两个部分组成。外围结构又包括动力主体、动力传导媒介及动力受体。

根据需要主体的三个层次，动力主体可以分为个体（微观层次）、群体和集团（中观层次）、国家和社会（宏观层次）。在整个德育活动中，德育主体是贯穿整个德育过程的组织者、参加者，既是德育的出发点，也是德育的目的和归属。具体到德育动力机制中的德育动力主体，还应该进行进一步的细分。根据主体在德育过程的角色与功能的不同，我们可以把德育主体分为教育主体、受教育主体、社会主体和政治主体。这四种主体之间的主体性与主体间性的融合，在特定的德育关系与德育实践中存在一种相互理解、相互融通的互动与作用关系，并且各主体之间所发出的动力可以通过一定的媒介互相传递。

动力传导媒介是德育动力从一个动力主体传到另一个动力主体的渠道，也是德育动力积累和递增的主要凭借之一。它能把教育主体、受教育主体、社会主体和政治主体的德育动力整合为一体，成为德育的整体动力。首先，利益是最重要的动力传导媒介。政治主体最经常的是通过利益这一传导媒介，将自身的德育动力化解，传递到教育主体、受教育主体和社会主体等动力主体身上。社会主体、教育主体和受教育主体在政治主体整体规划的德育目标所规定的利益导向下，开展创造性的德育活动，培养道德行为，形成道德习惯，以此满足利益需求。这样，政治主体就把自己的德育动力传导到了其他德育动力主体身上。反过来，其他德育主体形成道德习惯，实践道德行为又使德育计划、目标得以实现，从而使政治主体的利益得到了保证。实际上，所有德育主体的动力通过利益这一传导媒介相互传递而凝聚成为实现德育整体利益的动力集合。其次，文化也是重要的动力传导媒介。因为文化价值观和文化模式通过社会化和内化过程，可以融入主体的人格系统里，必然对动力主体的需求结构、价值观等产生影响并可能发生改变，从而使他们的动力发生变化。最后，信息也是重要的动力传导媒介。因为某一动力主体可以将动力以信息的形式传给另一个动力主体，使之知晓，或认同执行，或反对抵制，或置之不理。如政治主体可以通过广播、电视、网络、报纸、教科书等媒体进行德育的宣传，将德育政策、德育目标、德育规范等告知其他德育主体，使之认同执行。教育主体往往也通过丰富多彩的渠道和多种多样的形式，如利用PPT、视频、动漫等多媒体，将德育内容（道德信息）融入其中，把枯燥的道德说教变成潜移默化的道德体验。当然，德育动力通过信息这一传导媒介可以在德育主体间进行相互传递。

动力受体是指德育主体获得需求满足的对象、工具、资源等。需求满足的对象被称为满足物，最简单的划分是物质满足物与精神满足物。任何以物质形式存在的满足物都被称为物质满足物；反之，以非物质形式存在的满足物，如爱、权力、地位、荣誉等被称为精神满足物。工具则是德育主体在满足需求的过程中设计和创造出来的，是动力作用于满足物或为了获得满足物的桥梁。社会资源作为动力受体，在于它可以被改造为某种满足物，或作为工具去获得某种需求的满足物。

德育动力机制的内核结构包括动力源、动力方向、动力贮存体和道德行动四个要素。动力源是指德育主体的内在需求，它产生的动力是原生性动力。动力方向指动力与德育目标一致或相悖，直接关系到动力主体的动力性质和动力机制的性质。不同动力主体的动力贮存体的形式是不同的。教育主体的贮存体就是其教育能力，受教育主体的贮存体就是其接受教育和道德行为的能力，社会主体的贮存体就是团体、集体或群体的凝聚力，政治主体的贮存体就是其政治、经济、文化实力，包括现实生产力、科技水平及建立在经济基础之上的权力体系和执政能力。道德行动是德育动力的直接表达。各德育主体将自身的动力转化为道德行为，各主体恪尽职守，教育主体、受教育主体践行社会公德、家庭美德和职业道德，社会主体和政治主体遵循政治文明依法执政，促进物质文明、精神文明与政治文明协调发展。

### （二）德育动力机制的基本类型

根据动力机制的结构性特征和构造要素，我们可以将德育动力机制划分为德育内生动力机制、德育外生动力机制及德育联动动力机制。

德育内在过程，简言之就是德育主体运用德育理论进行德育实践的过程。德育内生动力机制，是指德育内在过程的动力构成要素之间相互作用的机理与方式。它涉及的是德育的内因，是决定德育能否有实效的关键性要素，主要涉及主体形态及其需要的结构要素。

德育内生动力机制是德育形成和发展的内在依据，旨在确保德育的正确方向，增进德育的承继性。

德育外生动力机制是德育的各种外在动力构造要素之间相互作用的机理与方式。它涉及的是德育的外因，是促进理论形态与实践形态双向互动的各种外部要素，包括理论创新机制的动力结构要素和实践创新机制的结构要素。德育外生动力机制是德育形成和发展的外在关系机制，其功能是增添德育改革与创新的活力，促进德育的内化与外化双向互动。

德育联动动力机制是促进德育动力系统实现良性互动的各种整合要素之间相互作用

的机理与方式。它涉及的是有效促进德育发展的各种整合要素，包括利益激励机制和适度竞争机制组成的德育动力加速机制，动力协调机制、动力保障机制和政策导向机制组成的德育动力缓冲机制。德育联动动力机制是德育形成和发展的整合要素，实质上是一种整合性、衔接性的动力机制，其功能是实现工具理性与价值理性辩证统一，保证动力机制为德育提供适度动力。

## 三、高校德育内生动力机制

### （一）德育内生动力机制的结构要素

#### 1.教育主体动力结构要素

一般而言，专门从事德育的教育主体包括日常思想教育管理人员（辅导员、班主任、党团组织管理人员等）和思想政治品德课教学人员（理论课教师）等。如果从全员育人的角度看，学校里从事教育、管理和服务的所有人员都有德育的功能。教育主体不是道德律令的传声筒，而是具体主体性的教育主体。对教育主体而言，德育不但是一种利益驱动，更为重要的是它内含教育主体的一种发展需要、道德理想和事业追求。

首先，德育是一种利益驱动。这种利益驱动表现在两方面：一方面，德育是教育主体的职业，做好德育工作，是教育主体的职责。做得好，可以获得职业的发展；做不好，有可能丢饭碗。另一方面，德育工作也是教育主体获得职业尊严的追求。因为社会上很多人对德育主体有质疑，既包括对教育主体德性的质疑，也包括对教育主体能力的质疑，更包括对德育本身的质疑。教育主体面对这种质疑时只有在实际工作中来证明自己能行，这就是德育功能属性的发挥，即德育能够以自己的有效活动，使德育对象接受社会对德的要求，从而确证德育的价值。

其次，德育是教育主体的一种发展需要。德育不但是为了满足社会需要和受教育主体的需要，还是为了满足教育主体自身的内在需要。教育主体本身也是人，也需要不断地发展。教育的本质是育人先育己。在德育过程中，教育主体不但教育了学生，同时也教育了自己，通过德育弘扬了自己“人类灵魂工程师”的神圣职责、神圣使命及高尚人格，促进自我生命的“新的精神能量的生成”。

再次，德育还包含教育主体自己的道德理想。教育主体是一个独立的“人”，实际上，整个德育活动过程都是在教育主体的道德理想和追求主导下进行的。可见，教育主体不只是社会或某个政治集团的道德代言人和灌输者，德育还包含教育主体自己的道德理想。从这个意义上，德育主体在整个德育活动中，融入了充分体现自我意志的道德理想和道德信念，从而使学校德育成为道德主体自愿为之，并倾注了满腔热情的教育与自我教育活动。

最后，德育还内含教育主体的一种事业追求。教育除了鲜明的社会性之外，还有鲜明的生命性。人的生命是教育的基石，生命是教育学思考的原点。在一定意义上，教育是直面人的生命、通过人的生命、为了人的生命质量的提高而进行的社会活动。德育尤为如此，也本应如此。所以，德育是最具有生命性的教育，也是最体现生命关怀的一种事业，是教育主体对“提升人的生命价值和创造人的精神生命的意义”的一种事业追求。

**2.受教育主体动力结构要素**

受教育主体是指接受德育的人。从受教育主体的基本要素构成来看，主要包括受教育主体四方面的需要，即物质利益、社会化、精神成人和追求高尚。这四项基本要素，既在横向上存在着相互作用、相互促进的张力关系，又在纵向上存在着一条由表及里、层次递进的结构链条。

人作为一个生命体，首先是一个自然存在物，而且是有生命的自然存在物。全部人类历史的第一个前提无疑是有生命的个人存在。因此，第一个需要确认的事实就是这些个人的肉体组织及由此产生的个人与其他自然的关系。对物质利益的追求，是受教育主体产生德育需要的原动力。物质需要是人存在的前提和条件。人的需要分为生存需要、享受需要和发展需要三个层次，首先就需要基本的物质需要，这是一切人类生存的第一个前提，也是一切历史的第一个前提。物质需要是人类为了生存和发展而对客观物质条件的必然要求。满足了“饥有所食，渴有所饮，寒有所衣，病有所治”的生理需要，其他需要才会产生。作为物质需要的主体的具体生存的现实的“人”，生活在某种社会形式中必然有物质需要的诉求。

**3.社会主体动力结构要素**

在德育内生性动力机制的主体结构中，社会主体也是一个重要的德育主体。从社会主体的基本动力要素构成来看，主要包括社会主体三方面的需要，即社会秩序维护、道德传承和实现社会理想。这三项基本动力要素，社会秩序维护是基本要求，道德传承是核心，实现社会理想是目标。

教育产生于社会生活的需要。就社会的实际来看，维系秩序既需要强制，也需要教育。社会主体不能把社会秩序的规范运行完全寄托于个体的自觉性上，因为这是看不到人有惰性的一面，把事情的成功仅仅诉诸人的自觉性，片面夸大思想教育的作用，可能导致

“精神万能”。从功能的角度和满足社会生活需要的角度说，秩序价值，是德育最基本的价值之一。德育产生于社会秩序的需要。换言之，社会秩序的维护需要德育。通过德育，社会主体可以通过行为规范、道德观念和价值判断等有效地支配和约束每一社会个体的行为，让人们理解遵守秩序的重要意义与违背秩序的严重后果，从而遵守和维护秩序。这也是德育职能的具体体现。可见，德育作为社会规则的传承载体，对“应该如何生活的暗示和潜移默化”确保了社会秩序的维护，为人的生活提供了基本条件。

## （二）德育内生动力机制的功能分析

德育之所以经久不衰，关键就在于有一整套较为完善的动力机制，而在诸多的动力机制中，居于核心和关键地位的是德育内生动力机制。

### 1.德育内生动力机制是德育存在和发展的内在关系机制

事物的发展主要是内因（即事物内部的矛盾性）决定的。德育内生动力机制，从其根本性质上来讲，它指的是在人类现实生活德育需要的动力构成要素中，一切源自德育主体的德性需要基础上的追求、德育需要的内在过程的各种内在的动力构成要素所组成的有机体系。这些构造要素决定着德育的内在本质，无疑是德育存在的根本原因，是德育发展变化的内在依据，是德育发展变化的主导因素，即内因。如果说内因是事物发展变化的内在依据和根本原因，体现的是事物的内在矛盾关系，那么，德育内生动力机制实质上就是德育这一事物的内在关系机制。总的说来，这一内在关系机制体现在四方面：对教育主体而言，德育不但是一种利益驱动，更为重要的是它内含教育主体的一种发展需要、道德理想和事业追求。受教育主体的物质利益、社会化、精神化和追求高尚这四方面的需要是德育动力结构要素。社会主体三方面的需要，即社会秩序维护、道德传承和实现和谐社会理想是其德育动力结构要素。政治主体的基本动力要素主要包括维护阶级利益、灌输意识形态、保障政治稳定和实现最高理想四方面。

### 2.德育内生动力机制确保德育的正确方向

在德育理念上，过分偏重德育的社会价值，只强调德育的社会功能，而忽视德育的个体功能。这种德育价值倾向的片面性，忽视了德育对人的生命价值、成长需要的真正意义，必然歪曲了德育的本质，导致了只见“社会”不见“人”的“无人化”德育现象，造成德育与学生成长和发展的严重疏离，结果是德育效果长期低迷，德育的社会价值也不能得到真正体现。计算机网络的普及也给传统的德育工作带来了冲击，由于缺少治理网络环境的经验和措施，严重制约了德育工作的影响力，难以形成良好的育人环境。

## 四、高校德育动力机制的构建

### （一）德育动力机制构建的目的

德育动力机制构建的根本目的是实现德育的终极价值——“把人实现为人”。其直接目的就是要把德育动力最大限度地激发出来，并且形成适度的合动力，使之成为推动德育的持续的、稳定的力量。

#### 1.德育异化与人的异化的双向扬弃

德育异化是德育动力缺失的重要原因。因为异化的德育不再是人们所需要的德育，而变成一种约束人、限制人的异己力量。德育异化主要表现在以下几方面：一是当前德育的异化。由于应试教育影响，一切德育活动以高考升学为转移，德育塑造人、完善人的功能被严重弱化，普遍存在重分数轻德育现象，德育畸形发展。二是大学德育的异化。在道德相对主义、欲望主义与工具理性主义的合力作用下背离了大学精神和教化本性，持守价值中立、娱乐化和工具化的立场，导致了自身的异化。其结果是，以促进大学生德性成长为目标的大学德育却导致了学生人性的迷失和堕落，这是对大学生的发展不负责，也诱发了大学德育自身的生存危机。

德育异化在本质上就是人的异化。德育异化最根本的体现就是漠视人和生命的存在，对人和生命尊严的深层蔑视。而异化的德育培养出来的学生必然是人格有缺陷的，对人和生命本身缺乏同情、怜爱、关怀、呵护与尊敬的麻木、冷漠、无情的人。这样的人，必定是异化了的人。德育一旦异化，在某种程度上存在着忘却德育的真正对象和真正目的，就会漠视人的尊严、压抑人的自主、忽视生命的体验、曲解生命的意义，收获的是生命贫乏、缺乏活力、遗忘生命意义的学生。这是与德育的本质背道而驰的。

在根本意义上，德育指向的是人的精神世界和意义世界的构建，它的任务是通过人的塑造，提升人、发展人，使人超越现实的物欲满足，超越生命自身的时空限制，获得精神的提升，从而得到人生幸福和存在的意义。因此，构建德育动力机制的首要目的和任务就是要防止、抵制、避免德育与人的双重异化。

#### 2.人的全面发展与德育文化的双向互促

“人的全面发展”的概念，即人应该不断地追求自身的完善。人不仅是认识主体和实践主体，也是价值主体。德育就必须以这个现实的人为根本的出发点和归宿。而人的根本需要则是解放、自由和全面发展的需要，因此，从德育的终极意义或德育的最终本质来说，它要促进人的自由而全面发展。德育的原点和归宿应该是人的全面而自由发展。这种追求人的自由而全面发展的价值取向，不仅是由人之为人的内在本质决定的，也是人之存在要求的应有之义。所以，作为促进德育发展的德育动力机制也要围绕“人的自由而全面发展”这一原点和归宿展开。而且，德育动力机制促进人的自由而全面发展应该是一种对人的整体性发展和每一个人都自由而全面发展的促进，因为全面发展的人，不仅其物质力量要素要有充分的发展，而且其观念意识也应当全面完善。他将是一个能使个人诸种特性全面生成，并不断地改变自身支配客体世界的方式、手段，同时又能内化社会多种理论的整体性发展的人。并且，真正的人的发展不是一部分人发展和另一部分人不发展，而是人人都自由而全面发展，因为一个人的发展取决于和他直接或间接进行交往的其他一切人的发展。对人的自由而全面发展的追求，实际上也是德育动力机制构建的一种终极价值取向。德育和德育动力机制的各个构成要素都是围绕着“人的自由而全面发展”这一最高价值追求展开的。因此，德育动力机制构建要实现对人的自由而全面发展的促进，就要注重人文关怀，各种机制及其构造要素都要围绕解放和释放人的精神创造力，提升人的主体性和精神境界这一主旨，使人自觉履行人之责任，使人获得的正确政治方向奠定在理性文化的信仰基础上，通过文化自觉实现政治上的坚定。

### （二）德育动力机制构建的基础

德育动力机制构建的基础，是关系到德育动力机制是否稳固、能否真正发挥它应有的功能的重要基石。

#### 1.尊重人的存在和主体性

真正符合人的本性的哲学和伦理学应该充分尊重个人，尊重个体生命，应该教会每一个人把“人的生命作为价值的标准”、引导每一个个体“把自我的生命当作每个个体的伦理目的”。这里的“标准”和“目的”的区分是这样的：标准是一种抽象的原则，用来衡量或矫正人们的选择，以便达到具体的、特殊的目的。将这一原则运用于具体的、特殊的目的与理性存在相适应的生命目的——属于每个个体的人，他所生活的是他自己的生命。人类必须按照适合于人类自身的标准来选择行为、价值和目标，以此来达到、保持、发现和感受终极的价值，它存在于自身之中，是其自身的生命。德育作为“把人实现为人”的一项育人活动，尊重人、提升人、发展人、丰富人、完善人应当成为德育的出发点和价值旨归。而这种人本价值旨归，应当充满对人自身的尊重、对自由和幸福的追求，蕴含深厚的人文精神和终极关怀。在这个意义上，德育必须与人的幸福联系起来，与人的自由联系起来，与人的尊严联系起来，与人的终极价值联系起来，使教育真正成为人的教育，而不是机器的教育，使教育不只是人获得生存技能的一种手段，而且还能成为提升人的需要层次、丰富人的精神世界的一种途径。

主体性已成为当今我国哲学社会科学领域的一面旗帜、一个纲领和一个口号。主体性，就是道德活动的主体所具有的完善自身、完善他人和完善社会的能动性。德育中的教育者不是传播某种理论或意识形态的“机器”，受教育者也不是一个个需要填满的“容器”。他们本身“占有自己的全面的本质”，有自己作为个体独特的能力、情感、意识、品性和价值取向等。因此，如果人们承认人本的价值旨趣，就不能仅仅把他们都作为某种“物”存在，而应该作为“人”存在。在德育活动过程中，要塑造人、完善人、发展人，但是首先要做的是尊重人，然后实现作为“人”的价值、尊严和意义。从这种意义上，德育动力机制构建的基础首先要尊重人的存在和主体性。对德育进行主体性建构，必须按照人的方式，把人实现为人。所谓“人的方式”，就是人以一种全面的方式，也就是说，作为一个完整的人，占有自己的全面的本质。具体来说，所谓按照“人的方式”就是按照人之为人、人成为人的经济的、政治的、思想文化的条件和根据，让人之为人的自主本性得以自我创生、自我呈现的过程。所谓按照人的方式把人实现为人，就是这个意思。而主体性理论为德育的主体性建构提供了理论指导和可能路径。

### 2.导引终极关怀

终极关怀是德育的终极目标和价值。德育的最终目的是表现人的生存与发展内在要求的自由、和谐、全面发展并由此产生幸福感。终极关怀是最根本的关怀。“人本”，就是以人的幸福为本。从这个意义上说，人的终极关怀，就是使人得到幸福。亦即，所有的教育主体，无论是教育者，还是受教育者，都应该通过德育获得幸福的终极关怀。因此，获得个体幸福是德育的应然追求，德育不能背离“幸福”这一价值旨趣。然而，种种德育实践行为所导致的“人”的迷失，往往使德育深陷于有悖个体幸福的重重矛盾之中。事实上，不管德育以何种形式和程度使“人”迷失，归结到一点上都是对“人”的挤压，它压制了受教育者，也扭曲了教育者本身。因此，德育应回归幸福的本真，把幸福还给人。

从这个意义上，在德育中，我们不但要对教育主体施以现实关怀，更要给予终极关怀。现实关怀是低层次的需求，终极关怀才是价值追求、自我实现、全面发展的高层次精神需求。

## 五、德育动力机制构建的路径

德育动力机制通过制度化的运作，为德育提供适度的动力，推动德育发展，实现德育价值，满足德育主体利益需要。从德育动力机制运作机理看，其主要包括四个方面的要素：主体、利益、价值和制度。德育动力机制运作的最终指向是德育主体的需要满足。因此，主体是德育动力机制的最终目的，也是德育动力机制建构的首要内容。俗话说“无规矩不成方圆”，德育动力机制也不是随意而为的，也该有一定的规则，才能更好地规范德育活动。从这种意义上，制度是构建德育动力机制必不可少的内容之一。

## （一）主体维度的建构路径

从德育动力机制的性质和实现途径看，全员参与是德育理念的核心价值所在，是德育动力机制的应然取向和现实诉求。

全员参与是整体德育合力育人观，它的核心思想是人人都是德育主体。对于德育动力机制而言，人人都可以是德育动力的主体，也是德育动力机制的主体。这既是教育本身意义的要求，也是当代教育发展的内在需求。德育工作不是德育工作者的专属领域，其他主体，包括专业课教师、学校各职能部门、后勤服务人员、学生组织、政治主体和社会主体都含有丰富的德育动力要素，对德育动力机制的建构和运作都会产生一定的影响。

因为各门课程、各个部门、各种服务载体、各类组织、团体里的人都具有德育资源和德育功能，其思想、道德、品质和人格都会给学生以潜移默化的影响。所以，德育动力机制需要全员参与，把德育工作渗透到各个工作环节和各项日常管理中去，构建各部门齐抓共管、各育人环节紧密配合、全员参与的“全员育人、全方位育人、全过程育人”的德育工作格局，形成全校上下共同推进的强大合力。从这个意义上，全员参与是德育动力机制的应然取向和现实诉求。德育动力机制的主体应该是一种由教育主体、受教育主体、社会主体和政治主体组成的多层次的、全员参与式的德育动力主体。

基于目前教育者和受教育者的主体性地位不够凸显的现状，德育动力机制的主体建构重点应放在教育主体和受教育主体的主体性建构上。

## （二）利益维度的建构路径

利益是德育动力产生的原动力。因此，构建德育动力机制，首先要考虑利益驱动。利益驱动是德育动力机制实现张力作用的手段之一。对于德育内生动力机制而言，一切主体的利益追求都可以是德育内生动力机制的内在动力构造的源泉。

对教育主体而言，德育的利益驱动表现在两个方面：一方面，德育是教育主体的职业，为了不丢饭碗，要做好德育工作；另一方面，德育也是教育主体，只有在实际工作中证明自己的价值才能获得职业尊严。

对受教育主体而言，物质利益，是受教育主体德育动力产生的物质基础，而对物质利益的追求，享受精神愉悦、实现完美自我是受教育主体产生德育需要的内在动因。在德育过程中如果能够充分肯定和彰显个体利益和个体发展，必然会提高个体内化德育内容、养成道德行为的热情，提升道德成长的动力，最终提高德育的实效性。

对政治主体来说，其利益就是巩固统治秩序和维护统治阶级的利益。政治主体有意识地利用德育（教化）的手段来灌输主流意识形态，培育政治品质，实现自己的意志和目的，巩固阶级统治秩序，维护阶级利益。

对社会主体而言，其利益就是维护社会秩序和实现集体最大利益。道德作为一种调节社会关系的规范，是一种维护社会稳定的手段。社会主体通过德育引导学生在追求自身利益满足与个性发展的同时，也应当遵循相应的道德原则和社会规范。

### （三）制度维度的建构路径

德育动力机制除了有主体参与、利益驱动和价值引领外，还必须有制度予以保障。因为制度文化是精神文化的载体，制度文化赋予物质文化以生命和活力。当前的德育正处于实效性低下的困境当中，而导致这一困境很大程度上有制度方面的原因。因为我们的学校德育在制度方面有欠缺，存在德育建设制度不完善、不合理、缺乏人道精神等问题。而要改变这种现状以提高学校德育的实效性，加强学校德育制度建设是一项有力的举措。

加强德育制度的有效性和德性，有两点是必须做好的：一是社会制度本身要体现公平和正义，从而形成良好的社会道德风气；二是学校德育不能回避对于道德制度本身的德性考察，应该正视并弥补制度缺陷，不断去完善自身的道德规范和制度体系，通过道德的制度来教育人、鼓舞人。所以，德育动力机制的制度建设是非常重要的一环。因为各主体在利益驱动和价值引领的前提下参与德育活动，利益诉求各异，价值观念也各不相同，单靠自觉自律是不行的，还要对德育主体之间关系及其调整规则进行合理确定。这不仅有利于更好地规范个人行为、管理行为和政治行为，提高德育的质量和调整力度，也有利于贯彻以人为主体、理解与尊重主体的合法权益与合理要求的德育理念，也是完善德育动力机制，促进德育动力机制的科学化、法治化的重要环节。德育制度是一个非常复杂的体系，制度体系的建构也是一项系统工程，而就德育动力机制的制度机制构建而言，我们主要可以从政府与学校的关系、教师与学生的关系构建两个维度对德育制度予以完善。

## 第二节　信息化时代高校德育教育理念创新

在竞争日趋激烈的今天，我国高等教育正处在改革与发展的关键时期。从改革的趋势看，高校办学模式将呈现一主多元结构，以国家办学为主，鼓励个人、社会参与办学；高等教育大众化进程加快，各种思想层次、知识水平层次、学习目标层次的学生集聚校园；高校后勤服务社会化改革不断推进，公寓越来越成为大学生学习、生活的重要场所；高校学分制的推行，传统的班级观念趋于淡化，以班级作为德育基本组织形式的情况正在改变；高校收费制度的改革，使大学生不仅是受教育者，也是一名拥有合法权益的消费者；高校培养方式将由以“教”为主转变为以“导”为主，重在教方法和培养人格；招生就业以市场调节为主，面向社会自主招生择业；学生的学习方式也在发生变化，自学和实践环节加强。这些发展趋势必然对德育工作提出更新、更高的要求。

## 一、创新理论指导下的高校德育创新

人是具有鲜明个性心理特征的活生生的人，德育的实践主体是人，最基本要素是“人”，对象是人，其出发点和归宿依然是人。以实现人的自由全面发展为终极目标的高校德育，一要面向未来，为未来培养自由全面发展的社会主义新人；二要立足于当下，为转型期的中国培养有中国特色社会主义现代化建设的接班人和建设者，切实推进科学发展观的贯彻落实与社会主义和谐社会的建设。“以人为本”是科学发展观的本质和核心，而高校德育的具体对象是大学生，其出发点和归宿也是为什么要培养和怎样培养社会主义建设者和接班人。因此，“以人为本”是我们做好当前高校德育工作的核心和关键，树立“以人为本”高校德育理念，以切实推进高校德育工作，便成了必然。

### （一）高校德育理念创新

德育理念创新指人们对德育认知态度、指导思想和基本思路等所进行的创新。德育理念创新的前提和基础是坚持“以人为本”的思想，承认并尊重学生在思想政治教育过程中的主体地位，重视学生作为个体的内心认同、思想接受等的主体能动反映，把塑造学生的健康人格、实现学生的全面和谐发展作为德育的根本出发点。多年来，我们在德育方面所形成的理念形态是在计划经济体制的客观实践基础上产生的，我国高校德育的外部环境和教育对象都在发生很大变化，伴随社会实践的重大变化，高校德育在继承优良传统基础上必然要不断进行创新，以真正实现育人之功效。

#### 1.树立“以人为本”的德育理念

德育创新首先要树立“以人为本”的德育理念，把人作为德育的主体和根本，把人的发展作为德育的根本出发点，充分认识和把握人的本性，充分引导和满足人的正当欲望，善于理解和把握人心，最终赢得人心，取得人的信任和教育的主动权，也就是真正实现“以人为本”这一现代教育的基本价值观，解决人的精神激励、灵魂塑造和品格提升问题。

“以人为本”是德育理念的本质内容，是加强和改进高校德育的核心思想。坚持“以人为本”的德育理念，根本目的在于对人性的唤醒和尊重，最广泛地调动人的积极因素，最充分地激发人的创造活力，最大限度地发挥人的主观能动性。强调“以人为本”就是强调学生的主体地位。这里有四层含义。

一是德育工作者要充分认识到自身工作的重要性，增强使命感和责任感，在教育教学过程中使自己的道德素养不断提升；二是德育工作者要全方位关心、爱护学生，充分尊重学生，促进学生人格的完善及道德终极价值关怀的实现。传统的德育目标是纠正学生思想、行为上的偏差，起到教育、规范的作用，而“以人为本”的德育新理念强调学生具有自身的尊严和人格，重视情感因素的作用；三是德育的根本目的是促进学生的成长，促进学生的成人成才。高校德育要立足于为学生的成才与发展服务，把服务学生放在首位。德育方式要由过去的被动灌输型转变为主动吸引型，要充分发挥学生的主体性、能动性和创造性。德育工作者要深入学生中，和学生广交朋友，了解他们的所思所想，及时加以引导，针对学生思想需求和变化开展教育，甘当学生成才的服务者；四是德育工作者要把大学生德育工作做好，必须把大学生内在的积极性和主动性调动起来，努力使德育成为大学生内在的强烈要求，把德育做到大学生的心里去。

**2.树立系统规划、整体推进的德育理念**

当前要做好德育工作不仅要靠思想政治教育工作队伍，还要靠全体教职工；不仅要靠课堂，还要靠课外；不仅要靠高校，还要靠社会、家庭的大力支持和参与。这里就提出了一个系统规划和整体推进的理念。

高校德育是一项系统工程，应该形成全员育人格局。所谓“全员”就是要在强调对学生加强教育的同时，注重教师的人格形象。高尚的人格形象能起到情感沟通、形象净化、行为示范等作用。高校的教职员工在进行教书育人、服务育人、管理育人的同时，要以其高尚的思想道德、良好的行为规范、严谨的治学态度对学生起到耳濡目染、潜移默化的作用，就必须做到全员育人，并处理好全员与德育专职队伍的关系。一方面，德育专职队伍必须依靠全员的渗透作用才能使德育和其他各方面相结合，同时依靠专职队伍的带动和指导，才能提高德育的深度和针对性；另一方面，只有提高了全员育人的认识程度，充分发挥全员育人的积极性、主动性，我们才能使德育变得生动具体。

在全员育人的过程中，我们要使每一名教职工明确自己所肩负的德育使命，形成统一的教育思想，言传身教，创造一种德育环境，用这种氛围影响学生。

高校德育是一项整体工程，首先，它需要党委统一领导，党政工团齐抓共管。德育存在相互作用和相互依存的要素，包括学校的宣传、学生工作、后勤、组织、人事、教学等部门，也包括一线教师和广大学生。其次，大学德育工作受到中小学德育工作的影响，更受到社会大环境的影响，是与中小学德育、整个社会大环境相互作用的。从横向上看，学校只是德育工作中的一个环节，家庭、社会在德育工作中具有重要作用。因此，我们必须努力形成学校、家庭和社会相互配合的工作格局，系统规划，整体推进，保证德育的效果。从纵向上看，青年思想道德素质的培养是一个动态的过程，德育工作也是一个动态发展的过程。在系统规划方面，高校德育还要重视与中小学德育的衔接，防止各个阶段教育的脱节，尤其要加强研究，准确把握教育规律，了解不同教育阶段学生的身心特点、思想实际和理解接受能力，充分体现科学性、循序渐进的要求，科学地设置德育课程，从而使学校德育更具科学性和针对性。

**3.树立实践育人的德育理念**

实践是人们能动地改造和探索现实世界的一切社会性的客观物质活动。只有通过实践才能“知行合一”，促进理论学习向内在品质的转化。所谓“实践出真知”表明了实践对于人们形成正确的认识有举足轻重的作用。树立德育实践观，就是要求我们在德育中高度重视实践育人的作用，切实加强德育的实践性，使学生在德育的实践中自己得出正确的结论并逐步养成正确的行为规范和优良品格。社会实践具有以下德育价值。

第一，社会实践是政治和道德知识的检验场，是强化政治和道德认识的途径。社会实践有助于学生进一步明确真、善、美与假、恶、丑的标准；有助于学生把自己与他人进行适当地比较，从而为自己找到合理的评价参照系，体悟到社会对自己的殷切期望；有助于将所学到的道德知识运用于实践。在实践中，学生面临着复杂的行为选择、评价，所掌握的知识理论可以逐步实现创造性转化，变成高超的智慧和良好的日常习惯，形成积极的社会适应性。

第二，社会实践是高校德育所传导的积极精神的重要载体。实践教育的最直接结果是逐步培养起学生的实践观念。实践活动有利于培养学生热爱劳动、热爱劳动人民、珍惜劳动成果的思想感情；有利于培养学生的创新精神，吃苦耐劳的作风，协作观念、全局意识和奉献精神，劳动纪律意识及艰苦创业、勤俭节约的优良品质等。

第三，社会实践是学生获得道德体验的主要方式。学生可以通过社会实践体验劳动过程的复杂艰辛，体验劳动取得成果时的喜悦，体验劳动的社会意义和个体价值，体验劳动过程中人际和谐、团队合作的必要性，体验劳动过程中的科学精神、创新意识对于社会发展的重要意义。

第四，社会实践是学生通向社会的桥梁，是个体适应社会角色的途径。社会实践作为人的社会化的重要途径，在促进高等教育与未来社会发展相适应及在有限的学校教育里使学生逐步完成社会角色的转变方面，发挥着十分重要的作用。

因此，高校要加强实践环节，通过让大学生广泛参与社会实践，增强大学生的道德体验，从而促进其道德养成和基本素质的提高。

#### 4.树立开放性的德育理念

当今世界是开放的世界，而德育教育则是面向世界的开放的教育。当前德育教育应从全人类的共同利益出发，强调人类的共同发展和共同进步，要注重培养人的开放意识及竞争合作精神。现代科学技术突飞猛进，人们的理想和信念也面临着新的挑战，在此情况下，高校德育必须深入社会生活实际，必须适应我国社会的发展要求，以增强其实效性。

树立开放性的德育观念，必须扩大德育的视野。高校德育必须从政治的高度，要坚持科学发展观，坚持“以人为本”，促进和谐社会建设，在德育目标、内容、方法方面都要增强开放性，以促进学生个性的发展和德育教育的实效。

德育创新是高校素质教育的灵魂，德育理念的创新是高校德育创新的灵魂。通过理念创新推动内容、方法、环境、机制等其他各方面的创新，不断在实践中探索前进，这是不断推进大学生德育的长久之道。高校德育工作者只有坚持解放思想、实事求是、与时俱进，以发展的眼光审视高校德育，以扎实的工作推动高校德育，坚持树立“以人为本”的德育理念、系统规划和整体推进的德育理念、实践育人的德育理念、开放性的德育理念，并且把这些德育理念不断地落实体现到德育实践中，德育才能真正地与时俱进并不断发展。

### （二）高校德育内容创新

现代德育包括政治教育、思想教育、道德教育、法纪教育和心理教育等内容。内容的创新主要体现为思想政治教育与人才成长教育的统一，思想政治教育与人文精神培育的统一，思想政治教育与学生个性发展的统一，主旋律教育与审美观教育的统一。处于心智发展高峰期的大学生兴趣广泛，精力旺盛，充满了对知识和信息的渴求，但凭借他们自身的理论水平和分析能力无法对获得的各种各样的知识和信息进行有效的梳理和整合，因而需要教师的帮助和指导。这就要求高校德育要与时俱进，要注重教育内容的科学性与伦理性、政治性与历史性、民族性与世界性的有机结合，培养学生的诚信意识、效率意识、合作意识、竞争意识和创新意识等，从而帮助学生树立正确的道德观、人生观、价值观和世界观。

**1.德育内容与建设社会主义核心价值体系相适应**

社会主义核心价值体系对于提高人们的思想水平、精神境界、道德情操及人格的完善和主体性的提升都有着重大的促进意义。

（1）引导学生树立正确的世界观和方法论

当代大学生切身感受到中国特色社会主义理论体系在实践中的巨大指导作用，因而学起来有着一定的实践和感受基础，是学好用好的有利因素。其中特别强调开展中国特色社会主义理论体系的立场、观点和方法教育。中国特色社会主义理论体系充满了唯物论和辩证法，是大学生树立正确的立场、观点和方法的有力的思想武器。当代大学生个体意识日益强烈，他们在认知、意志、情感等方面更注重自己意识的独立性，不人云亦云，随波逐流。大学生的思想特点充分印证了必须加强对大学生的马克思主义立场、观点、方法教育，以提高他们分析问题和解决问题的能力。

（2）培养学生的民族精神和时代精神

以爱国主义为核心的民族精神和以改革创新为核心的时代精神，既是社会主义核心价值体系的精髓，也是我们开展思想政治教育的重要内容。对民族精神的教育要系统地不是零散地、全面地而不是片面地、连续地而不是间断地开展鲜活、生动、深刻的教育，使大学生从中汲取营养，培养民族自豪感和自信心。同时，培养大学生以改革创新为核心的时代精神，不断培养创新的优秀品格。创新不仅是一种思维和能力的表征，同时也蕴含了世界观、方法论和思想品德。将创新纳入德育内容体系本身就是一种创新，鼓励大学生在坚定中国特色社会主义理想信念的基础上，主动学习、处理和运用新知识、新信息，尤其要瞄准那些富于时代特征、代表历史发展趋势、具有强大生命力的事物，努力使思想与时代发展同步，从而在不断创新过程中历练大学生的时代精神。

（3）教育学生树立以社会主义荣辱观为主要内容的社会主义道德观

社会主义荣辱观是社会主义核心价值体系的道德基础。社会主义荣辱观作为社会主义核心价值体系的重要组成部分，体现了社会主义的价值导向，同时也规定了社会道德行为的价值标准与评价尺度。高校要切实把社会主义荣辱观教育作为学生思想道德建设的重要内容。这里要培养大学生三种意识：一是培养道德责任意识。道德责任体现为社会性和个体性两个层面。道德责任的社会性即道德主体的道德品行要对整个社会负责，以自身高尚的德行换得他人的快乐和社会的和谐；道德责任的个体性即道德主体个人对自身负责，这是完善人性、提升人格、追求幸福的需要。二是培养道德自律意识。道德自律的特征是道德主体将外在约束转换成主体自身的意志约束，使主体为自己立法，自觉践行社会的道德要求。三是培养道德践行意识。社会主义荣辱观本身是一种道德价值形态，它是人们以荣辱评价的方式进行社会调节的规范手段和人自我完善的一种实践精神。为培养这种意识，教育教学活动要针对学生的思想特点，注重内容与形式的统一、理论与实践的统一，有效发挥课堂教学的主阵地、主渠道作用，引导大学生在实践中身体力行，将荣辱观的道理外化为高尚的行为，并养成一种良好的行为习惯，做到他律向自律的转化。

**2.德育内容创新应与德育工作的实际相适应**

随着社会的发展，经济和社会的变革，高校德育的内容必须随着时代的发展而不断地推陈出新。首先，高校德育的内容要增加科技知识含量。在知识经济时代，现代科学技术知识的普及和应用可以与德育相辅相成，有效地增强德育的现代化与科学化，帮助学生远离各种愚昧，树立辩证唯物主义世界观。其次，高校德育的内容也要解放思想，实事求是。对于外来文化与道德，要敢于取其精华，去其糟粕，为我所用。同时，对于我国传统的道德与文化也要敢于推陈出新，不断进行完善和补充。高校德育内容只有与时俱进，体现时代特征，才能收到理想的效果。最后，高校德育内容要从大学生的思想实际出发，应针对现代学生的思想特征、情感和行为特征，紧密联系国际环境和国内改革开放的实际，讲实话，讲心里话，既以理服人，又以情感人。

（1）重视文化素质教育

文化不仅是社会伦理的构成要素和支撑杠杆，而且也是社会道德的构成要素和支撑杠杆。高层次的道德感和社会责任感主要依靠文化的积淀。文化是一种精神富有，是一种从内心深处流淌的思想，是人必不可少的基本素质。没有坚实的文化积累、开阔的文化视野、深厚的文化素养，即使足够聪明，也不是大智慧，也成不了大器。道德需要文化的滋养，教育需要文化的烘托。因此，我们要按照全面推进素质教育要求，确立文化素质的基础地位，将文化素质教育思想落实到人才培养的全过程，促进科学教育与人文教育的融合，使大学生获得整体全面的发展。

（2）重视创新精神教育

高校是培养高素质人才的摇篮，也是知识创新的重要基地。重视和培养大学生的创新精神和创新能力，开展创新活动，对全面推进素质教育和科教兴国战略，具有重要的现实意义和深远的历史意义。首先，创新教育是贯彻党的教育方针，培养高科技人才的需要。高校要把培养大学生的创新意识、创新精神和创新能力作为自己重要的工作目标，为培养创新人才提供更为宽松的成长环境。其次，创新教育是迎接知识经济和新科技革命的需要。发展知识经济，推动新科技革命的迅速发展，就必须依靠科技创新，依靠创新人才，这一时代任务必然落在创新教育的肩上。知识经济呼唤创新教育，已成为世界各国发展经济的战略共识。最后，实施创新教育是全面推进素质教育的重要突破口。通过创新教育活动发展和培养学生的创造性思维能力、科学能力、实践能力及自主学习的品质、创新开拓的意识等素质，是促使应试教育向素质教育转轨的重要举措。

（3）重视竞争意识教育

在社会主义市场经济条件下，竞争已渗透到社会生活的各个领域，大学生要正确认识竞争、树立正确的竞争意识。首先，大学生在参与竞争之前，对自己的能力和弱点要进行全盘扫描、充分认识，在此基础上对自己有一个合理的定位，确定符合自身实际情况的竞争目标。其次，要在各种竞争面前抱着积极的心态。大学生在校期间，有很多参与竞争的机会，各种演讲比赛、辩论赛、运动会、知识竞赛、创业大赛等都在全国高校如火如荼地开展，给当代大学生提供了很多参与竞争、展示才华的好机会，在校大学生应当珍惜这些机会，积极参与其中，享受竞争的过程，总结成功失败的经验教训，逐渐提高自己的心理承受能力，从而使自己在今后的学习生活中心态更加成熟稳定，行为更加理性。

（4）重视心理健康教育

心理健康教育应侧重于学生的客观的自我评价、良好的情绪调控能力、坚强的意志品质、积极进取的人生态度、健全的人格特征、和谐相处的交往能力及良好的心理调适能力和社会适应能力。要根据大学生身心发展特点和教育规律，注重培养学生的自尊、自爱、自律、自强的优良品格，增强克服困难、经受考验、承受挫折的能力。要制订心理健康教育计划，确定教育内容方法，建立健全专门机构，积极开展心理健康教育和心理咨询辅导，引导大学生健康成长。

## 二、以人为本高校德育理念的创新建构

高校德育理念不仅是一个观念或理论上的问题，更是一个具体实践问题。因为理论终究要回归实践，并接受实践这个唯一标准的检验。对高校德育理念的创新建构，不是对传统德育的简单抛弃，而是在继承基础上的新的探索，在反思基础上的积极扬弃与超越、提升。高校以人为本德育理念的创新建构，实质上就是通过对传统德育的继承和新的探索，在思想、理论与实践层面切实体现以人为本，真正使以人为本这一理念成为德育思维的根本性逻辑支点，成为德育实践的根本原则与方法的灵魂。

## （一）牢固确立为了学生与依靠学生相统一的观念

在人类发展的历史长河中，人始终是科技发展、社会进步的主人与目的，更是世界发展的动力与灵魂，“以人为本”的理念正是这一思想的重要体现。“以人为本”不仅回答了为什么发展，即发展“为了谁”的问题，而且也回答了怎样发展，即发展“依靠谁”的问题。它主张人不仅是发展的根本目的，也是发展的根本动力，并认为只有二者的有机统一，才能构成以人为本的完整内容。因此，高校建构以人为本的德育理念，首先就要在指导思想上牢固确立“为了学生”与“依靠学生”相统一的观念。

### 1.一切为了学生

以人为本高校德育理念的根本含义是以人为中心，一切为了人，一切依靠人。其中更为根本的是一切为了人。因此，在高校德育中坚持以人为本首先在思想上就要认识到，大学生是高校德育发展的本质目的，高校德育的发展就是“一切为了学生”，“为了一切学生”，“为了学生的一切”。这就要切实做到：

第一，将学生的成长成才作为高校德育的出发点和归宿，把关爱学生作为德育工作的基础，合理利用学校的有效资源做好德育工作。

第二，在课堂教学中建立师生双方的互动模式，改变过去教师单向知识灌输的理念，切实尊重学生的情感、需要，尊重学生的个性与主体性需求，注重学生对德育知识的内化与吸收，切实调动学生的学习积极性，提高学生的德育实践能力，从而达到德育知识的融会贯通，并能自觉做到学以致用。

第三，更加关注大学生自身价值的实现与社会的归属感，尊重、重视每一位大学生正当的利益需要与人格尊严，要积极为优秀学生、学生干部及学生党员创造有利条件，保障他们更好地成长与成才。对高校中家庭经济困难的学生，给予情感的关怀与真诚的帮助，帮助他们建立起自信，积极地引导，让他们更加健康地成长。

第四，树立全方位育人的理念，切实为大学生营造良好的环境与获得全方位培养的氛围，通过创造性地开展一些体验式课堂教学、素质拓展游戏、进行主旋律教育等丰富多彩的活动，让大学生在提高能力的同时，达到形成良好的道德素养与行为习惯的目的。

第五，通过学风建设、班级和宿舍的日常管理，通过鼓励大学生对各种实践活动的积极参与，培养他们的协作精神、创新精神与科研能力；通过个人或团体的方式，对大学生进行必要的辅导，帮助学生较好地完成自我认知，做好自己的职业生涯规划，从而切实减轻学生面对严峻的就业压力所产生的心理负担，以满腔的热情投身到社会主义和谐社会的建设，更加自信与欢快地迎接美好明天。如此，我们方能切实提高高校德育的针对性与实效性。

### 2.自觉将外在要求转化为内在需要

“为了学生”是以人为本高校德育理念的价值追求，而“为了学生”必须要建立在“依靠学生”的基础之上。因为“依靠学生”是真正实现以人为本的力量源泉与动力之源。诚如著名学者罗国杰教授所说：停留在他律阶段的道德规范，无论人们怎样尽职地去遵循它，它终究是一种外在于道德主体的异己力量；只要道德主体尚未将道德规范内化为自己的道德品格，尚未走完从他律到自律的历程，那么道德规范的道德性就是不完全的，即不是严格意义上的道德规范。康德也认为，道德是人为自身的立法。德育应该是人内在的自觉需要，而非任何外在的强制。因此，以人为本的高校德育理念的建构并取得实效，归根到底还得要靠大学生自身的努力，通过大学生积极性、主动性和创造性的充分调动与积极发挥。这就需要在观念上实现大学生由高校德育的客体到主体的转变，即转变工具论的德育功能观，尊重大学生作为“人”的本质特征，切实把学生看作高校德育工作的主体，认识到学生具有高度的独立性、自主性、能动性、创造性与主体性，尊重学生的需要、自由、尊严与终极价值，尊重学生自主话语权、取向权与选择权，不断造就学生新的需要、能力、素质、行为与活动方式，培养学生的主体意识与审美情趣，丰富学生的经验与学识，发挥学生的潜能，提高学生的实践能力，塑造学生高尚品德与良好品质。充分发挥大学生的主观能动性，发挥他们的自我教育作用，通过他们学习能力、思维能力、判断能力、实践能力与创新能力的不断提高，让学生自己教育自己、自己塑造自己，并通过同学之间的相互教育，达到彼此的互动与互助。如此，学生方能逐步与教育者产生情感的共鸣，自觉、主动地用理性去衡量与解决各种矛盾与冲突，自觉树立起与时俱进的时代精神，养成良好的道德品质，积极培养自身高尚的道德情操，真正将德育知识外在的“占有”上升到对德育本真的内在“获得”。只有努力发挥大学生自身的作用，通过他们自身的自我教育与自我完善，他们才能切身感受到以人为本的高校德育理念中“为了学生”的本质内涵，并通过积极的行动落实，达到大学生自身素质的提高，实现自我价值，从而使以人为本的高校德育真正取得事半功倍的功效。

## （二）聚焦大学生的自由全面发展

### 1.从高校德育无根性向终极价值关怀转化

培养真善美统一的完美人格，便是教育的终极价值。真善美的统一，可以实现人对自身本质的科学、合理与全面的占有，实现人与自然、社会、他人及自身的和谐统一，这当然也是高校德育的最高目标。只有使德育目标转向对大学生的终极价值关怀，我们才能使大学生树立起更加远大的理想，具有更强大的精神支撑，才能使他们在痛苦、彷徨与困惑中重新找回自己迷失的灵魂，让生活更加丰富多彩，充满自信与活力。

#### 2.从德育目标泛化向德育目标人性化转化

高校确立以人为本的德育理念，就要在德育目标上实现从泛化向人性化的转变，逐步形成和发展大学生的主体性道德人格，回归大学生的现实生活与内外环境，尊重大学生的主体地位与个体差异性，兼顾个人利益与社会整体、人类终极价值的需要。对大学生的崇高理想、人格完善与德性培养给予必要的引导，让大学生能够在现实的道德价值冲突的情境中，自觉、主动地做出合理的价值分析与判断，进行正确的道德选择，并能自觉践行高校德育规范，真正成为有德行的人，逐步推进高校德育理想目标与现实目标的最终达成。

#### 3.从德育目标世俗化向对人文精神的观照转化

高校德育在目标上，需要加强对大学生人文精神的观照，也迫切需要加强对大学生的心理疏导，唤醒他们心中沉睡已久的对崇高理想与真善美的渴望，从而使人与外界的关系更加和谐、美好。

#### 4.从德育目标片面化向人的综合素质全面发展转化

高校德育在确立目标时，既要注意大学生的健全个性培养，更要观照大学生的自由全面发展。要对大学生进行必要的市场经济理论、民主法治、科技常识、技术培训、就业指导、心理健康等的教育，实现人文教育与科学教育的有机结合，使大学生的综合素质得到实质上的提高。要让大学生更有自信地坚强面对与战胜各种困难与挑战，以更大的自信去进行实践探索与创新，从而更好地实现与外部环境的良性互动与和谐发展，实现自身内在的自我转化与主体人格的完善。

### （三）坚持大学生个人价值与社会价值的统一

#### 1.凸显大学生的个人价值

人们的社会历史始终只是他们的个体发展的历史，而不管他们是否意识到这一点，首先我们应当避免重新把“社会”当作抽象的东西同个人对立起来。人是社会的存在物，因此高校德育要以人为本，首先就要凸显大学生的个人价值，满足大学生的个人需要。著名科学家爱因斯坦也认为，学校应当发展年轻人中那些有益于公共福利的品质和才能。但这并不是意味着个性应当消灭，而个人只变成一只蜜蜂或蚂蚁那样仅仅是社会的一种工具。因为一个由没有个人独创性和个人志愿非规格统一的个人组成的社会，将是一个没有发展可能的不幸的社会。相反，学校的目标应当是培养有独立行动和独立思考的个人。大学生个性的发展、个人利益的满足，是国家、社会创新发展的一个重要条件。确立以人为本的高校德育理念，就要在价值追求上既着眼于社会整体利益的满足，更重视学生个体利益的实现，既满足学生的现实需要，更立足于学生未来发展需要的满足。只有达到社会价值与大学生人性的相通融，正视大学生的个人利益，最大限度地满足大学生最直接、最现实、最关心的现实利益需求，最大限度地实现大学生的个人价值与幸福美好的愿望，我们才能确保以人为本高校德育的可接受性，使高校德育更具可信度与亲和力，从而为大学生谋求到更好的生存发展，并能自觉、主动去为社会、集体利益做出更大的贡献。

**2.达成个人利益与社会责任的有机统一**

以人为本不仅肯定人的发展完善的最终目的性，而且肯定社会的发展是人发展的条件与基础。它培养的学生在国内外更受欢迎，并获得杰出的成就，那么这所高校距一流的目标就更近了。因此，高等教育包括高校德育要取得积极进展，离不开对大学生个人的培养，更离不开对社会、对国家的责任。而当下的很多年轻人却在自身权利不断得到满足的同时，遗忘了对社会的义务。这对高校德育的开展带来了一定的困难。其实，个人为社会作贡献，可以促进社会的整体进步，从而最终达到个人利益的满足。因为国家与社会的整体利益，正是个人现实或长远利益的反映，并且个人只有融入国家与社会之中，才能有更好的生存与发展，才能真正有所作为，达到自我利益与价值的最终实现。

# 第八章　信息化时代德育教育工作者的素质培养

德育教育是一项对人的思想和行为过程产生重要影响的复杂工作，它的工作性质要求德育教育工作者必须具备较高的思想、道德素质，从事德育教育的专业素质，较全面的能力素质和良好的心理素质。面对信息化时代德育教育所面临的新形势、新特点，德育教育工作者必须不断提升自身素质，以便更好地完成时代赋予自己的神圣使命。

## 第一节　信息化时代德育教育工作者的素质内容

### 一、德育教育工作者素质的内涵

学界对于德育教育工作者素质的内涵问题在学理上的定义并不存在根本性的歧义，并且形成了通识性的认同，通识的观点认为德育教育工作者的素质是：德育教育工作者在大环境的教育背景下，针对特定的教育对象—学生，通过实践和自我完善形成和发展起来的基本品德和素养。只是在对这一定义的表述上有所不同，如有学者认为：德育教育工作者的素质是指德育教育工作者具备的各种基本条件的总和。有学者则认为：德育教育者素质主要是指从事德育教育工作的人员所必须具备的思想、品德、知识、能力、心理等各方面的基本条件的总和。通过分析我们发现在对德育教育工作者的素质几近一致的定义中，反映了一个一般性的结论，即传统教学的“素质教育”的理论，德育教育工作者的素质和一般教育者的素质定义并没有特别的差异，而并未将德育教育者本身的职业特性和这个特殊群体的教育者特质的差异性体现出来。

德育教育工作人员范围及德育教育工作者素质的内涵，学界的研究基本上达成了共识，也没有太大的歧义；但对德育教育工作者素质所包括的内容，目前学界仍存在着较大的歧义，并未达成共识。

对于这个问题具有代表性观点的是“思想道德灵魂说”。这种观点认为德育教育工作者素质主要指思想道德素质，并认为思想道德素质是德育教育工作者素质的核心，是发挥决定作用的素质，其他素质都是次要的、起辅助作用的，这是一直以来对德育教育工作者素质的经典叙事。无论是传统的立场或当代话语，都是强调思想道德素质对德育教育工作者整体素质构成的统领意义，当然，传统立场强调的政治要素虽然有政治挂帅之嫌，但是对于传统意义的思想道德素质的内容认定符合历史的意识流；而当代政治要素强调的作用是思想道德素质的灵魂作用，强调了德育教育工作的本性。但德育教育并非等同于“政治教育”—这样的做法存在着把政治教育窄化之嫌疑，显然是对德育教育的严重误解，界定德育教育工作者素质不能把思想道德素质当作主要素质抑或具有统领作用的素质，并认为思想道德素质优于其他素质，凌驾于其他素质之上，而忽略其他素质，甚至其他素质被思想道德素质取代，把素质内容独立化、狭隘化的做法是不可取的。

对德育教育工作者素质内容的普遍性观点是“多元论说”。德育教育工作者素质的内容是丰富多元的，包括思想道德素质、法律素质、知识素质、人格素质、能力素质、心理素质、创新素质等。比如，有学者认为德育教育工作者素质包括思想道德素质、业务素质、能力素质、心理素质等；有学者认为德育教育工作者素质包括思想道德素质、知识素质、能力素质、身体心理素质；有学者认为，德育教育工作者基本素质主要包括思想道德素质、知识素质和能力素质等五个方面；还有学者则对德育教育工作者中的重要组成人员—德育课教师的素质进行了总结，认为德育理论课教师的素质是由教育科研能力、创新精神、人格魅力和道德风范四个方面构成，其中，教育科研能力是基本方面，创新精神是重要内容，人格魅力是必要方面，道德风范是核心内容，并指出：德育理论课教师要做到坚持正确的政治方向、学贯中西、理论功底扎实，就必须提高教育科研能力。这是德育理论课教师应具备的基本素质。无论历史条件发生什么样的变化，德育课教师教学的实效都是以教师的学术水平为基础的。只有通过教育科研才能提高德育教育理论课马克思主义理论和社会科学、自然科学知识素养，拓宽其专业知识和边缘学科、交叉学科的视野，进而提升学术与教学魅力。对德育教育工作者素质持“多元论说”的学者很多，以上列举了几位有代表性的论说，说明德育教育工作者素质是一个内容丰富、层次性较强的、多元的概念范畴。

## 二、德育教育工作者素质的结构

新媒体使得德育教育工作者的角色从传统向现代转变。提高德育教育工作者的综合素质，是新媒体环境下德育教育发展的需要，也是德育教育建设的首要任务。信息化时代的德育教育工作者既要具有德育教育的理论与实践经验，又要掌握计算机网络的基本理论并能熟练进行网络操作；既要具有较高的思想素质，又要具有一定的科技意识和创新能力。从总体上来看，它要求德育教育工作者应当具有以下几个方面的素质。

### （一）思想道德素质

思想素质包括世界观、人生观、价值观等，是指运用科学的理论观点来分析问题、解决问题的能力和水平。首先，世界观是人的思想素质的核心。德育教育工作者要努力掌握辩证唯物主义和历史唯物主义的科学世界观和方法论，正确认识事物发展的客观规律，端正思想方法和工作方法，避免在德育教育过程中犯主观性、片面性、表面性等毛病；其次是人生观、价值观。所谓人生观是人们对人生意义、人生目的和人生价值等问题的根本看法和态度；价值观是人们处理和对待自身与外界关系的根本态度。德育教育工作者必须树立崇高的人生理想、全心全意为人民服务的人生目的、乐观豁达的人生态度。在信息化时代，拥有了科学的世界观，德育教育工作者才能不断提高自己的思想觉悟和认识能力，才能有资格、有能力去引导大学生在网络行动中进行世界观的改造，提高对网上传播的形形色色的社会思潮和各种信息的辨别能力，增强免疫力和抵御力。拥有了崇高的人生观，德育教育工作者才能在网络教育活动中坚持一切从人民利益出发，敢于同一切危害人民利益的言行做斗争，才能引导大学生正确处理好个人、集体与国家间的利益关系，树立社会主义核心价值观，自觉抵制网络上极端个人主义、享乐主义、拜金主义的资本主义价值观的侵蚀。

道德素质是人们的道德认识和道德行为水平的综合反映，包含一个人的道德修养和道德情操，体现着一个人的道德水平和道德风貌。德育教育工作者的道德素质是一种无声的教育力量，它深刻地影响着教育对象的思想和行为。一般来说，优秀的道德素质应当包括以下几个方面：一是无私奉献的道德境界。它要求德育教育工作者，必须保持高度的社会责任感，坚决履行自己对祖国、对人民、对他人的责任和义务，自觉做到教书育人、无私奉献。二是坚定不移的道德信念。道德信念的培养是形成道德品质的关键环节。德育教育工作者应自觉确立正直、无私、正义、公平、诚挚等道德信念，并用坚强的意志行动去实现这些道德信念。三是坚毅果敢的道德自控能力。它要求德育教育工作者，即使在无人监督的网络情境中，也恪守道德要求，坚持理性自律；经常自觉、冷静地反思自身工作中的缺点和错误，并能纠正自己的错误，使自己的道德境界不断得到升华和提高。信息化时代，德育教育工作者具有了良好道德素质，才能把握网络德育教育工作中道德关系的本质，才能从理性的高度指导和评价自己或教育对象的道德行为，才能对网络德育教育工作中的现象、关系和行为做道德分析和判断，才能积极地推动被教育者道德意识的增强。

### （二）文化知识素质

文化知识素质，是指人们在文化方面所具有的较为稳定的、内在的基本品质，表明人们在这些知识及与之相适应的能力行为、情感等综合发展的质量方面，所展现的水平和个性特点，是一个“高知”群体的集合地，也就是说无论是大学生或是工作人员，他们的知识水平和文化层次都高于其他的群体，作为从事大学生德育教育工作的人员，没有较高的科学知识水平和良好的文化素养是无法将教育工作做到位的。因为德育教育工作所面对的对象是一些思维活跃、知识面丰富、知识水平较高且学习能力较强的大学生，如果德育教育工作者自身的知识水平欠泛，没有较高的文化知识素质，就无法在大学生们面前树立威信，让他们接受，并让他们信服。

信息化时代，德育教育工作者所需要的文化知识素质包括以下几点。

#### 1.基础理论知识

即马克思主义基本理论，是网络德育教育的理论基础、行动指南和思想武器。德育工作者只有掌握了马克思主义的基本理论，才能树立科学的世界观、人生观，才能运用马克思主义的立场、观点和方法去分析和研究网络德育领域出现的各种新情况、新问题，运用科学理论批评谬误，解释疑惑，统一思想，提高认识。德育工作者只有掌握了马克思主义的基本理论知识，才能准确地向受教育对象传递马克思主义的基本原理和方法，帮助受教育对象树立正确的世界观和人生观，提高受教育对象分析问题、解决问题的能力，使受教育对象的素质全面提高。

#### 2.专业知识

主要指德育教育基本原理与网络德育教育业务方面的专业基础知识和专业知识。只有掌握了这些专业基础知识和专业知识，我们才能更好地结合网络的特点去分析大学生的认知、情感、意志、个性等心理特征。深入了解大学生的网络社会关系和网络环境，把握他们的思想行为、活动规律及网络德育教育规律，增强网络德育教育的预见性和针对性，掌握网络德育教育的主动权，将网络德育教育建立在科学的基础之上。

3.辅助知识

主要是指与德育教育工作有直接或间接关系的知识，比如与德育工作关系密切的心理学、教育学、伦理学、社会学、领导科学、决策科学、管理学行为科学、企业文化知识等知识。学习和掌握这些相关学科的辅助知识，可以使德育教育工作者扩大知识领域，开阔视野，丰富知识面，使自己的科学文化知识素质得到提高，在实践中切实增强德育教育工作的实效性。

## （三）网络信息素质

所谓信息素质就是指在各种信息交叉渗透、技术高度发展的社会中，人们应具备的对信息的处理、筛选、鉴别和使用的能力。而在信息化时代，高校德育教育工作者的信息素质则主要包含了信息意识、信息道德、信息能力等多方面。

1.要增强德育教育工作者的信息意识

所谓教育者的信息意识就是指德育教育工作者对信息的获取、分析、判断和消化吸收信息的自觉程度。德育教育工作者信息意识的高低，密切关系到其德育教育的工作水平和创造型人才的培养水平。在新媒体环境下的德育教育工作者，如果其信息意识较低，那么其认识信息、利用信息的能力肯定也不会很强，并且由于信息的交叉渗透性和分散性也会造成其对信息的吸收相当困难。因此，这就要求德育教育工作者善于将网络上的新知识、新信息与德育教育工作的知识和信息有机地结合起来，不断地给受教育者以新的知识信息思维和视野。同时，这也要求德育教育工作者必须增强自身的信息意识，适应新媒体飞速发展提出的新要求。

2.要提高德育教育工作者的信息能力

在新媒体环境中，德育教育工作者除具有敏锐的信息意识外，还必须有较强的信息能力。信息能力主要是包括信息的获取能力、信息的处理能力和信息的传递能力。其中信息的获取能力就是指搜集信息的能力，它包括了对网络环境的了解、利用网络中的数据库并从中获取德育教育所需信息的能力；信息的处理能力是指利用互联网终端阅读、提取、吸收和存储所需信息的能力；而信息的传递能力是不言而喻的，作为德育教育工作者，不仅需要吸收信息，还需要把信息传递给学生。德育教育工作者的信息能力是未来衡量其是否合格的最重要的必要条件。有研究表明：在未来环境下，在个人智力等因素基本相同时，教育工作者的科研能力、教学效果主要决定于自身所具有的信息能力，信息能力越强，那么其获取新知识的能力就越强，教学效果也就越好，科研成果也就越多。

#### 3.要树立德育教育工作者的信息道德

信息道德就是指协调信息创造者、信息服务者、信息使用者三者之间关系的行为规范的总和。其中的内容包括：教育者的信息交流和传递目标必须与社会整体目标一致；教育者要承担相应的社会义务和责任；遵循相应的信息法律法规，抵制各种各样的迷信、色情、违法和各种反动信息；尊重个人隐私等；尊重知识产权。网络信息技术的开通，使人们突破了信息交流的空间和时间限制，使人们在世界任何地方都能在瞬息间利用信息终端与地球上另一个角落的其他人对话、交谈或是传递图像、文本信息。而我们德育教育工作者则有可能接触到社会上的各种思想：黑的、白的、红的等。因此，德育教育工作者必须具备高尚的信息道德素质，自觉抵制各种负面信息和不良信息，为受教育者传递健康的信息知识。

### （四）业务能力素质

业务能力素质是指德育教育工作者运用于实际工作的多种技能和艺术。新媒体是德育教育的新渠道和新空间，要想真正把德育教育渗透到网络活动中去，增强对大学生的影响力和吸引力，把德育教育落到实处，做得富有成效，关键在于德育教育工作者必须要有较强的业务能力素质。概括起来，其应当包括以下五个方面。

#### 1.网络语言表达能力

表达是人们交流思想感情的一种本领，是有效实现教育目的的一种手段。信息化时代，德育教育工作者要在网络上做宣传教育引导工作，要通过网络说服教育对象接受你的观点、主张，就要善于运用计算机网络技术，以语言、文字、形象等形式表达自己的思想，增强德育教育的感染力。

#### 2.观察能力

由于新媒体具有隐蔽性和间接性，网络德育教育工作者与受教育对象在网络上不能进行面对面的交流，所以德育教育工作者只有具有较强的观察能力，坚持全面、客观、深入、细致的原则，善于通过表象抓住事物的本质，才能及时透过网络信息捕捉到受教育对象的情况变化，进行实事求是的分析和综合，掌握受教育对象的特点，有针对性地进行网络德育教育。

#### 3.调查研究能力

信息化时代德育教育的多变性与复杂性，要求德育教育工作者要具备善于运用马克思主义的观点和方法，利用网络超时空、方便、快捷的特点，借助网络平台，通过调查研究从面上抓住网络德育教育的新情况、新问题、新特点的能力，要求高校德育教育工作者要从事务型的德育教育工作者转化为研究型的德育教育工作者，有目的地开展一定规模的网上匿名调查或者有针对性地大量收集网上某些方面的信息，掌握大量的一手资料，然后通过深入细致的分析和研究，来掌握受教育对象的思想动态和情况变化，预测形势发展的趋势，及时发现问题、抓住问题、分析问题、研究问题和解决问题。

#### 4.组织协调能力

信息化时代，德育教育的特殊性要求德育教育工作者必须有较强的组织协调能力。德育教育面对的是思想层次各异、文化知识水平不同的大学生“网民”。要做好大学生的德育教育工作，是一项复杂的系统工程，需要发动广大教职员工、学生干部一起去做。需要组织各单位的职能部门创办各种德育教育网站，开辟各种栏目，制作各种网页，宣传德育教育内容。需要动员广大教职员工和学生工作骨干通过在线活动，引导网上舆论，及时沟通信息，做好疏导工作，理顺情绪，化解矛盾。需要规范协调好各网站、网页的管理，做到各负其责。另外，德育教育工作者要想牢牢地占领网络阵地，还必须有计划地组织新闻、宣传和文化机构及报纸刊物进入网络，建立网络德育教育综合体系，相互配合，协同努力。

#### 5.调控能力

网络社会变化莫测，新思想、新信息、新情况层出不穷，德育教育工作者只有根据不同时期网络社会的热点、难点、焦点问题所涉及的知识扩张和网络技术知识的发展动态，不断地调整自己的知识结构，不断地紧扣新形势的要求，才能适应不同情况提出的不同要求，从而增强德育教育工作的时代性和时效性。

### （五）身体心理素质

身体心理素质，是指德育教育工作者从事德育教育工作过程中各种生理因素和心理因素的总和。德育教育工作者需具备强烈的事业心和责任感，这是德育教育工作者做好工作的前提；坚强的意志是德育教育工作者调节自己的行为，克服各种困难，积极完成本职工作的基础。德育教育工作者要引导大学生具有良好的身心素质，自己首先应当具备身体健康、气质优良、性格稳定、意志坚强、行为端正等良好的身心品质。

#### 1.要具有健康的身体素质

对于德育教育工作者的生理健康素质而言，除了应该具备一般人体的基本健康水准以外，人的大脑和各种感觉器官、运动器官的机能尤其应该经过营养、锻炼、保健等环境因素的作用，达到比较高的健康标准。

2.要具有广泛的兴趣

德育教育工作者只有具备广泛的兴趣，才能在更宽广的范围和更多的时间里接触、了解教育对象，并能够通过灵活多样的教育形式，潜移默化地进行工作。

3.要有积极向上的精神状态

一般来说，积极乐观的精神状态不仅可以提高自身的工作效率，而且还会给别人带来精神和情绪愉悦；而消沉抑郁的精神状态则容易使人厌烦、悲观。德育教育工作者应学会做自己心境的主人，使自己保持一份平和、开朗的心境和积极向上的精神状态，并以此去积极引导学生。

4.要培养良好的性格

德育教育的职业性质，要求教育者必须培养和塑造自己的良好性格，自觉地做到：对待社会、他人，要诚恳友善、宽容大度、乐于助人；对待工作、生活，要踏实认真、一丝不苟、细致节俭；对待自己，要谦虚、自信、进取、克己、自尊。

5.要有坚强的意志

德育教育工作者应具有不怕挫折、百折不回的顽强毅力，善于迅速明辨是非，遇事有当机立断毫不退缩的果敢，并善于控制自己的情绪，约束自己的言行，为大学生们树立一种自强自立、坚强勇敢的良好形象。

总之，在信息化时代，德育教育工作者应具备的以上五方面素质。它们既相互统一，又相互独立，互相影响制约。德育教育工作者具有高尚的思想道德素质，是搞好德育教育的灵魂；具有良好的网络信息素质，是做好德育教育工作的前提；具有深厚的文化知识素质，是搞好高校德育教育的基础；具有扎实的德育教育业务能力素质，是搞好德育教育的关键；具有良好的身体心理素质，是开展好德育教育工作的保障，德育教育工作者必须适应新环境、新情况、新特点、新要求，不断完善和提高自己的综合素质。

## 第二节　新媒体对德育教育工作者素质的挑战与分析

新媒体技术的发展对大学生的沟通方式和德育教育的形成造成了巨大影响。对于我们来说，新媒体技术的传输特征不仅为德育教育工作者提供了机遇，同时也对德育教育工作者素质带来了一些新的挑战，需要德育教育工作者不断创新，具有不断地拓展处理新情况和解决新问题的能力。

## 一、新媒体对德育教育工作者素质的挑战

新媒体对高校德育教育工作者素质的挑战，主要反映在积极影响和消极影响两个方面。

### （一）积极影响方面

#### 1.拓展了德育教育工作者的视野

网络技术作为20世纪最具革命性的科学技术之一，必然会推动人们的思想大解放。随着新媒体技术的广泛运用，新媒体使信息的全球化流动与传播变得更加便捷，在开阔眼界、活跃思想、创新精神、提高效率、共享信息等方面已被人们广泛认同，这就为信息化时代德育工作奠定了良好的思想基础。

对于德育工作者来说，新媒体带来的“三大弱化”，拓展了德育教育工作者的视野：一是弱化了课堂内外的界限，它引导德育教育工作者所要重视的不再只是课堂的“两课”教学，还要更加重视利用课堂外的时间与学生进行网上沟通与交流。二是弱化了校园内外的界限，它引导德育教育工作者走出校园，分析和把握住社会上各种热点问题出现在受教育者身上的根源，寻找对症措施、及时地予以解决。三是弱化了国与国之间的界限，它引导德育教育工作者不仅要注重国内的信息，还要善于利用新媒体技术突破地域限制，放眼全球，关注海外，及时了解和掌握国外的信息，以做到未雨绸缪，只有这样才能把握好高校德育教育的主动权。

#### 2.催生了德育教育工作者现代观念的确立

新媒体发展速度快，更新周期短，开放程度高，是现代科技的结晶，也是信息社会的时代精神的集中体现。新媒体的这些特征，有利于推动德育教育工作者形成新的思想观念，如新媒体的显著特点是运行的快捷性、同步性和使用简便性，这将有利于培养德育教育工作者的效率观念。新媒体增加了德育教育工作者接触外界的机会，每一接触都是新知识开启的大门，这种便利为德育教育工作者知识更新和调整自身的知识结构创造了不可忽视的客观条件，有利于培养德育教育工作者的多元知识意识。新媒体技术使德育教育工作者在获取信息方面将不再受到空间阻碍和时间限制，因为地球在网络上缩小了，从而导致德育教育工作者形成新的时空观，使德育教育工作者和德育教育对象之间的交流和沟通更加紧密。新媒体技术为德育教育工作者构建了一个异质的“人造世界”—虚拟现实。社会

被缩影在这个人为的虚拟世界中，德育教育工作者个人作为主体在这个世界中运动，与各种事物发生联系，而这些联系实际上都是靠信息运动来实现的，这会极大地丰富德育教育工作者对事物运动本质的认识，形成新的时空和运动观念，等等。

### 3.推动了德育教育工作者个人综合素质和能力的提升

新媒体在推进改革德育教育工作方式方法的同时，也对德育教育工作者的业务水平提出了更高要求。面对新形势、新挑战，德育教育工作者应利用新媒体加强学习，不断提高自己做好大学生德育教育工作的能力。他们既要注意在不断提高思想道德素质的同时，确保大学生德育教育工作的正确方向；同时又要注意通过网络等新媒体，随时随地关注和吸收全球最前沿的知识研究，增加自身的知识储备，完善自身的知识体系，更好地胜任信息化时代的德育教育工作，完成在新媒体环境中的角色定位。如在“两课”教学中，我们应根据教学工作的需要，积极发掘网络资源，随时更新教育素材，并善于利用图片、动画等形式，使德育教育的内容更充实、形式更生动。在日常管理中，我们要注重利用新媒体开展相关调研和测评，了解和掌握大学生的思想动态、心理状况、精神需求，使德育教育更贴近大学生的学习、生活实际，以取得更好效果。

## （二）消极影响方面

### 1.新媒体消解了德育教育工作者主导地位的权威性

信息化时代，新媒体为德育教育主客体之间平等相处搭建了平台，但同时也产生了两种情况：一方面，教育主体由于受到自身新媒体素质、行政事务和工作时间等的限制，在教育过程中陷入了这样一种尴尬的境地：面对海量信息，他们所看到的信息，大学生也会看到，他们没有来得及看到的，可能大学生已经知道了，信息的获取往往落后于教育客体。由此，德育教育工作者深感主导地位的权威性正在面临着教育客体的质疑与反叛。另一方面，由于受教育客体的信息接触面日益广泛，在网络所传播的各种不同观点影响下，他们对信息的理解更加多维和主动，而不像以往那样被动地接受教育者的灌输和安排，更乐于根据自身的是非观念和判断能力，选择自己认为正确的东西。在这种情况下，传统的德育教育过程中教育者的信息优势正在逐步减弱，特别是当前一线的德育教育工作者并没有深刻理解新媒体技术条件下德育教育呈现出的新特征和规律，因而很难有效地利用新媒体来开展德育教育，这使得教育者在大学生思想成长过程中主导地位的权威性受到了强烈的冲击。

### 2.新媒体在某种程度上致使少部分德育教育工作者的理想信念和价值观有所淡化

新媒体在为德育教育工作者增添新的工作渠道和现代化手段的同时，也产生了一些消极影响。在诸多影响中，最重要的是对德育教育工作者的思想观念的影响。在现代社会，新媒体虽然是“无疆界”“超国家”“超民族”的空间，但作为一种便捷的信息传播方式，已经成了意识形态的传播工具和斗争阵地。如同大学生群体一样，德育教育工作者也不是生活在社会真空环境之中，他们也会受到网络上来自西方国家意识形态的种种影响，尤其是西方发达国家所宣扬的思想道德观、利益观、思维模式、生活方式等，对一些年轻的德育教育工作者影响较大。一些德育素质薄弱的教育工作者，对马克思主义、社会主义、共产主义的理想信念和集体主义价值观有所淡化，他们或在课堂上或在网络里，盲目追捧和随意宣扬西方发达国家的思想观念，这种负面思想和情绪久而久之不仅会对涉世未深的大学生产生负面影响，也会影响到德育教育的有效开展。

### 3.新媒体技术致使部分德育教育工作者的业务能力不胜任

德育教育工作者对新媒体技术的掌握、熟悉和运用及其创新能力与想象能力的发挥，决定了他们在德育教育过程中对于新媒体的认识、使用和发展。但从现状来看，大部分德育教育工作者表现出网络技术素质的贫乏性。从目前德育教育工作者的知识结构状况来看，普遍比较单一。德育工作和政治学、哲学、伦理学、心理学乃至文学艺术等许多学科都有密切联系。然而，由于历史的原因，许多德育工作者所学专业主要就是政治学、哲学、伦理学等学科，对当今流行的网络文化、文学艺术新思潮、新现象知之甚少，失去了一条重要的沟通交流的渠道。面对学习使用新媒体的压力，传统的德育教育工作者对学生的信息控制和行为指导显得力不从心，尤其是一些老教师感觉束手无策，不知所措，进而唉声叹气，怨天尤人，甚至产生自卑心理。

### 4.新媒体技术致使部分德育教育工作者的整体素质弱化

目前，在德育教育工作者中，较普遍存在整体素质弱化的现象，概括起来主要是“五个不强”：一是网络语言表达能力不强，一些德育教育工作者不善于运用新媒体技术，以网络语言、网络文字、网络形象等形式表达自己的思想，更有甚者对网络语言知之甚少或者根本听不懂。二是观察能力不强，他们不善于利用新媒体在海量信息中及时发现和捕捉到大学生的思想动态，也不善于对网络现象进行分析和综合，以准确掌握受教育对象的特点，有针对性地开展德育教育工作。三是调查研究能力不强，他们不善于借助新媒体平台，有目的地开展一定规模的网络调研和网络信息收集，以做好综合分析，预测大学生思想发展的趋势，及时发现问题、研究问题和解决问题。四是组织协调能力不强，面对思想层次各异的大学生，他们习惯于单打独斗，不善于动员校内外力量通过在线活动，引导网上舆论，共同做好疏导工作，也不善于协调好各网站的力量，既各负其责，又形成合力。五是调控能力不强，他们不善于根据不同时期网络社会的热点、难点、焦点问题，不断地调整自己的知识结构，及时规划工作方向，引导社会舆论，以增强信息化时代德育教育工作的时代性和时效性。

## 二、德育教育工作者素质受到挑战的原因分析

分析德育教育工作者素质受到挑战的原因，大体反映在以下几个方面。

### （一）新媒体环境的多变性，导致德育教育工作者的现有素质难适应新媒体对德育教育环境产生的多变性

#### 1.新媒体的开放性，增加了德育教育环境的复杂度

网络是一个开放的系统。一方面它扩展了大学生获取信息的渠道，使大学生接触的信息面更宽，接触到的不同观点更多，获取的信息就可能太多太滥。这一“盛况”却使德育教育工作者工作的“主导性”与“权威性”面临严峻的挑战。在新媒体普及之前，大学生获取信息的途径较少，信息量较为匮乏，信息接受处于被动地位。然而在当今时代，新媒体的大量涌现导致很难挑选出足够完美的资料以展开德育教育工作，加之新媒体的内容也更为多样，微信、微博、博客、论坛等已经得到大多数人的认可与肯定。手机上网对于当代大学生来说已经是一种常见的现象，人手一部手机，基本上成为当前大学校园随处可见的风景，而具有上网功能的手机基本上也就成为广大学生的标准配置。众所周知，传统媒体在空间、时间及速度上都会受到一定的制约，而新媒体技术却不受这些因素的限制，而大学生正处于人生观、道德观及世界观定型的关键时期，很容易遭受反动、迷信、色情、暴力的“信息污染”，而网络不像其他媒体一样可以对信息资源进行选择、编辑和删减，这就不仅对大学生的分辨力、选择力、运用信息的能力形成严峻的考验，而且也使得德育教育的环境更加复杂。因此，如何净化网络空间、加强网络文化的监督，也就成为德育教育工作者义不容辞的责任。

#### 2.新媒体传播的多样性文化，加剧了德育教育环境的不可控度

世界文化的多样性导致网络上传播的信息具有多样性特征，尤其是世界各国各地区受到自身所处的地理环境影响而形成的不同文化价值观，在网络上的传播，更是极大地加

剧了这种信息文化的多样性。当前，以美国为首的西方发达国家，以网络为媒介，对我国进行文化侵略，通过卑劣的方法，实施技术标准和技术制约，使他国无法平等地分享网络信息；推行“密码霸权”，给其他国家的网络信息安全带来隐患威胁；设立一系列的障碍，在网络中实施经济霸权及政治霸权；不断借助本身先进的传媒技术掀起舆论攻势，从而阻碍或者限制别国的发展；全力施行网络扩张政策，以实现信息干涉及信息破坏的目的。

网络信息文化具有多样性特征，从客观上来说，在网络信息的传播过程中，谁掌握了高科技的优势，谁就能够在网络上称王称霸，就能够更为有效地掌握和引导网络舆论。在传统媒体的应用过程中，我国政府能够通过对该行业进行监督和管理实现对其有效控制，主导权在我们的手里。而在信息化时代，我国政府对于媒体的整体掌控力度不断下降，尤其是各网络的监管还没有达到很理想的水平，网络信息的内容与教育工作者所宣传灌输的信息可能不同甚至截然相反，这在一定程度上干扰了德育教育工作。这种教育环境的不可控性，一定程度上影响了我国德育教育工作的顺利开展，为大学生形成正确的人生观、世界观和价值观制造了阻碍。

**3.新媒体的“互动性”和“虚拟性”，加强了德育教育环境的自由度**

传统的德育教育环境是建立在信息的可控性基础之上的，教育信息一般通过教育者进行严格的筛选和整理后灌输给大学生。按照教育者的意志预先设计的模式进行，这种教育方式具有明显的单向性。传统的德育教育模式与日新月异的现实社会脱节，内容陈旧呆板、方法单一，脱离了大学生的现实生活，使大学生平时的所见所闻与教育者所讲的相差较远。这种教育环境不重视学生的自我体验和情感调动，且能打动大学生的地方比较少。在新媒体环境下，由于新媒体的互动性，大学生们不再只是单方面地接受德育教育工作者的外部灌输，而是要求平等地互动交流，以往只靠教师站在讲台做报告，通过书信和面谈等方式对学生进行德育教育的方式，已远远不能适应信息化时代德育教育的需要了。在新媒体所构建的平台上，大学生的主体意识会被极大地调动起来，进而影响他们的认知方式和接受方式，这将与高校传统的以单向灌输为主的教育模式产生十分激烈的碰撞。

新媒体取代了过去面对面的交流。微信、博客、BBS等都具有明显的虚拟性，很多人都以匿名的方式进行交流，言行得不到规范，真实性难以保证，在沟通过程中大家面对的不再是一个个活生生的人，而是一行行文字或一张张图片，人与人的交流成为非身份的交流，人更容易以面具的方式出现，并以工具化的态度对待他人，自然就造成了人与人之间的情感疏离。部分大学生整天沉溺于虚拟世界，容易造成紧张孤僻、逃避现实等问题，甚至会出现信任危机和人格障碍。随着新媒体的普及，传统的正式沟通在大学生德育教育中所占的比例越来越少，随之产生的问题是选择的沟通途径虽然越来越多，并且越来越简单快捷，但是德育教育所起的效果却不大。面对新媒体的挑战，教育环境的自由度要求加大，迫切需要德育教育工作者的自身素质尽快适应新媒体环境。

### （二）新媒体信息渠道的立体性，导致德育教育工作者的现有素质难选择

传统教育模式中，教育者、受教育者通过教育过程角色定位来促成二者关系的形成。而传统教育模式中教育者和受教育者之间的关系往往是支配关系。教育者依据自己积累的知识及获得的经验，并与德育教育内容相结合，展现给受教育者一个授道者的形象。在信息化时代，德育教育途径由单一的填鸭式教育演变为多向、多渠道获取。教育途径及信息来源的多向化促使教育者对受教育者灌输式的领导优势削弱，新媒体的传播和教育功能被强化，进而也打破了教育者与受教育者之间的信息不对称，使传统的关系秩序面临解构危机。随着传统的教育主体关系秩序的解构，信息传播渠道由单向传播到双向传播、多向传播甚至立体传播，从根本上改变了原有的教育者和受教育者之间信息不对称的地位，两者的关系由教育者的“信息独享者”向教育者和受教育者“信息的平等享有者”转变，使教育者处于难选择的境地。而大学生则可以根据自己的需要，在网上对各种各样的信息进行自主选择，可以从网络复杂而多样的信息中选择自我需要的信息来促进自身的发展，还可以使网络信息接受和表达、传播相结合，变成自我教育的主体。大学生更多的是通过自我对信息的判断、选择、加工构建自己的价值体系，大学生在对网络信息进行分析、判断、加工的同时，改变了以往被动接受的地位，通过自我的主动选择，不断发展着自我的意识，不断进行着自我思想的调节和行为的调节，同时还能通过网络活动的参与，不断发挥主观能动性的作用，使得自我的主体地位得到不断加强。因此，新媒体环境下，大学生的主体意识不断增强，必然要求在德育理论课的教学过程中，充分尊重学生的主体地位，实现教学活动的双边互动，从传统的被动接受到自主选择，从传统的“灌输式”到“能动的参与”，从“塑造人格”到“引导人格”。而目前，有些德育理论课似乎无法积极面对这一挑战。课堂教学方式单一，基本采取“满堂灌”的方式，仍采用传统的居高临下的“我说你听”“满堂灌”“填鸭式”的方法，无对话、无交流，导致学生在德育理论课教学过程中的积极性不高、兴趣不浓、参与性不够。在这种情况下，我们迫切要求德育教育工作者尽快提升自身的素质，以适应网络化信息传递的立体性要求。

### （三）新媒体技术传播的随机性，导致德育教育工作者的现有素质难管理

作为一种更为关注个体的技术，新媒体技术在传播过程中，随机性表现得非常明显，客观上来说，对其所传播的信息进行监控和管理非常困难。而在德育教育工作开展过程中，对于新媒体所传播的信息的处理过程中，我们可以从我国当前构建社会主义和谐社会的要求出发，利用先进的技术手段去选取符合我国精神文明建设一般性要求的信息以供学生浏览和学习，为学生的德育教育的顺利开展提供必要的支持，这对于提高我国整体德育教育水平是有着非常重要的现实意义的。对新媒体来说，其传播内容丰富、覆盖面广、受众较多，这都使得德育教育的对象和空间都大幅度地扩大，从而丰富了德育教育的资源，提供了新的开放性环境和广阔的教育环境。实际上，新媒体完成对信息的选取，就是一个根据普适价值观对信息进行选取、判定的过程。在我国当前阶段的德育教育工作中，我们必然通过新媒体对所提供的信息进行筛选，从中选取有利于我国大学生构建正确思想道德的信息，对一些不符合我国实际情况、不利于构建我国社会主义精神文明的信息加以摒弃。

新媒体技术的随机性，加大了德育教育工作者对海量信息的选择难度。以网络媒体为例，从整体上看，由于网络没有主管责任机构，用户使用的限制性相对较小，导致大学生很难追寻网络信息的来源及其可信度，因此一些不法分子便利用这个漏洞设法将游行示威、结社及抗议等活动均放到网络上，这就会在一定程度上使国家的局部地区陷入动荡甚至有可能逐渐蔓延至整个国家和世界。在这一情况下，德育教育工作者很难给大学生提供较好的过滤信息的方法，而学生本身在浩如烟海、时刻变化的信息海洋里也会变得不知所措。由于德育教育工作者难以进行实质性的有效管理，可能会出现两种不同的结果：一种是强烈冲击大学生业已形成的价值观；另一种则为大学生新价值观的形成提供必要的支持和帮助。但是这一价值观的优劣，无法预先判定，有可能对我国社会主义的发展提供促进作用，也可能对我国社会的整体发展制造阻碍。德育教育不仅要向学生传授特定的思想道德知识，还要培养学生的情感，也要训练学生的道德意志，并指导学生的实践。客观上来说，新媒体对于思想道德知识传播速度的加快是有着非常重要的促进作用的，但是由于信息的丰富性和选择的矛盾性，面对真假难辨的海量信息，能否达到既定的德育教育目标，以及德育教育工作者应该如何利用新媒体对大学生加强教育和指导，提高他们对信息选择的能力，这都是对德育教育工作者现有素质提出的挑战。

### （四）新媒体传播内容的多元性，导致德育教育工作者的现有素质难应变

新媒体传播内容的多元性所带来的挑战，主要体现在三个方面。

### 1.德育教育主旋律受到冲击

当前德育教育的内容主要是进行社会主义核心价值观教育及社会主义思想道德与法制观的教育。新媒体在拓展了大学生知识学习、知识选择空间的同时，也对德育教育工作的主旋律教育提出了前所未有的挑战。新媒体的开放性、多元性使其所容纳的信息良莠混杂，增加了青年大学生辨别真伪的难度，一些落后的、腐朽的思想和文化甚至各种反马克思主义、反社会主义的论调也利用新媒体的途径大肆传播，对于正处在世界观、人生观和价值观形成的重要阶段的大学生来说，还不能完全有效地对大量网络信息进行甄别处理，容易不同程度地受到西方发达国家意识形态、价值观念和生活方式的影响，有些大学生对于社会主义信念、集体主义原则出现了动摇，这些都对德育教育内容提出了挑战。

### 2.德育教育内容受到弱化

在新媒体给人们带来新的文化、文明曙光的同时，网络“信息垃圾”等不健康信息，充斥网络，还有一些虚假信息和流言蜚语等借助微信、网络等在校园流传开来，严重污染了校园文化环境。当代大学生正处于人格形成时期，对各种信息的接受比较活跃、广泛，加之当代大学生是非善恶观念的培养是在多元性的冲击中形成的，具有很大的弹性，如果不能深切理解“以信息交流为主”的信息化时代生活方式，这无疑会令他们产生诸多的矛盾与困惑，进而抑制健全道德人格的形成，导致大学生个体道德和群体道德水平下降。在我国，德育教育以共产主义理想信念教育为核心，以爱国主义、集体主义、社会主义教育为主要内容，着力培养大学生正确的人生观、价值观、道德观。而各种违反社会道德的信息泛滥，无疑弱化了德育教育的内容。同时，又由于互联网是高度开放的，大学生在互联网上非常容易接触到西方国家的宣传舆论、文化价值观等，这些就有可能更加淡化甚至抵消德育教育对他们的影响。总之，无论是西方国家借助互联网进行的意识形态传播和扩张，还是各种违反社会道德的信息传播，对我国大学生的思想意识必然产生强烈的冲击，使德育教育面临着前所未有的文化压力，由此对德育教育内容提出了严峻的挑战，这是我们不得不正视的一个客观事实。

### 3.德育教育内容需要更新

课堂教育比较注重知识体系的完整性和逻辑性，但缺乏寓教于乐和理论联系实际，往往使学生感到教育内容枯燥无味，甚至产生逆反心理。这在大学生已习惯了互联网声色俱生、图文并茂、声情融汇的多媒体传播方式的今天，尤其显得突出。目前大学生在“两课”课堂上走神、看闲书甚至逃课的情形比比皆是，这就大大影响了德育教育的效果，不利于德育教育目标的实现。

在新媒体传播内容的多元性面前，我们迫切要求德育教育工作者提升自身素质，不断地调整和优化现行的德育教育内容，把那些符合社会发展规律、契合时代需要的内容要不断充实进来，使德育教育内容变得更加生动有趣、富有吸引力，以应对新媒体对德育教育内容的挑战。

# 第三节　信息化时代德育教育工作者素质的培养路径

素质培养与一般的知识培养、技能培养是不同的，甚至存在较大差别。这种差别表现在：素质培养的全过程都要体现素质自身具有的历史性、实践性，还有把握和维护素质的整体性和全面性，是一个长期的潜移默化的过程，不仅需要德育教育工作者本人从事长期艰苦的工作，具有生活和学习实践，而且在关乎德育教育工作者素质培养的措施、方法和路径选择上，使之发挥长效的积极影响，只不过这种影响是后发性的、潜在的，换言之，德育教育工作者的素质只有借助于广阔的社会实践空间和平台，才能获得内生性成长的同时得到有效培养，并充分绽放出素质独特的灵性、鲜活、生动与丰富多彩。这表明，德育教育工作者的素质培养是一项极其复杂、相当艰巨的社会系统工程，需要坚持不懈才能实现。当前，提升德育教育工作者素质，应着力抓好以下几个方面。

## 一、转变思想观念，培养德育教育工作者的新理念新意识

### （一）为适应信息化时代的要求，当前德育教育工作者需要增强“四个理念”

#### 1.网络理念

随着新媒体技术的发展，德育教育网络化在各大学已经逐步开展。在当前的教育形势下，各大学已经充分认识到网络德育教育不仅是大学生德育教育内容的一部分，也是学校教育管理的一个部分，更是学校校园文化的一部分，它已经渗透到校园的各个角落，为学生的成长、德育教育工作者的进步乃至发展起着至关重要的作用。因此，德育教育工作者应具有正确的网络观。网络作为一种人类社会进化过程中创造出的实践手段、新的实践方式、新的生存方式、新的体验方式、新的对世界的把握方式，它的本质、特征，它的功

能、作用，它的前途和命运，都需要人类不断去认识和把握。德育教育工作者必须清醒地认识到这一点，树立正确的网络观以便指导德育教育的网络传播实践。德育教育工作者只有在正确的网络观的指导下，投身网络实践，融入传播过程，真正使网络成为自身生存的工作方式，深入体验网络对社会、对个体、对人的精神、心理的影响，才能理解受众的生活方式和精神状态，利用网络开展有效的德育教育传播。

**2.服务理念**

大学阶段是大学生思想和心理快速成长到达成熟的阶段，这个阶段大学生的思想容易受到环境和他人的影响。首先，在网络信息社会中，大学生将面对具有多元文化、多种思想意识形态、多元道德观、多元价值观特点的现实社会，大学生的思想和心理也将受到冲击。其次，学生从高中步入大学后，学习方式和生活方式都发生了改变，学习方式由集中上课改变为分散上课，课余时间明显增多，集中学习也改变为自由学习；生活方式上摆脱了家长的管束，很多没有了班主任制，取而代之的辅导员制，大学班主任或辅导员对学生的约束也不比高中。这些学习方式和生活方式的改变，使大学生有更多的时间和精力去接触除课本和校园生活以外的事物。再次，多数人都存在先入为主的思想。因此，德育教育的阵地需要由正确的思想和先进的文化先去占领，先入为主，让错误的思想和腐朽的文化无容身之处。

德育教育工作者应确立主动服务理念，以大一新生入学为起点，关心大学生的学习和生活情况，积极主动与大学生进行沟通与互动，关注大学生关注的热点问题，掌握大学生的思想和心理发展动向，帮助协调解决大学生遇到的思想和心理上的问题和困惑，主动开展网络德育工作。要转变工作态度和方法，坚持网上网下互动，网上了解“网民”在想什么、需要什么，网下深入“网民”学习、工作、生活中，和他们打成一片，急他们所急、想他们所想、办他们之所需，努力为他们办实事，实事求是地开展工作。教育对象也容易接受，给予配合，使信息化时代的德育教育工作能够虚实结合顺利开展。此外，相关部门也要主动配合网络思想教育者建立优良的思想教育环境和丰富多彩的校园文化，让学生在校园文化的熏陶下接受良好的德育教育，不断提高德育水平。

**3.民主理念**

教育平等性具体体现在两个方面：一是受教育者的平等性；二是受教育者与教育者的平等性。在网络使用过程中，每个网络用户都是网络的终端，教育者对受教育者进行教育时，可以是点对点的教育，也可以是点对面的教育，在教育实施过程中，每个大学生都具有平等的地位，因此，受教育者具有平等性。教育者与受教育者的平等性就是要确立大学生在教育中的主体地位，教育者要从传统的教育者施教、受教育者受教的模式中解放出来，充分激发大学生的主动性和积极性，在网络平台上，将传统的德育教育转变为网络思想交流，将受教育者的被动记忆转变为主动接受，将网络在教育中的积极作用充分发挥出来。

另外，在新媒体环境下，教育者与被教育者之间的平等性也会常常发生某种程度的倾斜现象。在网络面前，由于在网络上交流的双方或多方是平等的，教育者与受教育者之间的信息接受内容和过程是平等的，往往可能会出现教育者所掌握的内容不及受教育者的文化“反哺”现象，从而对教师的权威地位带来了冲击。因此，德育教育工作者应改变以教育者自居、居高临下的角色观念，树立民主化理念，尊重学生的主体意识，把学生摆在与教师自由交流、互动的同一个平台上，注意用启发式、参与互动式、讨论式、对话式的工作方式，以平等、诚恳的姿态与学生展开交流，耐心启发并积极引导学生，做学生的良师益友，从而增强德育教育工作的亲和力。

#### 4.实时理念

信息化时代是一个高速发展的信息时代，在网络环境下，信息传播速度快得惊人，德育教育工作者如何把控和引导信息传播将面临巨大的挑战。信息化时代每天都有大量的信息充斥着各大网站的首页，很多信息被多次关注后成为热点问题。大学生是意气风发的一代，大学生关心的热点问题和事件在高速传播的网络的推动下就会演变成群体性事件。这些社会热点问题的客观存在，要求思想教育工作者必须培养实时教育新理念。只有实时地关注事态的发展，积极处理与解决内部矛盾，我们才能将有利的问题或事件扩大影响，将不利的问题或事件消灭在萌芽状态。同时，德育教育工作者应实时关注大学校园每天发生的事情，实时关注大学生的学习和生活，才能将问题尽早发现、尽早解决。

### （二）为适应信息化时代的要求，德育教育工作者还应确立“四个意识”

#### 1.阵地意识

《中共中央关于进一步加强和改进学校德育工作的若干意见》明确指出：在新的历史时期，思想领域的矛盾和斗争错综复杂，有时还表现得相当激烈，思想领域的阵地马克思主义不去占领，非马克思主义和反马克思主义的东西必然去占领。网络的开放性、虚拟性和跨文化性等特点，使德育教育面临更为复杂的教育环境和教育对象。在这种情况下，德育教育工作者必须强化阵地意识，重视新媒体环境对德育教育工作带来的挑战，认真研究网络空间出现的一系列新情况、新问题，充分运用网络发展带来的新技术、新手段，提高德育教育工作的时效性、针对性，把德育教育覆盖到网络中，不断增强德育教育工作的战斗力。面对新媒体环境带来的冲击和负面影响，我们必须采取积极主动的应对策略，充分使用网络带来的优势和便利，开发网上德育教育资源，充分发挥其在德育教育领域的积极作用，使其成为德育教育工作的新载体，构建德育教育工作的新阵地。

### 2.安全意识

网络具有开放性和共享性、超时空性和及时性、隐蔽性的特点。在信息共享，不受时间和空间的限制及时传播信息的同时，也埋下了安全隐患，为西方“霸权主义”“文化殖民主义”、文化糟粕、西方意识形态渗透和传播提供了便利，严重影响青年大学生的成长。教育和引导大学生自觉甄别和抵制网上反动、不良的信息，是德育教育工作者的重要责任。

目前国家层面制定了《关于加强网络信息保护的决定》《关于加强互联网域名系统安全保障工作的通知》《通信网络安全防护管理办法》（工业和信息化部令（2010）第11号）、《互联网网络安全信息通报实施办法》等规范网络管理的法规，许多学校也纷纷建立了校园网络信息管理的制度、规定，加强了对网上信息的监控，对网络言行的管理和约束，但是，只有把法律法规的制约、管理制度的约束同网民的道德自律结合起来，才能发挥良好的效果。德育教育工作者要对大学生强化网上遵纪守法意识的培养外，还应加强大学生的思想德育，把《公民道德建设实施纲要》提出的基本道德规范要求同网上德育相结合，提高大学生上网的自律意识，增强大学生自身免疫力，使大学生树立安全上网意识，保障上网安全。

### 3.学习意识

增强学习意识，是信息化时代对德育教育工作者提出的明确要求。德育教育工作者不仅要具有丰富的德育理论知识，而且要具有学习、运用网络技术、信息技术等新科技手段有效开展工作的能力，能够从网上快速地查找信息、筛选信息，科学合理地使用信息，主动参与网络德育教育阵地的建设，利用网络建立德育教育资源信息库。同时，德育教育工作者还应密切关注和研究网络发展的新动向、出现的新事物，学习使用大学生常用的各种应用软件、网络交流平台，并通过使用这些软件贴近大学生，了解大学生思想动态、网络言行，有效整合网络教育资源，使自己成为能够把“德育工作”理论和方法同互联网技术有效结合的新型德育教育工作者。只有在循序渐进、持之以恒的学习过程中不断充实和提高自己，保持自身知识结构的完整性和知识构成的时代性，我们才有可能应对新媒体带来的挑战，完成艰巨而复杂的德育工作任务。

#### 4.创新意识

信息化时代需要德育教育工作者具有更高的创新意识。创新意识是德育教育工作者迎接挑战、解决问题、开拓工作新局面的关键。在信息化时代，面对复杂多变的新情况、新问题，德育教育工作者务必解放思想，更新观念，抓住机遇，找准切入点，以创新的姿态开拓前进，不断增强德育教育工作的吸引力。这种创新意识主要体现在三个方面：首先，信息化时代要求德育教育工作者具有与时代相适应的创新观念，树立起德育工作网络化的意识，紧跟时代的前进步伐。其次，要求德育教育工作者要善于针对网络特点，创新工作思路，把富有时代特征的主旋律唱到网络上。最后，要求德育教育工作者方法创新具有时代性，发挥新媒体技术在德育教育工作中的作用，通过网络加强大学生的素质教育，增强他们自身的抗干扰能力和免疫力。

## 二、适应信息化时代要求，增强教育者利用和管理网络的工作能力

为适应信息化时代的要求，增强德育教育工作者利用和管理网络的工作能力，我们当前应着力培养四个方面的能力。

### （一）熟练使用常见信息技术工具

熟练运用现代信息技术于教学活动，如利用Authorware、Flash、Action、PowerPoint、课件大师、课件快车、洪图等软件制作多媒体课件，制作动画，利用电子邮件，开辟网络课堂，丰富“德育”类网站上的教案、课件、示范课视频，有效地汇聚德育教育教学资源。

### （二）熟练使用网络交流平台软件

德育工作者应主动建立个人博客，熟练使用QQ、微信、微博等“交流平台”软件，并大力发挥这些工具在日常班级管理、校园管理上的作用，充分使用这些与学生进行沟通、交流，捕捉在网络上处于隐蔽地位的大学生的言行，有目的、有意识地从正面引导大学生，成为校园网络社区的核心成员，以提高德育教育工作水平。

### （三）熟练使用微信

微信是当前大学生中最流行的、使用最广泛的手机通讯软件。微信的出现，把沟通带入了一个新的时代。微信是通过智能手机上网，发送信息时消耗少量网络流量，具有发送

语音、图片、视频、文字等功能，支持类似QQ可实现多人同时群聊功能，同时还拥有LBS（Location Based Services），即确定移动设备或用户所在的地理位置，提供与位置相关的各类信息服务，简称“定位服务”功能。如根据手机用户的当前地理位置，查找所处位置1千米范围内的人和生活服务设施。

微信的强大功能，使得大学生广为使用，大学生对微信的广泛使用，同时也为思想工作提出了新的挑战和新的机遇。德育教育工作者，应首先尝试使用微信，了解微信的各种功能，探索把微信当成新的工作平台和载体，充分利用其功能传播德育教育理论，抢占网络德育教育网络阵地的新制高点。

### （四）熟练把握和运用网络技术开展德育理论课的教学

在信息化时代，德育理论课虽然仍然是学生德育教育的主渠道、主阵地，但传统“灌输式”的教育方法已不能适应信息化时代的要求，灌输式教育向引导式教育的转变已迫在眉睫。因此，从事德育理论课教学的教师要熟练把握和运用网络这一工具，加强和改进德育理论课教学，将多媒体与网络技术引入德育理论课教学中，做到多媒体网络技术与德育理论课教学衔接。要通过制作多媒体教学课件，以教材体系为线，运用声、像、图文并茂的教学手段，演绎那些严肃而枯燥的主题内容，改变以往枯燥乏味的教学方式，对历史资料、理论概念等进行形象化、生动化的显示与剖析。还可以通过建立德育理论课教学网站，学生通过网络自由交流学习心得，把德育理论课教育与网络教育有机结合，使枯燥的课程变得生动有趣。

## 三、优化环境，提升德育教育工作队伍整体素质

优化环境，提升素质，是加强信息化时代德育教育工作的实际需要，也是构建德育教育工作队伍的迫切要求，两者相辅相成，缺一不可。从优化德育教育环境方面来说，当前需要努力改善“三个环境”。

### （一）净化网络环境

网络的出现给德育教育带来的冲击已经显而易见，因此研究网络引起的德育教育环境的新变化，营造纯净的德育教育环境，是十分必要的。信息化时代德育教育是一种具有一定目的性和计划性的实践活动，它十分关注网络环境的教育价值，既能充分发挥虚拟环境既有的教育功能，又致力于营造出一种适合开展德育教育工作的网络环境，使得更多的学生能够接受新媒体环境下德育教育的形式和方法，将个体需求和群体发展需求有机融合为

一体，形成一种群体和社会都能够认同的价值观念，最终实现德育教育真正的目的。我们应当通过不断地强化学生的自主意识，避免学生盲目地受到网络环境因素的影响，增强学生对网络环境的掌控能力，提高学生对各种新环境的辨别与适应能力，根据自身的需求自主地取舍对环境的需要，扬长避短，消解那些负面信息对自身的不良影响，从而不断地满足德育教育和学生双方面的发展需求。

### （二）美化文化环境

对于网络环境来说，文化环境的不断优化能够对网络环境的健康发展起到一定的积极作用。良好的文化环境能够使大学生的思想得到优化和提升，营造出一种极具感染力和穿透力的德育教育环境，因此承担学生德育教育责任必须要不断地加强对校园文化环境的建设，为广大学生营造一种良好的学习生活环境。通过校园中健康、乐观的文化因素，感化广大受教育者的心灵，丰富他们的精神内涵，强化他们自我保护能力，从而有效地提升网络教育的成效。网络文化丰富了校园文化，而良好的校园文化环境同样能够促进网络文化的健康发展。校园文化具有重要的育人功能，随着高校信息化的普及和推广，我们应当充分利用网络载体开展形式多样、积极向上的学术、科技、体育、艺术和娱乐活动，把德育与智育、体育、美育有机结合起来，寓教育于文化活动之中。我们应当要结合传统节庆日、重大事件和开学典礼、毕业典礼等，开展具有学校办学特色、体现校园传统精神的主题教育活动。重视校园人文环境和自然环境建设，完善校园文化活动设施，加强校报、校内广播和学校出版社的建设，加强哲学社会科学研讨会、报告会、讲座的管理，绝不给错误观点和言论提供传播渠道，坚决抵制各种有害文化和腐朽生活。

### （三）优化法制环境

法律不仅对人们的行为具有重要的约束作用，同时也成为网络规范化发展的重要保障。为营造信息化时代优质的德育教育环境，提高德育教育的规范性，保障德育教育的持续健康发展，完善我国的网络法制建设已经迫在眉睫。在最近几年中，国务院及相关部门不断地加大针对网络的立法力度，并颁布了相关的法律法规，不断地强化网络管理，构建网络法制管理体系，打击网络违法犯罪行为，营造一种良好的法制环境，充分保障网络的安全化、规范化、秩序化运行。我们应该结合校园网站多年来的实际发展情况，制定出符合校园管理需求，具体可行的网络信息管理制度。制度的建立要通过合理合法的程序，由校领导和主管部门召开，相关人员通过民主协商的方式共同制定，并认真对待广大教职员工及学生的意见和建议，使校园网络管理有章可循，有法可依。

从提升德育教育工作队伍整体素质方面来说，我们当前应着力提升“四个素质”。

### 1.思想素质

要培养大学生德育教育工作者较强的思想素质，德育教育工作者首先自己必须具有较强的德育素质。为此，一要树立社会主义的立场和思想道德观点。信息化时代，尤其要求德育教育工作者要坚定社会主义的信念，对我国建设中国特色的社会主义保持信心，在任何复杂的形势下，始终旗帜鲜明地从思想上、行动上与党中央保持高度一致。二要培养高度的责任感和强烈的事业心。德育教育工作者要正确认识形势和自我价值，认识到开展网络德育工作的必要性与紧迫性，热爱德育工作，培养自己高度的责任感和强烈的事业心，以饱满的热情投身于德育教育工作，增强网络德育教育工作的影响力。三要积极进取，具备良好道德，提高法律水平。从理性的高度指导和评价自己或对象的道德行为，积极地推动良好道德行为的完成和持续发展，坚决同各种网络违法和不道德行为作斗争，从而在新媒体环境下以身作则，在潜移默化中对大学生进行正向的引导，帮助大学生提高自己的政治素养，完成德育教育的目标。

### 2.专业理论素质

德育教育工作者的主要专业理论素质是以马克思主义为核心的，包括马列主义、毛泽东思想、邓小平理论、“三个代表”重要思想、科学发展观、社会主义核心价值观为主要内容。因此，德育教育工作者要通过系统深入地学习，具备扎实的专业理论素质，并且能够根据不断变化的社会现实及时地将自己的理论素质进行更新，以适应信息化时代德育教育的需要。在新媒体环境下，一定要注意结合实际情况，主动掌握大学生德育教育新方法，并结合大学生在新媒体环境下思维方式、生活方式、学习方式的变化将新的教育方法落实到德育教育的实践中，并在实践中不断完善新媒体环境下大学生德育教育新举措。同时，德育教育工作者只有具备较高的理论素养，才能在解答大学生对现实的困惑时，比较清晰、透彻、正确、生动地讲解相应的德育理论，通过分析现实生活中的重大思想理论问题和实际问题，增强大学生德育教育的感召力和说服力，得到大学生的认同和信服。只有具备较高的理论素养，才能找到更多与大学生共同感兴趣的话题，抓住更多有利于德育教育的切入点，促成教育内容向学生的有效传递，感染和激励大学生，增强新媒体环境下德育教育的效果。

### 3.媒体技术素质

在信息化时代，作为一名合格的德育教育工作者，不仅要有深厚的马克思主义理论水平和德育工作艺术，还要熟练使用新媒体，充分了解新媒体技术，掌握新媒体特点，科学使用新媒体。德育教育工作者要主动学习计算机技术、网络技术和手机新媒体的有关应用知识，掌握先进的技术手段，能够利用网络或手机，开辟相应的“论坛”“微博”“微信”等等，以真实或虚拟的身份与大学生进行对话、讨论，及时掌握大学生的思想动态，与大学生进行思想上的交流和互动，及时解决网络或手机传播过程中出现的问题，阻止不良信息的进入，使自己既成为大学生德育教育的灌输者，又成为新媒体信息的收集者、发布者和管理者。

**4.学习创新素质**

新媒体环境给我们的社会生活带来了全新的体验，改变着我们的生活方式、交际方式和思维方式，对于大学生德育教育来说，新媒体环境下的德育工作是一项全新的工作模式，德育教育工作者需要在具体的工作过程中不断地总结经验，摸索并归纳其中的规律，更好地为德育教育的开展服务。当前，德育教育的基础应放在提升德育教育工作者的创新意识和能力上。这就要求德育教育工作者打破传统观念的束缚，大胆尝试利用新技术、新手段，培养自己的创新思维，并在实践中勇于尝试各种新技术和新手段，善于发现新情况，研究新问题，不断探索网络德育教育工作中的新机制、新方法。只有这样才能具备优秀的学习创新素质，我们才能不断拓宽大学生德育教育思路，适应新媒体环境下德育教育的发展需要。同时，我们还要根据形势的发展，积极创造条件，为德育教育工作者建立长效的教育培训机制，从而不断拓宽大学生德育教育的视野，以适应信息化时代德育教育工作的需要。

# 第九章 信息素养及其道德意识培育

良好的信息素养是信息化时代对社会人才的核心素养要求，是教育适应信息化社会的必然要求，也是促进学生全面发展的关键能力要求。基于此，本章主要探讨信息素养及其构成与表征；信息素养培育的现实价值；信息素养培育的具体实施方法；信息素养提升中道德意识培育；信息化时代信息素养评价体系。

## 第一节 信息素养及其构成与表征

### 一、信息素养的认知

随着社会的发展，互联网与人们生活的各个领域联系越来越密切，信息素养对个人和社会的发展越发重要。信息素养不仅会成为当前评价人才综合素质的一项重要指标，而且将影响信息时代每一个社会成员的基本生存能力。要想准确把握信息素养的结构，明确培养学生信息素养的基本策略，就需要理解与认识信息素养的基本内涵。

#### （一）信息素养的起源

信息素养这一概念最早源于西方，从图书检索技能演变发展而来，图书检索技能主要是利用图书馆的相关知识和技能，并借此知识和技能得以解决相关问题或者做出决策。

信息素养与信息传播媒介紧密相关。每一种媒介都为思考、表达思想和抒发情感的方式提供了新的定位，从而创造出独特的话语符号。获取、组织和传递信息的媒介不同，相应的信息素养也就有所区别。在古代，信息主要被记载在甲骨、竹简、木板、锦帛、泥板等上，在造纸术特别是印刷术发明之后，由于便于携带、读写、复制和保存等特点，文字成为信息的主要载体，纸质文献就成为记录和传播信息的主要途径。在此阶段，获取信息的最重要途径是图书检索技能。随着时代的发展和进步，信息化进程不断加快，信息技术特别是网络互联技术，逐渐成为现代社会发展中重要的生产力，并日益成为影响经济发展的关键因素。在互联网技术时代，信息传递的媒介已经由文字逐步转变为图像，基于印刷术的信息素养已经让位于基于互联网技术的信息素养。在这种背景下，信息服务的提供者不再局限于图书馆此一机构，信息产业逐渐形成，信息经济在国民经济中开始占主导地位。随着社会经济的不断发展，在生产领域、教育科研、医疗卫生、政府和企业管理及日常家庭中，信息技术日益发挥着广泛而深刻的作用。在此背景下，传统的图书检索技能已不能满足获取信息、处理信息的需求，“信息素养”由此应运而生。

## （二）信息素养的界定

从词源学角度来看，信息素养的英文是“Information Literacy”。学问（learned），后演化为识字、有读写能力。但是，由于信息与媒介紧密相关，媒介的性质决定了信息来源、获取手段等。因此，对信息素养的界定需要历史地分析，具体可以归纳为以下三种。

### 1.信息素养的技能说

一般认为，技能是执行某种任务时的活动方式。《教育大辞典》将“技能”定义为主体基于已有的知识经验，通过练习而形成的处理某种任务的活动方式。就信息素养而言，从技术角度可以定义为利用大量的信息工具及主要信息源使问题得到解决的技术和技能。目前，学术界一直聚焦图书馆情报工作领域展开对信息素养的研究，主要考虑的是信息资源的来源、信息的掌握、运用信息解决问题等，基本都是处理问题的技巧层面。

### 2.信息素养的能力说

随着互联网技术发展，人们对信息素养的涉及领域迅速拓展，已由图书馆情报学转向互联网。在这种背景下，信息素养技能说受到挑战。相较而言，信息素养技能说只注重信息素养的功用价值。在信息来源日益多元化，信息量与日俱增的情况下，人们在利用信息工具解决实际问题的过程中必然面临其他问题，例如，如何在浩如烟海的信息当中选择有价值的信息；如何对信息进行评价；等等。面临诸如此类的问题，建构一种新的信息素养说已经迫在眉睫。

信息素养能力说强调过程型和任务驱使型技能，着眼人在面对信息时的定位、评价、有效利用。概括而言，信息素养能力说主要特征在于强调信息的确定、获取、评估、整合、利用和理解，即确认什么时候需要信息并准确定位，运用信息以解决问题。

### 3.信息素养的复合说

当今社会已经是一个信息特征极其鲜明的社会，脱离互联网技术而独自存在的领域已经微乎其微。在这样一个信息社会，互联网技术已经不仅仅是人们解决问题的一种手段，更成为一种价值体系。互联网技术渗入生活所带来的直接影响就是生活的日渐虚拟化。面对日渐虚拟化的日常生活，仅仅将信息素养视为解决问题的能力已经不能满足社会的快速发展。在这种背景下，信息素养已经不单单是作为一种解决问题的能力，更是人的整体素养的集中体现。在这种背景下，信息素养复合说也就应运而生。

信息素养复合说在重视传统的信息能力问题的同时已经开始意识到信息伦理问题。换言之，信息技术也好，信息能力也罢，都不是一个纯粹的技术问题。这就赋予信息素养以伦理的新内涵。众所周知，伦理是存在于人与人之间的。从这种角度看，信息素养复合说将信息素养视为内在于人的一种整体素质之体现，这与信息素养技能说、信息素养能力说的价值立场形成鲜明对比。

综上所述，核心素养是一个动态发展的综合性概念。从聚焦领域而言，信息素养已经突破图书馆研究领域，不再是情报学研究的专有名词。在一个信息社会，信息素养无处不在。从研究取向来讲，信息素养不再是价值无涉的中立技术取向，而是包含了信息伦理在内的人的素养的集中体现。因此，信息素养既要体现技术作为人类生活的一种手段或生活方式，也要体现人类利用技术的价值取向。换言之，信息素养是包含了信息技术之“术”和信息伦理之“道”的复合体。概言之，信息素养是指个体在信息社会中运用现代信息技术获取、利用、开发、评价和传播信息的能力与修养。

## 二、信息素养的构成

目前学界关于信息素养的研究已取得了较多的成果，然而，由于不同学科专家对于信息素养的研究多局限于自己的研究领域，如技术学、心理学、社会学、文化学等，致使学界对信息素养的定义、结构等尚未形成统一的认识。但总体而言，我们一般是从技术和人文两个向度来对信息素养进行界定的。具体观之，从技术层面来说，信息素养反映了个体利用信息的意识和能力，如能够有意识地抓取自己需要的信息，能够熟练地搜索信息等；从人文的角度来说，信息素养所指的是个体在处理信息时内心的状态，如面对信息时，心理状态是符合伦理道德的，能够认识到信息对个体、对社会的重要性。具体而言，信息素养体现在以下四个方面。

### （一）信息意识方面

信息意识是指人们对信息的敏感程度，我们可从对外界、自身及与有用信息三个方面的敏感程度来划分。它主要表现为对外界信息、对自身信息及提取有用信息的敏感程度。第一，对外界信息的敏感程度表现为能认识到信息的重要性，愿意接受和学习新兴信息技术，并且能够意识到当代世界的变化，对于信息社会而言，知识的更新速度加快，对于当代世界的变化要做到心中有数。第二，对自身信息的敏感程度表现为两点：首先，对自身变化的敏感程度；其次，对自身所需信息的敏感程度，即我们要意识到自己现在是怎样的；我们现在需要哪些信息。第三，提取有用信息的敏感程度，是我们在了解当代信息水平及自身信息水平的基础上，可以对信息社会中对自身有用的信息有很强的敏感性。以上是对信息意识三个方面抽象的描述，在具体的现实生活中，信息意识是直接具体的。简单而言，信息意识就是在面对自己不懂的事物时，有意愿并且能够自觉积极主动地去了解，如可以从别人认为无意义、无价值的信息中，发现其中的价值；可以用好奇的眼光去探索周围的事物和信息。

### （二）信息知识方面

信息知识是指一切与信息有关的知识，信息知识包括信息基本理论知识、现代信息技术知识、信息伦理知识及信息传播的知识。第一，信息基本理论方面的知识包括信息的本质、特征，信息系统的结构、工作原理及原则等。第二，现代信息技术知识包括计算机基础知识，计算机的基本构造、计算机的工作原理、计算机的硬件和软件等网络知识（网络基础理论知识、网络应用工具的使用要领、网络信息检索知识等）；多媒体知识（多媒体技术的概念、特点，各类型的多媒体软件及计算机辅助教学的工作原理、类型等）。第三，信息伦理知识包括信息知识产权及正确运用信息网络等方面的相关法律条款，对安全信息知识的相关规定等。第四，信息传播的知识是指信息交流过程中需要用到的语言等方面的知识。

### （三）信息能力方面

狭义上的信息能力包括信息技术操作能力和运用信息技术解决问题的能力。换言之，信息能力包括信息获取、筛选、加工、生成和交流等方面。广义上的信息能力，除包含上述能力外，还包括语言能力、思维能力、观察能力、判断能力等对信息能力有间接影响的各方面能力。从信息与个体发生作用的过程角度来看，信息能力可以分为四种，即获取信息、处理信息、生成信息和运用信息工具的能力。获取信息的能力是指利用一定的方法或技术手段从外界获取所需信息的能力；处理信息的能力包括对获取到的信息进行筛选、加工、处理的能力，特别是当很多有价值信息是隐藏在其他信息之中时，需要个体能够充分发挥逻辑思维，准确有效地将无效甚至错误的信息加以剔除；生成信息的能力是指对筛选过的信息进行内部消化，从而产生新的信息的能力，此种能力体现了信息的生成性；运用信息工具的能力是指能对包括图书馆、计算机等可获取信息的工具进行运用的能力，特别是在当今信息时代，新知识不断涌现，学会熟练运用计算机，才能在信息的大浪潮中游刃有余。

### （四）信息道德方面

信息道德是指在信息的处理环节中，用来规范这个过程的各种社会关系的道德意识、道德规范和道德行为的总称。道德意识表现为个体在与信息活动的各个环节中有意识地遵循社会道德；道德规范表现为人们共同承认和遵守的一定的道德原则；道德行为就是个体做出的符合道德的行为。简单而言，信息道德就是个体在信息活动的各个环节自觉地遵守道德规范，并使自己的行为符合道德规范。遵守信息道德要求我们要处理好自身与信息、自身与他人和自身与国家三方面的关系。首先，处理好自身与信息的关系是指我们要用合理的方式收集信息，不能对信息进行随意的加工等。在收集信息时，我们不能对信息进行破坏，要对信息进行整体、深入的收集。其次，对于自身与他人的关系而言，我们不能随意窃取他人信息，不能利用信息对他人进行人身攻击等，不能损害他人利益。最后，关于自身与国家的关系而言，我们不能制造、传播于国家不利的信息，也不能对国家的各种信息渠道进行破坏等。

## 三、信息素养的表征

大学阶段的学生经过幼儿、儿童和少年期的连续发展，青年初期的个体在生理发育上已基本成熟，心理各方面表现出丰富而稳定的特点。大学生在生理、智力和心理等方面已经与成人很相似了，所以，对于大学生在信息素养方面的要求也就更高。首先，大学生要有较强的信息意识，要结合自己的学科知识，知道自己需要的内容；其次，大学生要能够利用现代信息技术从更多的渠道收集信息，并能够将收集到的信息很好地运用到自己的学习和生活中；最后，大学生要能够对信息进行更深层次的加工和利用，对信息的处理更加专业和高效，有将信息传播给更多人的意识和行为。总而言之，大学阶段是信息素养从不成熟走向成熟的过渡期，学生在意识和能力方面都在进行深化和加强。

# 第二节　信息素养培育的现实价值分析

随着现代社会的快速进步与发展，信息日益成为我们日常生活的核心组成部分。在信息化时代，信息所展现出的不仅是一种资源，其在现今社会已经发展成为较为成熟的产业。并且，随着社会的发展，信息产业在国内生产总值的比重越来越大，其在创造产值的同时，也创造了更多的就业机会。与此同时，信息技术与人们的日常生活、学习越来越密切相关，只有具备了信息素养，公民才能有意识地按照社会需求和自己的需要自觉地、积极主动地学习新知识和掌握新技术，以提高自身的综合素质，进而才能从容不迫地应对信息时代里纷至沓来的各种严峻挑战。综合分析可以发现，信息素养的价值主要体现在以下方面。

## 一、有助于推进教育的深化改革

作为一种高级认知技能的信息素养，在现今教育场域中扮演着日益重要的角色。信息素养在教育教学改革过程中具有重要的价值作用，具体如下。

### （一）信息素养是教育改革的核心

当信息成为一种社会资源的时候，信息素养就决定了信息资源的数量与质量。从信息素养的定义发展中我们可以看出，信息素养已经从对技能、能力方面的关注转向了对人的素养发展方面的重视。我国的教育目标是要培养德、智、体、美全面发展的人，而在信息化时代，培育学生的信息素养就成为实现教育目标的核心途径之一，信息素养也成为学生核心素养中不可或缺的组成部分。信息素养教育注重学生的个性发展，强调学生自主进行学习、主动对问题探究、积极思考问题、勇于创新。它是一种在信息化环境下培养学生的信息意识、信息知识、信息能力和信息道德，并激发学生智慧和潜能的活动。

从信息素养教育的要求来看，信息素养的掌握是一个人具备独立自主学习能力和终身教育的前提基础和必要条件。信息素养涉及的内容是多方面的，但其核心主要体现在两个方面：一方面，随着人们对信息素养研究的深入，认识程度在不断提高，信息素养已经从信息检索技能发展成了人的基本素养之一，如何提升人们的信息素养，成为当今时代教育的必然之思；另一方面，由于信息技术的飞速发展和广泛运用，信息技术与很多行业都产生了必要的关联，这使得信息数量呈现出爆炸式的增长，如何在复杂、繁多的信息中提取必要的内容，成为人们生活于现今社会的一大挑战。信息时代的到来，对教育的发展提出了相应的挑战，与此同时，也推动着教育的不断变革。在未来教育教学过程中，如何将信息素养的培育融入其中，是教育变革不可回避的重要问题。

### （二）信息素养有效推进教育改革

信息素养不仅仅是单一能力的体现，其更是一种综合能力的展示。作为一种综合能力，信息素养不是可有可无的，它与我们的各种能力通过各种各样的方式产生联系，也是我们将各种能力共同发挥作用的良好纽带。在教育教学改革过程之中，信息素养的培育，有利于提升学生的时代感和敏感性，进而为教育改革的有效推进提供助力。与传统的讲授式教学方法不同，在新课程改革推进过程中，教师经常会采用启发探究式的教学方式，即教师给学生一个主题或问题，通过小组作业的形式，让小组的同学通过课下查阅资料对这个主题进行诠释或者是尝试对问题进行解答。在这个过程中，学生要运用到收集、整理、分析、运用信息及团队合作等方面的能力。在此过程中，通过对主题的分析确定自己需要哪些信息，运用恰当的方式去获取信息，结合主题对收集到的信息进行筛选，对分析整理过后的信息进行再整理并形成文字或者对问题进行解决，得到一个较好的任务结果，这些都是信息素养的体现。所以，一方面，信息素养的提升带动了学生各方面能力的发展，为学生综合能力的提升提供基础；另一方面，为培育学生信息素养所做出的改进措施，例如，改善教学环境条件、利用多媒体资源进行教学等，这些有利于培育学生信息素养的措施也能够促使其他学科改变教学内容和教学方法，在很大程度上也能推动教育改革的进行。

## 二、有助于促进学生的健全发展

促进学生的健全发展是教育发展的核心目标，同时也是教育教学有效进行的核心和基本落脚点。信息素养的培育有利于教育改革的深化推进，但其关键之处在于促进学生的健全发展。

### （一）促进学生学习能力发展

网络信息技术的飞速发展和广泛应用，已在教育领域惊起千层浪。信息素养的提高对学生的学习能力有着直接的促进作用。在现今教学过程中，微课、慕课、翻转课堂、云课堂及各种新媒体的视听课程相继出现，课堂教学已经不再是获取知识的唯一途径和方式。不仅如此，有条件的学生能够利用信息技术进行资料查询以完成课后作业或者是预习新课。以上网络信息技术给学生学习方式带来的变化，让学生的学习能力有了很大的发展，特别是有利于学生自学能力的发展。培养学生自学能力的前提就是要培育学生良好的信息素养，学生可以清晰地了解自己的信息需求，在此基础上确定信息源，然后根据自己的需要对信息进行筛选和处理，组织信息，最终达到解决问题或者生成新信息的程度，所有这些都让学生成为主动学习的学习者。现代社会的信息化和网络化为学习者提供了更广泛的学习内容、更多样的学习方式和更自由的学习时间，为学生的终身学习奠定了良好的基础。这样的信息环境和网络环境，不仅让培养学生的信息素养刻不容缓，也让终身学习的实现具备了更加有利的条件。

### （二）促进学生学习内容多样化

以往的教学内容基本都是书面的，教师按照书本上的内容照本宣科，学生也认为只要掌握了书本上的那些知识，就可以成为一名成绩优异的好学生。但是随着信息时代的到来，很多教师发现在教学时很困难，因为学生对于书本上的知识已经不再满足，他们会提出许多教师可能听都没有听过的问题，这时教师的专业素养便受到了挑战。所以，提高教师的信息素养水平，丰富教学内容是信息时代不可回避的问题。

当一名教师具备了较高的信息素养，他可以提高自己的学习能力。首先，成为一名教师并不意味着学习的结束，而是要实现终身学习。教师在不断学习的过程中不断提升自己的综合素质，这是教师上好一堂课的前提条件。其次，一名具备较高信息素养的教师可以将书本上的知识进行延伸拓展，这样既可以满足一些学有余力的学生又可以将书本知识与其他方面的知识进行联系。最后，一名具备较高信息素养的教师可以将教学内容的呈现更加多样化，如讲到“马”这种动物的时候可以用图片、视频等方式将马更加直观地展现在学生眼前。

### （三）促进学生创新能力发展

创新是民族进步的核心，是国家兴旺发达的不竭动力。在强调创新的时代，没有创新能力就意味着失去了生机与活力。培育学生的创新意识与创新能力，是社会发展的迫切需要，同时也是当前教育改革的焦点问题。学生的创新能力一方面与其智力水平有关；另一方面也与其所接受的教育密不可分。信息素养理念的提出与发展，为打破传统教育开阔了重要视野。随着互联网技术的迅速发展，具备良好信息素养的人能够自主获取广泛、多样的知识。有鉴于此，提升学生的信息素养，可以在促进学生掌握知识的同时，开阔学生的视野和眼界。国家的进步与发展需要创新，而学生的成长同样需要创新。创新能力的培育与发展，需要学生在掌握众多的信息以后，对已有信息再利用和开发而形成一种独有的具有新意的信息。从这个角度而言，信息素养的培育和提升对于学生创新能力的发展是极其重要的。

## 第三节　信息素养培育的具体实施方法

在当今飞速发展的信息时代，信息素养已成为每一个人必须具有的基本素质。信息素养对个人的发展、科学进步及社会进步都具有重要价值。培育学生的信息素养是教育这一巨大系统工程中的一个子系统，不是短时间内就可以完成的，除了政府给予财政支持和政策支持外，更需要学校和家庭两方面共同努力。鉴于此，本节将从学校、教师和家庭三个层面出发，探讨信息素养的培育方法。

### 一、构建支持性的学校教学环境

学校是专门培养人的机构，学校的一切活动都围绕着如何培养人而开展。具有较强目的性、系统性、选择性和专门性的学校教育对学生的发展起着主导性作用。具体到培育学生信息素养方面，学校应该为学生发展信息素养提供良好的教育教学环境，包括为学生创造良好的学习氛围、充分发挥图书馆在培育学生信息素养过程中的作用、为教师提供提升信息素养能力的机会等。

#### （一）为学生创造有利的学习氛围

良好的学习环境有助于学生信息素养的培育和提高。学校要充分利用相关教育经费，改造和完善软硬件设施，完善校园网络文化、多媒体教室、电子阅览室等各方面的建设。同时，要全面加强校园网络的管理，采取相关措施，以防学生访问不利于身心发展的不良信息，为信息素养的培育构建一种健康绿色的环境。校园文化活动是校园文化的一部分，校园文化活动是学生展示自己实力的舞台，学校或者班级可以组织以信息技术为主题的实践活动，来激发学生收集信息的兴趣，培养学生收集信息、筛选信息和利用信息的能力。例如，可举办“我们的传统节日”“我们的母亲河”“如何保护我们的自然家园”等主题活动，这些活动贴近同学们的生活，更能激发学生们的兴趣，积极参加活动，为培育其信息素养提供良好的途径。同时，也可举办信息技术类的竞赛，如“我是计算机小专家”“带音乐的相册”和“校园PPT”大赛等，不仅能够督促学生学习和探索信息技术，并且给了学生一个将知识和能力结合的机会，与他人分享自己的劳动成果。

### （二）利用图书馆提升学生信息素养

充分发挥图书馆的重要作用，是培育学生信息素养的重要辅助方法。高校图书馆可派专门人员为学生做培育学生信息素养系列讲座，层层递进，逐步提高，以培育学生的信息素养。首先是培养学生使用图书馆的基础能力，介绍包括图书馆布局、馆藏和联机使用等；其次是网络工具等软件的使用，包括搜索引擎和网络浏览器等；最后则是如何选择信息，对信息进行筛选，选择出所需要的信息。另外，我们还要培养学生良好的网络道德和法律意识，加强学生网络安全观念和自我保护意识。

### （三）给教师信息素养提升创造机会

在科学技术快速发展的今天，教师不仅仅肩负着授业解惑的重任，还对学生有榜样示范作用。教师所具有的素质，对学生有非常大的影响，甚至能够影响学生的一生。在培育学生信息素养的过程中，教师的信息素养对学生信息素养的培育有重要的影响作用。然而，在现今教育教学过程中，教师缺乏应有的信息素养，对信息素养的重要性认识不全面，不重视信息素养的培育，这些偏颇错误的观念极有可能会直接影响到学生对信息素养的认知。如果信息技术教师的专业能力不高，在教学过程中，按照教科书照本宣科，就无法提升到学生信息素养培育的高度，学生在实际情境中遇到问题还是不能运用技术来解决。这样的教师难以培育学生的信息素养，所以，学校需要组织专门人员对教师进行有针对性的培训，让具有高水平信息素养的教师来培育学生的信息素养。

## 二、提升教师自身的信息素养

教师自身能力的高低，是教学成败的关键所在。在培育学生信息素养过程中，我们必须重视教师自身信息素养的提升。

### （一）更新教师信息素养的观念

有怎样的价值理念，就有怎样的实践作为。教师秉持恰当的信息素养观念，对于教师正确培育学生信息素养具有指向性作用。然而，囿于传统教育价值理念的制约，部分教师只关注学生的成绩，认为学生能够运用搜索引擎查找相关资料，能够运用计算机进行文字处理就是具有信息素养了。这种观念具有片面性，没有正确理解信息素养的内涵。教师要具有全面正确的学生信息素养培育观念，对信息意识、信息知识、信息能力和信息道德有正确的认识。教师具有正确的信息素养观念是其有效培育学生信息素养的前提，只有正确认识信息素养，教师才能在日常的教学活动中恰当地采取培育信息素养的策略，有效培育学生的信息素养，促进学生信息素养水平的提升。

### （二）注重教学方式的合理运用

信息技术课程是培育学生信息素养的主要载体，在该课程实施时要注意以下两个问题。

第一，课程内容选择和实施要结合学生的实际。信息技术课程的课程内容和实施过程中要充分考虑到学生的身心特征、知识储备和能力水平，切忌偏、难、旧、繁。在课程内容选择上，选择与学生学习阶段特点相符合的。与此同时，教师可设置与学生实际生活情景相近的教学环境。例如，在编排教学PPT时，教师可设置一个以学校生活为主题的背景，为学生演示时，通过教师制作的精美的画面，绚丽的动作路径，加上优美的音乐，这样做不仅能够活跃课堂气氛，同时也能让学生认识计算机知识的重要性和实用性，并能充分激发学生的学习兴趣和积极性。

第二，评价方式要注重形成性和全面性。教学评价能对教学起到诊断、评定、反馈、激励、强化和矫正的作用，是教学过程中的重要部分。传统的纸笔测验，侧重的是学生对计算机知识的记忆，也就是侧重学生所掌握的信息知识，在很大程度上忽视了对学生的信息意识、信息能力和信息道德的评价。真正的评价是学生能够利用所学到的信息知识，具备一定的信息意识和信息道德，对实际情境中的问题进行解决。对学生信息意识、信息道德和信息能力的测试需要在过程中评价。有鉴于此，教师不仅要关注评价的结果，也要关注评价的过程，对学生的信息素养做出全面的评价。对信息技术课程的评价结果不宜采用具体的分数标准，可采用四级评价，即优秀、良好、中等和差评或采用五级评价，即A、B、C、D、E。

### （三）将信息素养融入学科课程

除了信息技术课程，教师在日常学科教学中也可融入对学生信息素养的培育，这种方式也是培育学生信息素养的一条有效途径。在专门教授信息技术、培育学生信息素养的信息技术教育课程之外，辅助以学科教学，不仅能够学习到学科知识，同时利用信息技术，让学科知识学习更有效率，也能让学生切实体会到信息技术的实用，提高学生学习信息技术的兴趣，提升学生的信息素养水平。

在学科教学时，教师可以根据具体教学需要，依据学生的年龄和心理特征、知识储备和能力水平等标准，精心选择主题，让学生上网搜索或去图书馆查找自己所需要的资料，从而能够避免学生在浩如烟海的网络数据库和图书馆中无所适从。在学生对信息进行利用、开发、评价和传播信息的阶段，教师要及时进行指导和鼓励，以避免学生出现认识方面的错误，有效地对学生信息素养进行培育。

## 三、发挥家庭教育的辅助作用

如今是信息化和网络化时代，计算机在普通家庭中的普及率不断上升。在家庭中，孩子接触计算机的机会是很多的。学生信息素养的培育是一个有层次的、连续提升的过程，鉴于此，学生信息素养的培育，有必要充分发挥家庭教育的辅助作用。

### （一）培养学生信息意识，增强信息能力

信息意识即人们对信息的敏感程度，培养孩子的信息意识，能让孩子认识到信息的重要性。兴趣是最好的老师，兴趣会使孩子对信息更敏感。孩子遇到感兴趣的问题时就会在头脑中形成问题，父母对待孩子的问题不能缺乏耐心、直接告诉其答案，要引导孩子找到问题的答案，引导孩子自己去查资料解决，对所收集的信息进行筛选、加工。有条件的基础上，父母可以和孩子一起去图书馆或者上网进行查资料解决问题，这种培育孩子信息素养的方式不仅能够从小培养起孩子敏感的信息意识和较强的信息能力，而且保护了孩子的兴趣，让孩子体验到成就感。

### （二）正确引导网络行为，培养信息道德

网络有利有弊，父母要对孩子的网络行为进行正确的引导，不能因为网络的弊端，就强制性地禁止孩子上网，这样可能会带来严重的后果。孩子在家中上网时，父母可为孩子在计算机上设置不同时段不同网络学习需求，设定有针对性的权限规则，让孩子健康利用网络。父母尽可能和孩子，特别是自制力比较差的孩子一起上网，同时对孩子进行引导，引导孩子接触有益的内容，避免孩子沉溺在游戏中。此外，家长需要告诉孩子，网络是虚拟空间，网络上的朋友是陌生人，不能轻易相信。家长可以帮助他们建立正确的网络价值

观和网络安全意识。除此之外，父母要多与孩子交流，交换对网络信息的感想和见解，在交流过程中，父母对孩子的想法做到心中有数，并可适时进行引导，培养孩子的信息道德。

## 第四节　信息素养提升中道德意识培育

信息技术呈网络化、数字化、智能化趋势，学生接触网络的机会越来越多、使用网络越来越频繁。但网络在方便学生学习与生活的同时，也存在负面内容，令部分学生深陷其中。大学生的道德意识不够完善，易受网络不良信息的污染。信息技术道德知识的内容广泛，教师要增加学生的信息道德知识，促使他们形成健康的网络道德意识。

### 一、情境教学，促进领悟

大学生处于半成熟期，他们的意志品质相对较弱，自主学习能力不足，因此教师要创设情境，向学生讲述道德知识，激发学生的学习兴趣，调动学生的求知欲。教师可以运用故事、问题等进行导入，让信息课堂变得富有活力。教师要通过多样的方式促进学生对所学内容的理解，通过游戏、合作、实践等方式，强化其正确行为，指正其错误行为，进一步加深学生对信息道德知识的理解。

### 二、恰当指导，促进反思

反思是学生审视、检验自身学习行为的过程。在信息技术学习中，教师应通过有效的活动促使学生主动反思，促进他们的自我监控，从而达到预期的学习目标。学生通过对自身的学习与行为进行判断反思，能发展自己的思维，纠正自己的不当行为。教师要合理创设情境，导入所学知识，引发学生学习新知的兴趣。教师应围绕教学重点提出问题，通过问题引发学生的疑问，增进他们对知识的理解，发展学生的思维。教师在提问时要依据所学内容及学生的现实起点，合理控制问题的难度，让问题变得具有开放性、趣味性，吸引学生反思自己的行为，促进学生思维能力的发展。教师要为学生留出思考时间，让他们充分表达自己的观点，并在必要时为学生纠错，避免让他们在讨论时“跑题”。学生讨论问题后，教师要稍加点评，并对重难点进行讲解，让学生边听边思考，从而获得深刻的理解。在教师的引导下，学生会意识到自己行为的不当之处。教师要为他们提供认错、纠错的机会，引导他们加强自律，在自我监督与他人监督下约束自己的行为。

## 三、合作探究，展示作品

教师要创设合作的情境，加强学生间的互动交流，提升他们的合作能力。教师要将学生进行分组，让他们针对问题展开深层次的探索，从而形成深度理解。教师要选择学生感兴趣的内容进行导入，先为学生提供诸多探究的主题，让他们以小组共学的方式完成探究任务，并将所探究的内容制作成简报、PPT等作品。

## 四、调查实践，形成作品

教师要加强与社会的联系，让学生去了解网络法规及网络犯罪等内容，并将这些知识制作成作品去宣传。教师可为学生确立调查实践的主题，也可让学生依据自己的兴趣自拟有价值的内容。学生根据自己的兴趣去搜集信息并加以汇总，可以采用多样的方式。学习小组可采取访谈、问卷调查等形式获得第一手资料，这样的活动能提升他们的实践能力。在课堂上，教师应引导学生分享自己的调查经历，让他们对学习中的疑点进行交流，增进他们对计算机道德的理解。课后，学生可将自己的实践调查结果进行整理，制成一个宣传作品，学校可以出一期宣传栏，也可以在微信群中推广。人们在浏览学生的宣传作品后，会从中获得启发，也可以留下自己的建议，学生要依据记录下来的建议对作品进行修改。

总而言之，在信息技术教学中，教师要针对网络上存在诸多不良信息、部分学生不加辨别加以接收的现状，采取多样的教学方式，引领学生抵制网络不良信息，从而提升学生的信息道德素养。

# 第五节　信息化时代信息素养评价体系

互联网目前已经渗透到各行各业中，信息传播途径日益拓宽，信息量和信息传播速度迅速增长，信息素养已经成为信息化时代人们必备的技能。大学生信息素养水平的高低会影响他们对信息的利用和获取。大学生信息素养的提升对提升学生学习效果、推动教育信息化建设、提高终身学习能力发挥着重要作用。近年来，为了落实以立德树人教育理念为导向的教学目标，培养满足社会需求的创新创业人才，各高校将信息素养列为大学生综合素质的组成部分，开展了各类形式的信息素养教育活动。作为大学生信息素养评价的依据，有必要构建当代社会与立德树人教育理念相契合的信息素养评价指标体系，帮助高校管理者制定可行有效的信息素养提升措施。

## 一、信息化时代信息素养评价体系的设计依据

信息素养包括信息意识、信息知识、信息能力、信息道德四个要素，随着“互联网+教育”的不断融合，各校不断创新教学模式，开展智能校园的建设，由原有的传统式以教师为中心向以学生为中心转变。因此，评判信息素养能力需要从满足当代大学生的需求和个性特点着手。为了确保学生能够更方便地表达自身需求，我们需要重视学生的信息诉求能力，判定其能否进行自身需求的正确表述并得到快速响应。大学生每天都能接收到大量的各类数据，面临着如何获取到有用信息并对其合理利用的困惑，而只有把现有数据加以储存才能为后期分析、利用提供数据支撑，体现出数据存储的价值。所以我们应该在信息素养评价因素中考查学生的数据储存能力。

由于个体差异，各自的学习能力和对信息素养知识的掌握程度不同，通过网络搜索信息的方法不一样，这使得筛选辨识有用信息的速度存在着不同，这就需要考查学生对信息定位的能力。以往高校中对全校学生提供信息素养教育服务的主要是图书馆管理人员，而由于学生所学专业的不同，各专业对于信息素养能力的要求也有所差异，而在信息化时代，信息素养成为大学生综合素质评价的重要内容，教务处、学生处、高校教师等都积极参与学生的信息素养教育，学生信息素养能力的高低也反映出他们是否具备利用所掌握的技能获知专业前沿知识和发展趋势的能力。因此，我们有必要在评价信息素养时增加对学生专业信息把握能力的考察。

## 二、信息化时代信息素养评价体系的指标构建

根据对相关文献的梳理，结合对信息化时代学生所处环境和个性特点的分析，本着系统性、适用性、时效性、可操作性的构建原则，本书设计了表9-1所示的信息化时代大学生信息素养评价体系。

表9-1 信息化时代大学生信息素养评价体系

| 一级指标 | 二级指标 | 三级指标 | 解释 |
|---|---|---|---|
| 信息素养（A） | 信息意识（$B_1$） | 专业信息把握 | 对和自己专业有关的最新信息的了解和把握 |
| | | 信息安全意识 | 防止重要、敏感的信息泄露 |
| | | 信息捕获 | 捕获生活中有用的信息 |
| | | 数据储存 | 完成数据编辑后有意识地进行存储，保存重要信息 |
| | | 信息来源 | 了解信息的产生、传播过程 |
| | 信息知识（$B_2$） | 信息定位 | 能够找到信息中的关键词 |
| | | 信息诉求 | 能够清晰表达自己的需求 |
| | | 信息检索能力 | 能够使用不同的表达方式来检索信息 |
| | | 不良信息处理能力 | 对不良信息及时、正确处理 |
| | 信息能力（$B_3$） | 信息工具使用能力 | 能够使用不同的信息检索工具，<br>并且了解不同检索工具的优缺点 |
| | | 信息获取能力 | 能够通过多个途径获得信息 |
| | | 信息引用能力 | 能够正确引用信息 |
| | | 信息传播规范 | 能够确定自己传播的信息符合道德规范 |
| | 信息道德（$B_4$） | 知识产权 | 懂得知识产权相关法律 |
| | | 言论恰当 | 能够运用恰当的言论表达信息 |

# 参考文献


[1]陈冠岚，李曼，曹春秋. 新时代的高校德育实践创新研究[M]. 北京：中国民主法制出版社，2023.

[2]陈希震，赵畅，扎西顿珠. 德育教育工作与学生管理[M]. 汕头：汕头大学出版社，2023.

[3]崔兴军，单玉梅，岳柏冰. 新时代大学生劳动教育与德育教育创新研究[M]. 北京：中国商务出版社，2023.

[4]龚磊，刘衡，段玉莹. 德育原理与互联网时代创新素养培育[M]. 汕头：汕头大学出版社，2022.

[5]靖治，陈鹏悦，何红娟. 高校德育与心理健康教育研究[M]. 延吉：延边大学出版社，2022.

[6]李瑾. 当代高校德育资源运用研究[M]. 苏州：苏州大学出版社，2024.

[7]李西顺. 德育与班级管理[M]. 苏州：苏州大学出版社，2022.

[8]李长平，王利梅，蒋廷阁. 高校德育教育创新发展研究[M]. 北京：中国商务出版社，2023.

[9]钱昭楚，乔海英，首兰兰. 高校德育教育理论教育教学改革与创新[M]. 北京：中国商务出版社，2023.

[10]师旭超，温静雅，郭灵飞. 德育建设与学生素养研究[M]. 南昌：江西科学技术出版社，2024.

[11]宋晓宇. 高校德育工作创新与发展研究[M]. 北京：北京燕山出版社，2023.

[12]王浩沣. 共享经济背景下大学生德育研究[M]. 长春：吉林大学出版社，2024.

[13]王瑞，朱烨，宋宝平. 基于核心素养的德育教育思考[M]. 北京：中国传媒大学出版社，2024.

[14]王瑀. 立德树人视阈下高校德育与思想教育创新研究[M]. 北京：九州出版社，2024.

[15]邢良. 高校德育引导与学生管理创新研究[M]. 北京：北京工业大学出版社，2022.

[16]徐晖. 高校德育教育创新发展研究[M]. 北京：九州出版社，2024.
[17]杨士卿. 传统文化融入高校德育工作的理论与实践研究[M]. 北京：中国建材工业出版社，2024.
[18]于文新. 新时代高校德育的探索与创新[M]. 徐州：中国矿业大学出版社，2023.
[19]张淑兰. 新时代高校德育实施路径与效果评估研究[M]. 北京：中国纺织出版社，2022.
[20]张文杰. 改革开放新时期的德育理论与实践研究[M]. 西安：陕西人民出版社，2023.
[21]张晓丹，向覃，吴伟丽. 现代高等学校德育教育理论与实践研究[M]. 北京：北京燕山出版社，2023.
[22]赵思童. 美育德育融合论[M]. 北京：中国民航出版社，2023.
[23]赵宇华，于志勇. 立德树人视阈下高校德育工作与思想教育创新[M]. 延吉：延边大学出版社，2022.
[24]朱玮. 高校德育创新研究[M]. 北京：北京教育出版社，2023.